"*Mi jardín interior*, escrito por la Dra. Anita Phillips, es un bosquejo que hará que desafíes las probabilidades. La dinámica capacidad bilingüe de Anita —al traducir sin esfuerzo el lenguaje de las Escrituras y el de la psicología en maneras nunca antes escuchadas— es un don maravilloso. Este libro transforma paradigmas. Serás verdaderamente bendecido y enriquecido por esta herramienta práctica y personalizada inspirada por Dios".

—Obispo T. D. Jakes, autor superventas del *New York Times*

"Me encanta la Dra. Anita Phillips y también el don que Dios le ha dado para generar transformación. Muy a menudo, cuando intentamos cerrar la brecha entre la Biblia y la psicología moderna, solo obtenemos ideas seculares. Este libro es diferente. En *Mi jardín interior*, Phillips expone la revelación y la instrucción que necesitamos para disfrutar la vida abundante que Dios tiene para todos nosotros. Así que prepárate para que experimentes una verdadera transformación emocional y espiritual".

—CeCe Winans, artista *gospel* y autora de *Believe for It*

"La emoción es un regalo de Dios, tan bueno que el enemigo quiere robarlo, eliminarlo y destruirlo para siempre. ¿La buena noticia? Puedes poner fin al conflicto con tus emociones y la Dra. Anita Phillips ¡te muestra cómo hacerlo! Este libro es como el bálsamo sanador de Galaad. Te sanará desde adentro hacia afuera".

—Mark Batterson, autor de *El hacedor de círculos* y *Persigue tu león*

"El libro que tienes en tus manos transformará tu vida. La Dra. Phillips, terapeuta experta en trauma con un corazón pastoral, te guía a descubrir el modelo bíblico del bienestar. *Mi jardín interior* revela cómo fuimos creados para prosperar espiritual, emocional, mental y biológicamente. Derriba creencias erróneas, fortalece tu crecimiento y demuestra cuán esenciales y hermosas son nuestras emociones. Proverbios 4:23 nos recuerda que el corazón es la fuente de la vida, y esta obra lo confirma con claridad. Este es el libro sobre fe y salud mental que tanto has esperado".

—Christine Caine, fundadora de A21 y Propel Women

"La doctora Phillips nos conduce en un viaje escrito hermosamente y lleno de sabiduría, con el fin de que nos conectemos profundamente con nosotros mismos y con Dios, a la vez que descubrimos el poder diario de la fe, la esperanza y el amor. *Mi jardín interior* será tu libro preferido".

—Victoria Osteen, copastora de Lakewood Church y escritora

"Este es un libro muy pertinente para tiempos como estos. Los conocimientos de la Dra. Anita Phillips sobre lo que la Escritura afirma acerca de las emociones ofrecen una perspectiva rica y minuciosa sobre este tema comúnmente malinterpretado. Necesitamos herramientas como esta para combatir el trauma que ha promovido el caos en el mundo. Este es un libro de lectura obligatoria para cualquiera que busque una comprensión más profunda de la intersección entre la fe y la salud mental".

—Latasha Morrison, autora del *bestseller*
Be the Bridge de la lista del *New York Times*

"La Dra. Anita Phillips es la pionera que nos abrió el camino al reconocimiento y la aceptación de nuestra salud emocional, destacándose por su maestría excepcional. En una época en la que el bienestar emocional es el centro de las discusiones, confío plenamente en su capacidad para ofrecer soluciones prácticas y viables que promuevan su sanación y su vitalidad. *Mi jardín interior* es el recurso indispensable que todos necesitamos, por lo que agradezco profundamente su valentía al compartir sus experiencias en estas páginas".

—Dr. Dharius Daniels,
autor de *Your Purpose Is Calling*

"La Dra. Anita Phillips ha escrito uno de los libros más necesarios de nuestra era. *Mi jardín interior* es una guía individual, poderosa y práctica para todos los que entienden la conexión entre su fe y su salud mental. Su habilidad especial para explicar la relación de la teología, la psicología, la biología y la botánica es solo el comienzo para ayudarnos a avanzar en el inevitable viaje hacia la plenitud. Este libro cambiará tu vida. Por eso te lo recomiendo encarecidamente, tanto a ti como a todos los que amas".

—Obispo Joseph Warren Walker III, pastor
de Mount Zion Church Nashville

"La Dra. Anita Phillips ha ejercido un gran impacto en nuestras vidas. Su conocimiento sobre la intersección entre la Biblia y la ciencia de la salud mental no tiene comparación. Leer este libro fue un bálsamo para nuestros corazones. Cualquiera que haya tenido heridas, dolor o trauma en su pasado debería leerlo".

—Johnny y Jeni Baker, directores ejecutivos
globales de Celebrate Recovery

"En *Mi jardín interior*, la Dra. Anita Phillips fusiona magistralmente la salud mental con la Palabra de Dios, eliminando el estigma y despertando compasión. Como alguien que ha enfrentado una depresión severa, esta obra renovó mi esperanza y me hizo reflexionar de manera sanadora. Cualquier persona que lea este libro se sentirá fortalecida, iluminada y transformada. ¡Incluso desde la introducción, te llevará a postrarte ante Dios!"

—Michelle Williams, cantante, autora y
defensora de la salud mental

"Revolucionario. Sanador. Un manual para vivir de la manera en que fuimos diseñados. En las páginas de este libro, mi querida amiga —Anita Phillips— nos revela de modo magistral la verdad sobre nuestro bienestar emocional y su relación con el poder espiritual. Esta obra llena de belleza y sabiduría, está destinada a convertirse en un clásico y en un referente para los que están listos para sanar, avanzar y florecer plenamente".

—Hosanna Wong, oradora internacional, artista de la palabra
hablada y autora de *You Are More Than You've Been Told*

"En *Mi jardín interior*, la Dra. Anita Phillips explora con maestría el poder de nuestras emociones y su impacto en nuestra vida como creyentes. Con su experiencia como terapeuta en traumas y su comprensión profunda de la humanidad, guía al lector hacia una vida 'libre' y alineada con el propósito divino. Lo que hace única esta obra es su enfoque en Cristo como el Jardinero supremo de nuestras almas. Nos enseña que, a través de todas nuestras emociones, tanto placenteras como dolorosas, podemos descubrir nuestro poder espiritual. Este libro transformará cómo ves y aceptas tus emociones".

—John K. Jenkins, padre, pastor principal de
First Baptist Church of Glenarden

"La Dra. Anita Phillips es una voz indispensable en la práctica bíblica y la atención integral del trauma. Como escritora, oradora y profesional clínica, su talento destaca en *Mi jardín interior*, un libro que arraigará tu espíritu en un suelo más fértil y saludable. Con un enfoque práctico y profundo, esta obra es ideal para quienes buscan una sanación genuina. En un mundo lleno de soluciones superficiales, *Mi jardín interior* ofrece herramientas concretas para cultivar esperanza, crecimiento personal y florecimiento espiritual".

—Nelba Márquez-Greene, LMFT, una de las madres víctimas de
la tragedia de Sandy Hook y fundadora de Ana Grace Project

"Durante muchos años nos han hecho creer que nuestras emociones son una debilidad que debemos negar. Sin embargo, en *Mi jardín interior*, la doctora Anita Phillips nos recuerda —con amor— que la única forma de experimentar la verdadera fortaleza es reconocer nuestros sentimientos por lo que son: herramientas provistas por Dios para excavar en el suelo de nuestro corazón. Este libro es un bálsamo sanador para esta generación".

—Nona Jones, ejecutiva tecnológica, predicadora
y autora de *Killing Comparison*

"Apreciar *Mi jardín interior* es como descubrir una fuente de oxígeno indispensable para tu alma. La Dra. Phillips revela cómo conectar las partes de nosotros que Dios nunca quiso que funcionaran separadas. Este libro es un puente claro entre nuestra salud emocional, mental y espiritual, guiándonos hacia la sanación y la plenitud. Con un mensaje que desafía y transforma, esta obra tiene el potencial de revolucionar tu vida. ¡No podrás dejar de leerlo!"

—Dra. Donna Pisani, cofundadora de Capital City Church
y el Círculo de 12; autora de *The Power of Not Yet*

"Aunque soy de los que han pasado gran parte de su vida tratando de 'reprimir' e ignorar sus emociones, encontré este mensaje —que une la salud mental y la fe— completamente liberador y transformador. El nuevo libro de la Dra. Anita Phillips, *Mi jardín interior*, te guía en una travesía liberadora en la que no tienes que ignorar tus emociones para experimentar una revolución en tu ser; solo necesitas derribar las mentiras que has creído sobre ellas".

—Nick Nilson, autor y pastor asociado en Lakewood Church

"La salud emocional es clave en estos tiempos, pero pocos saben cómo alcanzarla. En *Mi jardín interior*, la Dra. Anita Phillips presenta una obra innovadora que conecta nuestro bienestar emocional con la mente y el cuerpo. Como terapeuta especializada en traumas, comparte con compasión y verdad, guiándonos en este viaje de sanación. Esta obra, llena de sabiduría, merece estar en la biblioteca de todos".

—Holly Wagner, cofundadora de Oasis Church,
fundadora de She Rises y autora de *Find Your Brave*

DRA. ANITA PHILLIPS

MI JARDÍN INTERIOR

LA GUERRA CON TUS EMOCIONES TERMINA
DONDE EMPIEZA TU VIDA MÁS PODEROSA

CASA CREACIÓN
Para vivir la Palabra

A Valerie

Para vivir la Palabra

MANTENGAN LOS OJOS ABIERTOS,
AFÉRRENSE A SUS CONVICCIONES,
ENTRÉGUENSE POR COMPLETO,
PERMANEZCAN FIRMES,
Y AMEN TODO EL TIEMPO.
—1 Corintios 16:13-14 (Biblia El Mensaje)

Mi jardín interior, por Anita L. Phillips
Publicado por Casa Creación
Miami, Florida
www.casacreacion.com
©2025 Derechos reservados

ISBN: 978-1-960436-78-8
E-Book ISBN: 978-1-960436-79-5

Desarrollo editorial: *Grupo Nivel Uno, Inc.*
Adaptación de diseño interior y portada: *Grupo Nivel Uno, Inc.*

Publicado originalmente en inglés bajo el título:
The Garden Within
Publicado por Nelson Books y Thomas Nelson son una marca registrada de
HarperCollins Christian Publishing, Inc.
Nashville, Tennessee
Copyright © 2023 by Anita L. Phillips
Todos los derechos reservados.

Nota de la editorial: Aunque el autor hizo todo lo posible por proveer teléfonos y páginas
de internet correctos al momento de la publicación de este libro, ni la editorial ni el autor
se responsabilizan por errores o cambios que puedan surgir luego de haberse publicado.

Impreso en Colombia
25 26 27 28 29 LBS 9 8 7 6 5 4 3 2 1

CONTENIDO

PRÓLOGO

Sarah Jakes Roberts

La doctora Anita Phillips y yo compartimos espacio en innumerables cenas y nos encontramos en algunos pasillos tras bastidores, pero nunca intercambiamos más que una sonrisa afable y un saludo rápido. Ni siquiera puedo señalar el momento exacto en que pasamos de ser dos personas —cruzándose de camino en un trayecto— a colegas, amigas y —en definitiva— hermanas. Lo único que sé con certeza es que mantengo mi círculo reducido de forma intencional, pero —por providencia divina— se expandió antes de que me diera cuenta y, francamente, sin que yo lo consintiera. Dios sabía que la única manera de traspasar mis barreras era de una manera sorpresiva. Tal vez te ayude saber un poco sobre mí antes de profundizar, en primer lugar, en cómo llegué a ser tan cautelosa.

Nunca creí que tuviera la fe de Sara, el valor de Rut, la sabiduría de Ester ni la obediencia de María. Esas virtuosas heroínas bíblicas parecían estar muy lejos de lo que yo era, como si nos separaran varios océanos. Crecí en la iglesia, aunque nunca reconocí que me sentía desconectada. Por supuesto, cualquiera que observara la trayectoria de mi vida podía ver eso con claridad. Me sentía más segura en el rincón de un salón que de pie al frente, donde todos pudieran verme. Mi deseo de mantenerme fuera del radar no era consecuencia de mi embarazo a los trece años, en plena adolescencia. Me aislaba mucho antes de eso porque estaba lidiando con muchas cosas en mi interior. Vivía confundida, perdida, enfadada y solitaria. Quería sentirme mejor, pero no estaba convencida de que la solución se encontrara en los bancos de la iglesia. Solo después de unos cuantos desengaños, un enfrentamiento con la policía y un divorcio, aprendí que las calles tampoco brindaban mucha paz. Rendirme era mi única opción y eso fue lo que hice. Decidí que mi relación con Dios se basaría menos en encajar en la iglesia y más en descubrir al Hombre que estaba detrás de los testimonios.

Esa fue la decisión más sabia que he tomado. Me convencí tanto de la gracia, el amor y la estrategia de Dios con todos nosotros que quise contárselo a cada persona que pudiera. Al principio fue a través de un blog, luego lo hice con un libro. Al fin, mi mensaje se transmitió a través de conferencias y de ahí evolucionó a un movimiento. Decidí que la única manera de convencer a una generación sobre la gracia de Dios era ser franca en cuanto a mis errores. Así que conté mi verdad.

Esa franqueza ayudó a otros a sentirse apreciados e incentivó en ellos el hambre de confiar en Dios por encima de sus miedos. Aun así, cuando sostenía el Libro que más refleja el corazón de Dios, no encontraba a una mujer con la que pudiera identificarme. Claro, Sara no creyó en Dios cuando le prometió que recibiría un hijo, pero eso no tenía que ver con que fuera incrédula, en general, en lo referente a él.

Fue entonces que la encontré. Esta, como la Dra. Anita, me tomó por sorpresa. Pero ahí estaba, tan clara como el día, como si hubiera aceptado que su historia fuera ignorada en favor de la de otras muje-res más virtuosas. La primera mujer creada, la que fue engañada por una serpiente y comió el fruto de un árbol. La mujer que cuestionó si podía confiar en Dios y cuyo nombre arrastra la vergüenza de haber originado la caída de la humanidad, la misma que sostuvo el espejo y que al fin me hizo sentir reflejada en las Escrituras.

La vida de Eva se convirtió en una lección acerca de cicatrices y gracia que profundizó mi fe en que Dios está con nosotros, incluso en nuestros peores errores. Estudié intensamente los pocos versículos que tenemos sobre su historia. Observé su vida desde todos los ángulos posibles e incluso fundé un movimiento centrado en las revelaciones que descubrí. Al principio, pensé que la serpiente había comenzado su ataque metiéndose en la cabeza de Eva, pero luego creí que no pudo entrar en su mente antes de destrozarle el corazón.

En Génesis 3:3-4, la serpiente dijo lo preciso para hacer que Eva desconfiara de las intenciones de Dios con su vida y de las instrucciones que le giró. Sí, Eva es como una hermana para mí, puesto que el desamor también me hizo su víctima. No era que no encajara en la iglesia. No era que no fuera lo suficientemente buena para sentir el amor de Dios. No era que estuviera demasiado perdida para ser rescatada. Fue la devastación emocional que viví a los ocho años lo que me arrebató la fuerza.

Las primeras etapas de mi ministerio me enseñaron que Dios puede usar hasta los corazones destrozados. Sin embargo, en los últimos años, he aprendido que prefiere sanarlos antes que usarlos. Me habría conformado con la honra de que me usara, pero había una discordancia innegable entre la belleza que se desarrollaba en mi vida y mi capacidad para abrazarla a plenitud.

¿Alguna vez te ha emocionado tanto escuchar tu canción favorita que no te importa que se oiga distorsionada a través de la bocina? Sí, aunque la acompañe el zumbido de una sinfonía, la canción es tan buena que no la apagas, de modo que ignoras el chiflido y la cantas. Es lo mismo que sentí cuando Dios restauró mi vida.

Si yo fuera una bocina defectuosa haciendo ruido en medio de la iglesia, alguien me quitaría la energía para que el servicio pudiera continuar. Pero este era un zumbido que nadie más que yo escuchaba. Todavía cumplía con mi trabajo. Seguía siendo voluntaria, cocinaba, limpiaba y estaba ahí con mi familia, pero había un zumbido debajo de todo aquello.

Entonces, de la misma manera en que Eva apareció en mi radar: de la nada, la doctora Anita Phillips llegó a mi vida. Aunque había estado cerca, yo no me había tomado el tiempo para relacionarme con ella. Solo bastó un encuentro para percatarme de que las mujeres a las que yo servía podrían beneficiarse de la brillantez suya. Así que le pedí que me acompañara a ayudar a las mujeres que se aferran a la esperanza cuando enfrentan circunstancias aparentemente imposibles. El zumbido que me invadía no era de su incumbencia.

Se suponía que nos enfocáramos en las demás. Quería crear un ambiente en el que las mujeres pudieran experimentar la vulnerabilidad y la transparencia. Lo único que deseaba era que cada Eva moderna, en definitiva, se sintiera amada, valorada y apreciada, a pesar de sus decisiones, sus historias o sus recuerdos. Necesitaba a la Dra. Anita para que nos ayudara a tratar con nuestros corazones hechos trizas. Oraba para que cada mujer pudiera tener un momento en el que regresara a su propio jardín edénico y comenzara a sanar.

No tardé en percatarme de que intentaba liderar en un campo desconocido para mí. Necesitaba ser guiada por la Dra. Anita más que asociarme con ella. Después de todo, lo del zumbido sí era de su incumbencia. Ella no solo nos llevó de vuelta al momento en que nuestra fe y nuestra confianza se estremecieron. Nos llevó al jardín interior.

Un denso silencio se cierne sobre la multitud reunida. Luego, como un jardinero que se pone sus guantes para arrancar la maleza, revolver la tierra y esparcir las semillas, la doctora Anita coloca, en el guante de la sabiduría y la compasión, su investigación, su conocimiento y su experiencia. Entonces, súbitamente, al escuchar el sonido de su voz, cada corazón sale de su escondrijo y se rinde al cuidado esperado por tanto tiempo.

La labor de la doctora Anita es lo suficientemente delicada como para no causar más daño al corazón y lo bastante meticulosa para arrancar las malas hierbas sin perjuicio de la cosecha. Ella da voz a las palabras que han sido silenciadas y brinda la paz que esperaba manifestarse y extenderse. El efecto se revela en sus ojos, incluso antes de que pronuncien una sola palabra. Una nueva luz ilumina la mirada de ellas. Una fuerza invisible les eleva la cabeza con confianza renovada. Ha ocurrido un despertar y, con él, el poder de su influencia es restaurado.

Nunca me canso de ver la genialidad de la doctora Anita en acción. Ya sea en nuestros intercambios de mensajes a altas horas de la noche o ante una multitud de decenas de miles, ella tiene una asombrosa habilidad para ayudarte a percatarte de que cuanto más dispuesto estés a abrazar tu humanidad, más poderoso puedes ser. Poco después de ponerme bajo su tutela, mi relación con Dios se profundizó. Cuanto más entendía mis emociones, más específicas se volvían mis oraciones y más me acercaba a Dios. De modo que dejé de esconderme de su presencia cuando me sentía abrumada y, al contrario, comencé a acudir a él armada con mi verdad. Pensé que no podía conectarme con él pero, en realidad, con quien no podía conectarme era conmigo misma, porque tenía muy poco que ofrecerle.

No sería una exageración afirmar que la doctora Phillips cambió mi vida. Podría llenar todo este libro hablando de su genialidad, sus logros y sus reconocimientos, pero lo evidente de su inteligencia se hace innegable al solo leer la primera página. Así que te dejo con lo que creo que es el rasgo más impresionante de sus cualidades. No es una entrenadora que jamás haya practicado en el campo. No es una cirujana que nunca ha tratado lesiones con un bisturí. No estás simplemente leyendo un libro de una renombrada líder mundial en salud mental y fe. Estás recibiendo la verdad de alguien que conoce este camino demasiado bien.

Sus palabras no están llenas de autosuficiencia ni de juicios condenatorios. A ella no le interesa cuánto tiempo ha pasado desde que fuiste herido o cuántas veces has recaído en lo mismo. Al contrario, las palabras de este libro han sido emitidas con compasión, recubiertas con sabiduría y tratadas con amor. Mi amiga, la doctora Anita, ya ha considerado la discreción que puedes asumir ante la idea de sumergirte en el mar de las emociones que crees que te abrumarán. Ella será gentil. Franca. Será amorosa porque toma en serio el privilegio de cuidar tu corazón.

EL SECRETO QUE JESÚS CONOCÍA

Dios sabía lo que hacía desde el principio … El Hijo es
el primero en la línea de la humanidad que restauró; en él
vemos la forma original e intencionada de nuestras vidas.

ROMANOS 8:29 BIBLIA EL MENSAJE

En 2022, viajé a ocho ciudades en dos semanas. Estuve con treinta
mil personas y casi todas estaban pasando por el mismo tipo de dolor.
Formaba parte de una gira en autobús. Para quienes aún no han tenido
la oportunidad de vivir la experiencia de una gira o tour en autobús,
eso involucra a doce personas acomodadas en unas literas apiladas
recorriendo autopistas oscuras a toda velocidad, durmiendo en una
ciudad y despertando en otra. Me encantó cada minuto de esa travesía.
Y no, no intentaba evitar una crisis de la mediana edad uniéndome a
una banda antes de que el reloj de mi cuerpo marcara los cincuenta.
Estaba viajando y ministrando con un movimiento de empoderamiento
femenino llamado Woman Evolve, liderado por la pastora Sarah Jakes
Roberts y ese año estábamos celebrando The Revolution Tour.

Cada noche, en cada ciudad, miles de personas eran invitadas a
establecer un objetivo para su propia revolución particular. La pastora
Sarah les preguntaba: "¿Qué quieren derrocar?". Cada noche, en cada
ciudad, las personas nombraban un enemigo común:

- "La inseguridad".
- "El dolor".
- "La ansiedad".
- "El miedo".

No importaba el nombre, el enemigo era el mismo: sus emociones. Las emociones se presentan constantemente como la oposición en una guerra que parece no tener fin. Aunque el terreno devastado de tu corazón lleva las cicatrices, tu corazón nunca se ideó para que fuera un campo de batalla. Al contrario, es un jardín. Me habría gustado saber eso, con respecto al mío, mucho antes. Ojalá hubiera aprendido a reconocer la fuerza, la belleza y lo valioso de mis emociones cuando era niña, o como joven adulta, o al menos cuando fui madre por primera vez. Como muchas personas, crecí creyendo que debía aprovechar el poder de mi mente para vivir bien y que las emociones eran algo agradable, aunque muy a menudo problemático. Pasé décadas ignorando esa parte de mí. Es probable que a ti también te haya ocurrido. Quizá aún te suceda.

Para algunos, luchar contra el dolor emocional es una realidad visceral. Tú y tus sentimientos en combate cuerpo a cuerpo y todos los días. Cerca. Personal. Sanguinario. Otros han perfeccionado el enfoque del francotirador. Has construido una pared robusta alrededor de tu corazón al punto que pasas la mayor parte de tus horas de vigilia encaramado en lo alto, escaneando en busca de cualquier cosa que represente una amenaza: decepción, rechazo, confusión, miedo o agobio. Las oportunidades para el amor o la alegría incluso pueden ser eliminadas si, de todos modos, nunca parecen durar. Por supuesto, existe una tercera opción: dejar que el dolor entre y mantenerlo prisionero. Al hacer eso, reconoces la inmensa fuerza de la emoción pero, al no poder ejercer un poder mayor, te conformas con un sustituto barato: el control. A fin de cuentas, después de que esos sentimientos han sido encerrados por tanto tiempo, olvidas que están ahí. Adoptas una amnesia inducida en aras de una paz antes inalcanzable. Pero esa paz es precaria, falsa, inexistente. Un terremoto profano sacudirá ocasionalmente los cimientos de tu vida. Esas puertas de la prisión han de abrirse en algún momento y entonces la batalla se reanudará. La tristeza punzante de una antigua ruptura está de vuelta. El resentimiento por alguna traición regresa. El miedo al fracaso corre más desenfrenado (y más fuerte) que nunca.

Acaso ¿alguno de estos enfoques para "tratar" con nuestras emociones realmente funciona? Entonces, ¿por qué seguimos luchando? Por el poder. La guerra siempre tiene que ver con poder. No nos gusta reconocer la fuerza de nuestras emociones porque parece una admisión de derrota. Esto puede ser *especialmente* cierto si eres una persona de fe y (¿puedo ser sincera?) parece que, no importa cuánto lo intentes, tu fe no te está llevando a pastos verdes y aguas tranquilas como parece que lo hace con otras personas. Si algo de esto se parece remotamente a ti o a alguien que amas —y te preguntas si existe otra manera— este libro es para ti.

Cómo lidiar con eso

Si le preguntas a cualquiera que me conozca, desde que era pequeña, si le sorprende saber que escribí un libro acerca de abrazar las emociones, creo que todos dirían: "¡Sí! ¡Absolutamente impactante!". Siempre me han gustado los libros, los datos y un argumento bien pensado. Me avergüenza decirlo ahora, pero hubo muchas veces en las que me alegraba no ser tan "emocional" como otras personas que conocía. Me gustaba ser la tranquila, calmada y controlada que encontraba soluciones. Decidí estudiar el comportamiento humano, precisamente, porque quería entender algunas cosas. Imaginaba que algún día escribiría una obra sobre el trauma o la enfermedad mental. En estas páginas hablaremos de ambas cosas, pero este libro trata acerca de mucho más. Nunca sabes a dónde te llevará la vida. Así que, permíteme que te cuente cómo llegué aquí.

Soy terapeuta de traumas. La mayoría de las personas terminan en mi área laboral debido a sus propios traumas. Yo no soy la excepción. Si me has visto hablar en persona, puede que hayas escuchado cuando me presentan: "La doctora Anita creció en una familia que lidió con la enfermedad mental". *Lidiar*. Una palabra muy precisa. Sin embargo, vivirla fue un lío. Crecí en una familia religiosa. Mi abuelo materno fundó dos iglesias. Mientras escribo estas palabras, mi padre funge como pastor principal por casi cincuenta años, y mi madre ha sido evangelista itinerante casi el mismo tiempo.

Las creencias de mis padres no se limitaban al edificio de la iglesia. En casa, ya fuera lavando platos o pasando la aspiradora, mi mamá casi siempre "oraba en el Espíritu". Siempre se podía encontrar una botella de aceite para ungir bajo el fregadero de la cocina. Se celebraban reuniones de oración en el sótano. Y solo se permitía música evangélica. Íbamos a médicos y hospitales cuando estábamos enfermos, pero también nos decían que la oración podía sanar. Nos enseñaron a creer en la protección de los ángeles. También aprendimos sobre los demonios y el poder de las Escrituras para impedir su obra. En mi niñez vi suceder cosas milagrosas. Nunca dudé de nuestra fe, así que cuando un demonio apareció en la puerta de la habitación que compartía con mi hermana mayor, Valerie, pensé que sabía qué hacer. Yo no lo vi, pero ella sí.

La primera vez que apareció su demonio, los gritos aterrorizados de Valerie me despertaron en medio de la noche.

—¿Qué pasa, Val? ¿Qué? ¿Por qué gritas?

Sus ojos estaban bien abiertos, de forma que supe que no era una pesadilla.

—¡Hay un demonio en la puerta, Nita! ¡Hay un demonio en la puerta!

Dirigí la vista hacia allí. La puerta estaba abierta y el pasillo estaba oscuro.

—Val, no veo nada —le respondí.

Sus gritos eran tan fuertes que me escuchaba. Sabía que los alaridos de Val pronto despertarían a mis padres y vendrían a ayudarnos, pero cada grito me cortaba como una navaja. No pude soportarlo más. Temblando de miedo, susurré una oración por protección y atravesé la puerta para buscar a papá. Él ya venía corriendo por el pasillo en dirección a nosotras. Papá tampoco vio el demonio, así que puso sus brazos con fuerza alrededor de mi hermana y comenzó a orar. Mi mamá estaba detrás de él, de pie conmigo. Nosotras también oramos. Val cerró los ojos con fuerza y los gritos disminuyeron poco a poco. Finalmente, abrió un ojo para echar un vistazo. El demonio que estaba en la puerta se había ido, pero no para siempre.

Aquella escena horrible se repitió una y otra vez. Valerie tenía alrededor de once años entonces. Yo solo tenía seis. Sus gritos se convirtieron en mi despertador de medianoche. Comencé a sentir ansiedad. Me costaba conciliar el sueño. Unos años después, cuando nuestra habitación se convirtió en la mía sola, lo primero que hacía al acostarme era cerrar esa puerta. Aunque nunca lo vi, el demonio de Valerie se había convertido en mi demonio también. Cumplí veintiocho años antes que pudiera dormir en una habitación con la puerta abierta.

Ya adulta, mi hermana fue diagnosticada con esquizofrenia, una enfermedad mental que a veces incluye ver y escuchar cosas que no están ahí. Hoy en día, los que padecen esta enfermedad pueden vivir bien con un tratamiento constante, pero Valerie nació en 1969. En aquel entonces, no se trataba de que mis padres religiosos se negaran a creer en la enfermedad mental. Simplemente no había una conversación real sobre salud mental en nuestra comunidad en ese año 1969. Ni en 1979. Ni en 1989, para el caso. Tengo un *podcast* sobre fe y salud mental llamado *In the Light*. Mi madre fue mi primera invitada. Durante esa conversación con ella, supe que los primeros síntomas de Valerie aparecieron cuando tenía alrededor de cinco años. Al reflexionar en ello, podemos verlo pero, en ese tiempo, nuestra familia no tenía idea de lo que estaba sucediendo.

Mi hermana fue atormentada por la visión de ese demonio durante casi un año, luego se detuvo. No lo sabíamos entonces, pero Valerie había estado expuesta a drogas ilegales y descubrió que estas mantenían las alucinaciones alejadas. La libertad de ese tormento era demasiado para que cualquier niño la resistiera. A finales de su adolescencia, Val era adicta. El consumo de drogas la llevó a pasar gran parte de su vida en las calles, pero cuando tenía alrededor de cuarenta años, fue al último de muchos programas de recuperación de adicciones y finalmente pudo dejar de consumir. Fortaleció su relación con Cristo. Recibió tratamiento para su enfermedad mental. Consiguió un buen esposo. Tuvo mucha alegría. Y luego pudo ver a Dios cara a cara. Su cuerpo llevaba las marcas destructivas de los años que su adicción le había propinado. Tenía casi cincuenta años cuando su corazón dejó de latir. Mi hermana no murió por suicidio, pero aún considero que la causa de su fallecimiento fue la enfermedad mental no tratada.

Valerie recibió atención profesional de salud mental una vez, cuando era joven. Una crisis durante su segundo año de secundaria la llevó a pasar cuatro meses en un hospital psiquiátrico. No le fue bien. El enfoque de la institución y los profesionales que la trataron (aunque, a veces, eran condescendientes), les resultaron profundamente extraños a mi familia, tanto como creyentes como por ser afroamericanos. El personal allí no sabía cómo —o no le importaba— cerrar la brecha entre su mundo y el nuestro. Por eso me convertí en una de ellos. Me hice profesional de la salud mental, pero había preguntas que mi formación por sí misma no podía responder.

"Aún quiero verlo en mi Biblia"

Una vez escuché a mi madre decir: "Sé que algo anda mal y que Valerie necesita más ayuda de la que nosotros podemos darle, pero aún quiero verlo en mi Biblia. ¿Cómo puedo entender eso en mi Biblia?". Yo era solo una adolescente en ese entonces, pero me hice una promesa silenciosa de encontrar la respuesta a su pregunta.

Los diálogos entre la fe y la salud mental han sido conflictivos durante mucho tiempo y, de muchas maneras, todavía lo son; aunque veo cierto progreso. El impacto abrumador de lo que comenzó en 2020 —la pandemia de Covid-19, los intensos debates sobre el cierre de las iglesias, el uso de mascarillas y la política; así como el aumento de experiencias en cuanto a trauma racial e injusticia social— pareció inspirar una tregua entre las entidades de fe y la comunidad de la salud mental, aunque algo inestable. El sufrimiento emocional causado por la pandemia no fue selectivo. Personas de todas las creencias o sin creencia alguna se encontraron repentinamente atrapadas por la depresión, la ansiedad, los ataques de pánico y las recaídas en adicciones. Más iglesias que nunca comenzaron a tratar sobre la salud mental desde sus plataformas, en sus reuniones de personal y en línea con sus congregantes. Eso fue alentador.

Sin embargo, digo que esta tregua es *inestable* porque nació de la necesidad y no de la determinación. Muchas de las preguntas que respaldaban y sostenían esa división persisten, y —para muchos cristianos practicantes— la cuestión que se planteaba mi madre: "¿Cómo puedo entender eso en mi Biblia?", sigue siendo pertinente.

La pregunta de mi madre era muy poderosa porque no era una cuestión de "esto o lo otro". Era una incógnita que abarcaba todo. Una pregunta de gran perspectiva. Mis padres me enseñaron a buscar a Dios en todas partes y en todas las cosas. Me animaron a trabajar e investigar para ayudar a prevenir el tipo de dolor que nuestra familia soportó, con una sola condición: nunca elegir una respuesta que limitara a Dios.

Con los años, acarreé la pregunta de mi madre conmigo. La forma de la pregunta cambió, pero la esencia permaneció igual. Comenzó así: "¿Cómo entendemos la enfermedad mental a través de la Biblia?", pero evolucionó a "¿Cómo entendemos el bienestar?". ¿Es el bienestar, simplemente, ausencia de dolor? Si es algo más, entonces ¿hacia dónde deberían llevar todos estos caminos de sanación y cómo sabremos cuándo hemos llegado? ¿Cuál fue la intención original del Creador cuando formó a la humanidad? *¿Cómo define la Escritura el bienestar?*

Esperé mucho tiempo por esa respuesta, solo para descubrir que tiene todo que ver con nuestros corazones. Estoy ansiosa por mostrarte cómo aclara la Escritura, una y otra vez, que es el corazón —no la mente— lo que Dios diseñó para estar en el centro de la experiencia humana, lo que incluye nuestros sentimientos. Creo que este libro cambiará la forma en que piensas en cuanto a cómo te sientes. Pero, por si acaso te sientes renuente a acompañarme en este viaje porque crees que "emocional" es incompatible con "poderoso", terminemos esta introducción tornando nuestra atención a Jesús.

Jesús, sus emociones
y su vida poderosa

Jesús se paró frente a la tumba de Lázaro y lloró (Juan 11:35). Cuando llegó a Jerusalén y encontró el templo funcionando en cuestiones de cambio de dinero en lugar de cambiar vidas, Jesús desató un látigo y volcó las mesas de los mercaderes (Mateo 21:12). Más tarde, en un jardín, luchando con los más intensos sentimientos de angustia que podemos imaginar, nuestro futuro Salvador alzó su rostro hacia el cielo y suplicó ser rescatado de un final brutal (Lucas 22:42). Una vez en la cruz, a punto de ofrecer la máxima expresión de su devoción, Jesús enfrentó el muro más difícil de todos: la incapacidad de sentir la presencia de su Padre. Jesús expresó esos sentimientos de abandono, angustia y desesperación a través de las palabras del Salmo 22:1. Hizo una pregunta que el dolor algún día plantaría en tu corazón y en el mío. Jesús le preguntó a su Padre *por qué* (Marcos 15:34).

Jesús sabe, al pie de la letra, lo que sienten nuestros corazones en los momentos más débiles que pasamos porque él también lo sintió. ¿Cómo sé eso? Porque la Biblia me lo dice:

"Porque no tenemos un sumo sacerdote incapaz de compade-cerse de nuestras debilidades, sino uno que ha sido tentado en todo de la misma manera que nosotros, aunque sin pecado" (Hebreos 4:15).

Este versículo nos dice que Jesús experimentó todo tipo de dolor físico *y* emocional, tal cual nos pasa a nosotros. No solo eso, sino que Jesús también expresó esos sentimientos con sus palabras y a través de su cuerpo, lo cual significa que sentir no es fallar, porque Jesús nunca falló.

¿Alguna vez has experimentado un profundo dolor por la pérdida de un ser querido y te has sentido culpable por no sentirte mejor más pronto, ya que sabes que lo volverás a ver en el cielo? ¿O has estado legítimamente furioso, pero lo has reprimido porque creías que expresar tu enojo sería incorrecto? ¿O te has sentido un fracasado en la fe porque el miedo te hizo un nudo en el estómago? ¿Alguna vez has deseado, con desesperación, que Dios te explique algo pero pensaste que te caerían rayos por gritar: "Por qué?".

Si tener y expresar esos sentimientos no fue un pecado para Jesús, entonces tampoco lo es para ti. Ninguna emoción es pecado.

Medita en eso detenidamente.

Ahora pregúntate si alguna vez te has reprochado por sentir algo que Jesús también sintió. Dedicamos mucho tiempo y energías a luchar contra una parte de nosotros que nos lleva a parecernos más a él. Esa revelación por sí misma vale el precio de la entrada, pero hay más.

- Después de que Jesús lloró en la tumba de Lázaro, resucitó a Lázaro de entre los muertos (ver Juan 11:35, 43-44).
- Después de que Jesús exigió orden en el templo, realizó milagros de sanación (ver Mateo 21:12-14).
- Después de que Jesús soportó la agonía de Getsemaní, cientos de soldados cayeron al suelo con solo el poder de sus palabras (ver Juan 18:6).
- Después de que Jesús absorbió el ardor de la separación en el Calvario, su decisión de morir estremeció la tierra, rasgó el velo del templo —de diez metros— de arriba a abajo, y preparó el escenario para la victoria sobre la propia muerte (ver Mateo 27:51-52).

En cada una de esas ocasiones, vemos que el corazón dolorido de Jesús dio paso a una manifestación sobrenatural. Él conocía el secreto de la conexión entre nuestros corazones y una vida poderosa. Es hora de que tú también lo sepas.

Así que voy a decirte lo que les dije a esos treinta mil corazones que se reunieron en The Revolution Tour, en 2022. No necesitas derrocar tus emociones para experimentar una revolución en tu vida. Solo debes derribar las mentiras que has creído sobre tus emociones. El Creador diseñó tu corazón para que fuera un jardín, no un campo de batalla. Una vida verdaderamente poderosa no se gana. Se cultiva. Este libro te llevará en esa travesía.

En la primera parte, descubrirás cómo te posiciona el cultivo de tu bienestar emocional para desatar el poder espiritual. En la segunda parte, verás cómo riega tu vida emocional el jardín de tu mente. En la tercera parte, sabrás cómo nutre tu salud física y fortalece la salud emocional tu jardín corporal.

Así que, ¿estás listo para poner fin a la guerra con tus emociones y abrazar la vida poderosa para la que fuiste creado? Si es así, el primer paso es fácil: voltea la página.

Primera parte

EL PODER DEL SUELO

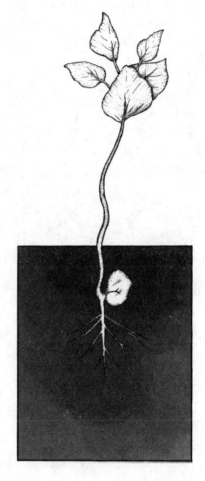

A lo largo de la historia, personas de muchas religiones han buscado el conocimiento espiritual entre las semillas, el suelo, las plantas y los frutos. Al buscar estos conocimientos desde la perspectiva de mi propia fe, en la infancia, aprendí que los jardines son más que una metáfora. El suelo de nuestros corazones nutre nuestras vida espiritual, mental y físicamente. Por eso te invito a caminar por el jardín conmigo. Juntos descubriremos lo importantes que son nuestras emociones para tener una vida poderosa. En la primera parte de este libro, nos enfocaremos en el espíritu y abordaremos las siguientes cuestiones: ¿Cuál es la relación entre el corazón y el espíritu? ¿Cómo influye la salud emocional en nuestra salud espiritual? ¿Cómo puede el trabajo en el corazón liberar el poder espiritual? Las respuestas están en el jardín.

Capítulo 1

EL BROTE

"Serás como jardín bien regado".

—Isaías 58:11

Durante casi dos semanas, cada mañana, salía muy temprano. Andando todo el camino, recorría las tres cuadras que había entre mi casa y mi escuela secundaria, en tiempo récord.

¿Qué me inspiraba? Las plantas de guisantes.

La mañana en que el maestro de ciencias, en quinto grado, anunció que cultivaríamos nuestras propias plantas de guisantes, eché un vistazo alrededor buscando algunas bolsas de tierra, pero no había ninguna. Así que levanté la mano.

"Señor Rhodes, ¿en qué tierra?".

"Cuando plantamos semillas —respondió sonriente—, puede pasar bastante tiempo antes de que veamos un brote. Para entonces, muchas cosas han sucedido, aunque no las veamos. Este experimento nos ayudará a comprender la manera en que crecen las plantas a la vez que nos permite ver lo que sucede bajo tierra".

Mi corazón de diez años se aceleró de inmediato; me había cautivado con el término "comprender". Me encanta saber el por qué y el cómo de las cosas.

El señor Rhodes hizo que cada uno de nosotros llenara un vaso de plástico transparente con toallas de papel húmedas en lugar de tierra.

Luego, colocamos nuestras semillas entre las toallas de papel y los lados del vaso para que pudiéramos verlas crecer. Revisábamos nuestras semillas todos los días; sin embargo, unos minutos de observación al comienzo de la clase no lograban satisfacer mi curiosidad. Tenía que llegar temprano para observar con mucha atención cada nuevo desarrollo en mi vaso y en los de todos los demás. La raíz perforaba la dura cáscara de la semilla mientras el brote serpenteaba hacia arriba. Algo que usualmente está oculto se estaba revelando y yo no quería perderme nada.

Ya, cuando terminó el experimento, la semilla había desaparecido. Una pequeña planta había tomado su lugar. Así que llevé mi brote a nuestra casa, cavé un hoyo en el huerto y cubrí sus frágiles raíces con tierra. Aunque mi planta de guisantes ahora tenía un hogar real, extrañaba el tiempo extra que pasaba con mi profesor de ciencias. Me encantaba estar con todos mis maestros. La escuela siempre fue el lugar más seguro para mí. Mis maestros veían que era una estudiante brillante y curiosa. Lo que no veían era que, debajo de la superficie, algunas creencias dolorosas ya habían echado raíces en mi tierno corazón. Pasarían años antes de que alguien pudiera ver lo que estaba creciendo, pero ya estaba sucediendo mucho bajo tierra. Cuando reflexiono en el pasado, creo que por eso estaba tan apegada a ese brote. Era muy vulnerable. Quería protegerlo de la manera en que desearía haber podido hacerlo conmigo misma.

El suelo de nuestros corazones

El corazón de un niño es suelo fértil. Cuanto más joven es, más fértil ha de ser. Casi cualquier semilla que se plante en él crecerá. En mi caso particular, cuando estaba al nivel de que apuntaba mis observaciones de ciencias en la escuela secundaria, el abuso sexual que sufrí —y que guardé en secreto de mis padres— ya había plantado una creencia destructiva en mi afligido corazón: *soy diferente*. Por otra parte, aunque siempre trataba de ser una buena chica, era duramente castigada hasta por un simple error; de forma que el miedo despertó una nueva creencia en mí. Escribí el nombre que identificaba esa semilla en mi diario, el que guardaba bajo llave: *La gente solo te ama cuando eres buena*. Luego, cuando el caos provocado por la enfermedad mental de mi hermana mayor consumió a mi familia, la frustración hizo que surgiera esta semilla: *Estoy sola*. Ahora bien, esto no quiere decir que no se plantaron buenas semillas. Hubo muchas. Después de mi primer discurso en un domingo de Pascua, los aplausos de la congregación y la expresión orgullosa de mi padre nutrieron mi corazón de alegría y arraigaron la creencia de que era una buena expositora. Cuando mi madre sonrió —a pesar de sus lágrimas—, me miró a los ojos y me dijo: "No importa lo que pasemos, no es culpa de Dios. Él nos ayudará a entenderlo", una certeza maravillosa llenó mi corazón: *Dios tiene las respuestas*.

A medida que crecí, mi corazón siguió siendo terreno fértil para todas esas semillas; ya que se reprodujeron muy bien en mi vida adulta. Ahora sigo cuidando las buenas y he asumido el arduo trabajo de romper los ciclos no saludables de las malas. Sin embargo, reconozco que hay una de estas últimas que es una tenaz hierba que reaparece constantemente. La que se llama *perfeccionismo*. Quizás la hayas visto en tu jardín. Si no la has descubierto, estoy segura de que tienes tus propias hierbas dolorosas que debes arrancar. Lo cierto es que, en un mismo jardín, crecen muchas cosas y muy diferentes. Mi brote de guisante no desplazó los tomates ni las coles de mi papá; creció junto a ellas. Por cierto, la alegría no anula el dolor ni este invalida la alegría. La esencia de la vida radica en considerar ambos aspectos.

Nunca olvidé mi planta de guisantes, pero si te preguntas si me inspiró para convertirme en una ávida jardinera, la respuesta es que no. No tengo buena mano para las plantas. Los insectos me molestan profundamente y nunca he conocido una lombriz que me caiga bien. Dicho esto, mi brote aún no había terminado conmigo. Veintitrés años después, me llevaría a un jardín que estuve buscando toda mi vida, aunque no lo sabía. Fue allí donde descubrí la respuesta a la pregunta de mi madre.

El descubrimiento

En 2007, me encontré de nuevo en una clase de ciencias. Esta vez, estaba estudiando el cerebro en lugar de plantas (o eso pensaba). Aquella niña curiosa de quinto grado ahora era esposa, madre de dos niños pequeños, ministra, terapeuta licenciada y estudiante aspirante al doctorado. La clase no era un requisito para mi título pero, a pesar del caos de mi vida ocupada, me sentía tan atraída por el curso que sacrifiqué mis vacaciones de verano para inscribirme en él. Cuando comenzó la clase, también estaba empezando un estudio profundo del libro de Romanos. Ese "libro" es, en realidad, una carta incluida en el Nuevo Testamento, escrita por el apóstol Pablo a la iglesia del primer siglo en Roma. Contiene algunos de los pasajes más controversiales de toda la Biblia. Nunca he evitado los temas difíciles, así que estaba ansiosa por estudiarlo, pero apenas pasé del primer capítulo cuando me detuvo este versículo: "Porque las cosas invisibles de él, su eterno poder y deidad, se hacen claramente visibles desde la creación del mundo, siendo entendidas por medio de las cosas hechas, de modo que no tienen excusa" (Romanos 1:20 RVR1960).

Quedé perpleja. En toda mi vida como hija de un predicador, no recordaba haber escuchado un sermón centrado en ese versículo, y créeme cuando te digo que, a mis treinta y cuatro años, había escuchado muchos sermones. Las preguntas invadieron mi mente: *¿Crear los cielos y la tierra no fue simplemente la preparación que Dios hizo de un lugar fantástico para que Adán y Eva vivieran? ¿Puedo entender cosas sobre quién es Dios al estudiar las cosas que hizo?*

¿Alguna vez has tenido uno de esos momentos que intuiste que cambiaría todas las cosas para siempre? Quizá fue la primera vez que pisaste el campus de tu universidad, o cuando recibiste la primera oferta de trabajo, o cuando viste por primera vez a la persona con la que algún día te casarías o cuando sostuviste a tu nuevo bebé en tus brazos. Independientemente de lo que ocurriera, sabías que nada sería igual. Para mí, ese versículo, en ese día, fue uno de esos momentos.

Mi estudio de Romanos tomó un desvío directo al primer capítulo del libro de Génesis. Quería leer la historia de la creación con una nueva perspectiva. ¿Qué me estuve perdiendo? Escudriñé la aparición de los cielos y la tierra con absoluta atención a cada detalle. Un conocimiento profundo estaba surgiendo dentro de mí. Creía que estaba destinada a descubrir algo importante en mi clase de neurociencia, así que oré: "Dios, tú me guiaste a tomar este curso. Tú creaste este mundo y creaste nuestros cuerpos. Así que ahora, al estudiar lo que hiciste, ayúdame a ver y entender claramente algo nuevo sobre ti. Amén". Aunque nuestras oraciones no siempre son respondidas de inmediato, esta lo fue.

Al día siguiente, la lectura que me asignaron para mi clase era sobre las neuronas. Tu cuerpo está compuesto por billones de células y existen cientos de tipos de ellas. Una *neurona* es un tipo de célula, por lo que tienes miles de millones de ellas. Su tarea es enviar y recibir información. Se necesitan miles de neuronas trabajando juntas para formar solo uno de los setenta mil pensamientos que tenemos cada día.[1]

Cuando vi un dibujo de una neurona por primera vez, me tomó por sorpresa. La vi muy familiar: como ¡mi planta de guisantes! Así era. No pude evitar reírme por la sorpresa. Esa neurona parecía un brote. Entonces recurrí a internet para buscar más imágenes de neuronas y encontré una que se parecía a la ilustración que tenía mi libro de texto. Luego busqué la imagen de una plántula. Coloqué las imágenes una al lado de la otra y las observé, las miré y volví a verlas un poco más detenidamente. ¿Y qué observé? Estaba viendo directamente dos cosas que Dios hizo, y las dos se parecían. Las Escrituras comenzaron a surgir en mi corazón con versículos y pasajes referentes a jardines florecientes útiles para describir el progreso humano.

El Salmo 1:3 dice que "seremos como árbol plantado junto a corrientes de aguas" y, en Jeremías 32:41, Dios dice: "Los plantaré en esta tierra". Recordé que Proverbios 11:28 nos dice que "los justos reverdecerán como ramas". Y hay muchos más. Uno de mis favoritos es Isaías 58:11: "Jehová te pastoreará siempre … serás como huerto de riego". En un instante, mis mundos colisionaron. Teología, psicología y biología estaban, de repente, en el mismo lugar, y ese lugar era un jardín.

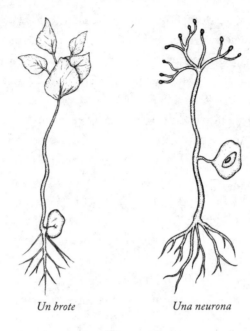

Un brote   *Una neurona*

La elección

No soy fanática, realmente, de la ciencia ficción; pero *Matrix* es una de mis películas favoritas de todos los tiempos. El personaje principal, Neo, es un joven programador de computadoras que no tiene idea de que su vida no es real. El planeta Tierra es capturado por máquinas diabólicas que usan los cuerpos de los seres humanos vivos como combustible. Las máquinas ocultan esto manteniendo a todos conectados a un programa de realidad virtual. Las vidas que la gente cree estar viviendo solo operan en sus mentes. Sin embargo, hay un grupo de revolucionarios que conocen la verdad. Han escapado de la Matrix y están luchando contra las máquinas para liberar a la humanidad. Su líder, Morfeo, visita a Neo y le muestra la vida fuera de la Matrix. Luego, Morfeo le presenta a Neo dos píldoras y una elección: una de ellas es azul. Si Neo la toma, olvidará la verdad que acaba de ver con sus propios ojos para poder volver a la realidad familiar, aunque falsa, en la que ha estado viviendo. La otra píldora es roja. Tomar esta píldora implica salir permanentemente de la Matrix para luchar con los revolucionarios y experimentar una revolución en su propia vida, derribando las mentiras que había creído.[2]

Esto puede parecer una comparación dramática, pero así me hicieron sentir esa neurona, esa plántula y esas escrituras. Así que pensé: *¿Lo tomo como una coincidencia interesante y sigo adelante* (píldora azul)? *¿O actúo bajo la creencia de que el Creador diseñó intencionadamente las neuronas para que se parezcan a las plantas y nos enseñe algo sobre cómo nos creó* (píldora roja)? Lo cierto es que era una elección muy intimidante. Era estudiante de un programa de doctorado en consejería en una universidad cristiana en la que nos enseñaban que las revelaciones de la Biblia estaban limitadas a temas religiosos como el pecado, la salvación y la vida eterna. No estaba destinada a responder preguntas teóricas de la psicología y, en definitiva, la biología no estaba incluida en ello. Sabía que seguir este paralelo podría llevar a que rechazaran mi trabajo, tanto por un mal uso de las Escrituras como por una fuente de conocimiento inválida para la psicología.

También había una amenaza externa. Yo era una estudiante seria que esperaba, en última instancia, dedicarse a la investigación en el campo de la salud pública. Una cosa es estudiar la espiritualidad de manera general como un camino hacia el significado y la conexión. Pero algo completamente distinto es comenzar a aplicar información espiritual a las neuronas. Corría el riesgo de que me rechazaran las comunidades académica y profesional a las que tanto deseaba pertenecer. Pero estaba observando una neurona, el elemento básico de construcción de la mente, junto con la Escritura y una planta. *¿Qué podría descubrir si decidía creer que realmente estaba viendo algo de Dios?* Entonces la voz de mi madre me recordó: "Nunca elijas una respuesta que limite a Dios".

Así que elegí la píldora roja. Y sigo eligiéndola, porque constantemente me asombran los misterios que el Creador me ha estado revelando desde entonces. En la sala de consejería, en la iglesia y en mi propia vida, esas lecciones han resultado ser de mucho esclarecimiento y mucha sanación. Pero me imagino que al ver y escuchar eso ahora, por primera vez, podría parecer un poco "extravagante".

Más que una metáfora

Las metáforas en cuanto a plantas y jardines están integradas a la forma en que hablamos. En nuestra jerga popular, tenemos frases como las siguientes:

"Me gustó la ciudad, por eso me quedé aquí y eché *raíces*".

"Si ves un problema, córtalo de *raíz*".

"Procura no fijarte tanto en los *árboles* que olvides ver el *bosque*".

Usamos metáforas referentes a jardines todos los días, sin siquiera notarlo. Creo que eso facilita que veamos ese lenguaje en las Escrituras sin pensar mucho en ello. La Biblia utiliza constantemente plantas y jardines para enseñar lecciones espirituales importantes y principios generales para vivir. Ahora vemos que hay una razón más profunda para eso. Las similitudes entre neuronas y plantas nos desafían a ampliar nuestra visión de Dios y nuestras expectativas con este texto sagrado.

Las metáforas suelen usar dos cosas no relacionadas para aclarar cómo nos sentimos. Cuando una madre desesperada afirma: "¡Este cuarto es un chiquero!", lo que está diciendo es que el disgusto que sentiría al estar en un chiquero es similar a la forma en que se siente cuando está en la habitación de su hijo adolescente. Las metáforas pueden enseñarnos acerca de los sentimientos. Haz una pausa por un momento y considera cómo te sientes en cuanto a los pensamientos que te enloquecen. Probablemente sientas emociones como frustración, exasperación o desesperación. Pero, ¿qué pasaría si te dijera: "Un pensamiento es una planta"? ¿Cómo te invita eso a sentirte diferente? Una planta es algo que se nutre. Curamos una planta que está luchando si le damos el cuidado que necesita, ¿verdad? ¿Qué pasaría si respondieras a los pensamientos dolorosos como evidencia de que algo dentro de ti necesita ser nutrido o cuidado? Así es como las metáforas afectan los sentimientos.

Sin embargo, esta conexión planta-neurona es más que una metáfora.

Otra herramienta docente que utiliza la comparación es la *analogía*. Una analogía es como una metáfora en el sentido de que compara dos cosas no relacionadas pero, en vez de enseñarnos cómo se *sienten* las cosas, las analogías nos enseñan cómo *funcionan*. Por ejemplo, después de descubrir la relación entre el núcleo de un átomo y sus electrones, el químico Ernest Rutherford lo explicó diciendo que los electrones orbitan alrededor del núcleo de la misma manera en que los planetas orbitan alrededor del Sol.[3] No necesitamos un título en química para entender lo que Rutherford indicó. Las analogías usan algo familiar para enseñarnos algo nuevo. ¡Pero esta conexión planta-neurona es más que una analogía también!

Las similitudes entre las plantas y las neuronas van más allá de la apariencia. Sin embargo, hay una semejanza funcional. Al igual que las plantas en un jardín, las neuronas en nuestros cuerpos están muy cerca unas de otras, aunque no están directamente conectadas. Hay un pequeño espacio entre cada una de ellas. Cuando te pica la pierna, las neuronas trabajan juntas para decirle a tu cerebro que le informe a tu mano que rasque esa picazón. Para lograr esta comunicación, una neurona libera una sustancia química que lleva el mensaje a través del espacio a la siguiente neurona, a lo largo de una vasta cadena de neuronas, hasta que se rasca la picazón.

Las plantas se comunican con sus vecinas, las plantas cercanas, de la misma manera. Por ejemplo, si una hoja de una planta toca o roza la hoja de otra planta vecina, puede enviar un mensaje químico a través de sus raíces y —a través del espacio del suelo— a las raíces de las plantas cercanas para informarles que el terreno se está llenando. Las plantas responden cambiando su patrón de crecimiento.[4] Las plantas y las neuronas se ven iguales *y* actúan igual. Pero hay más. Algunas cosas son realmente las *mismas*.

Considera lo siguiente: las sustancias químicas que nuestras neuronas utilizan para enviar mensajes se llaman *neurotransmisores*. ¿Adivina qué? Las plantas usan algunos de los *mismos* químicos, incluyen neurotransmisores que afectan nuestro estado de ánimo (dopamina y serotonina), impulsan nuestra respuesta al estrés (noradrenalina), activan nuestros músculos (acetilcolina) y ayudan a que nuestros cuerpos descansen (melatonina).[5]

Lo que vi en aquella clase de neurociencia hace tantos años reveló una relación superior a lo que alguna vez consideré posible. Las neuronas tienen muchas formas. Algunas se ven como una brizna de hierba. Otras parecen un arbusto, una enredadera serpenteante o un árbol. Pero todas se parecen a las plantas, y Dios plantó miles de millones de ellas en todo nuestro cuerpo.

> **El Creador plantó un jardín *para* nosotros y después plantó otro jardín *dentro* de nosotros.**

El Creador nos dio jardines para enseñarnos acerca de él y en cuanto a cómo nos diseñó a su imagen. Acabas de tener tu primer vistazo de una realidad hermosa e impresionante. El Creador plantó un jardín para nosotros y después plantó otro jardín dentro de nosotros.

La parábola

Ahí, en la mesa de mi cocina, en medio del ajetreo perfectamente ordinario, en lo que había comenzado como un día común y corriente, estaba escondida —a plena vista— la respuesta que había estado buscando por tanto tiempo. ¿Cómo define la Escritura el *bienestar*? Como un jardín. Esa es la respuesta.

Una vez que hallé esta relación entre la neurona y el jardín, estaba lista para descubrir todo tipo de conocimientos espirituales acerca de la mente, pero la "Hermana Plántula de Guisante" me mantuvo con los pies en la tierra. Tenía un poco más de sabiduría que compartir. Recordé cómo enterré sus raíces cuidadosamente en el jardín de nuestra familia. Mi planta de guisantes no sobreviviría ni crecería para cumplir su propósito de producir guisantes en el vaso de plástico que me dio mi maestro de ciencias. Su vida dependía de dónde estaba plantada.

Un jardín es más que plantas. Comienza con semillas hasta que, al fin, produce frutos; pero es la tierra lo que lo mantiene todo unido. Un jardín floreciente depende de una buena tierra. Entonces, ¿cómo se aplica esto a nosotros? Si las plantas representan nuestros pensamientos,

¿qué nos enseñan las semillas? ¿Qué nos enseña el fruto? Y lo más importante, ¿dónde está plantado el jardín? *¿Qué representa la tierra?*

En el capítulo 13 del Evangelio de Mateo, Jesús nos cuenta una historia llamada la parábola del sembrador. En ese relato, un jardinero esparce semillas libremente a pesar de que sabía que había diferentes tipos de suelo en diversas partes del campo. Las semillas terminaron en cuatro tipos de terreno; tres de ellos presentaban serios desafíos para el crecimiento.

Algunas de las semillas cayeron a lo largo de las orillas de un camino muy transitado. Jesús describió esas semillas como las que cayeron al *lado del camino*. Nada podía crecer allí porque la tierra era dura y seca. No podía absorber la semilla. Esas semillas eran vulnerables; de modo que los pájaros se las comieron (v. 4).

Otra área del campo tenía suelo *pedregoso*. Allí, las semillas encontraron suficiente agua para cobrar vida, pero no como para *permanecer* vivas. La planta creció rápidamente, solo para ser quemada por el sol abrasador (vv. 5-6).

Ese campo también tenía una zona *espinosa*. Esa tierra nutrió la semilla, por lo que comenzó a crecer una planta. Su fruto se estaba desarrollando bien al principio, pero fue sofocado por las zarzas antes de que pudiera madurar (v. 7).

En el campo también había *buena tierra*. El suelo en esa zona liberó el potencial completo de todas las semillas. Algunas produjeron un rendimiento del treinta por ciento, otras del sesenta por ciento y algunas, incluso, le dieron al jardinero un rendimiento del cien por ciento (v. 8).

Cada elemento del jardín está representado en esta historia, de forma que cuando Jesús interpreta la parábola, se revelan todos los elementos de nuestro funcionamiento interno. Jesús nos dice que las semillas son palabras. El fruto representa lo que hacemos. Pero, ¿qué representa la tierra? Nuestro corazón (vv. 18-23).

Tu corazón es la tierra donde se plantan semillas espirituales.

Tu corazón ancla las raíces de tu mente.

Tu corazón nutre el fruto que produces.

Tu corazón es el suelo de tu vida.

Aunque no recordaba haber escuchado nunca un sermón acerca de ese versículo en la Carta de Pablo a los Romanos, había oído muchos sermones sobre jardines. Pero ninguno de ellos me preparó para lo que estos nos enseñan sobre el bienestar y la vida que nuestro Creador diseñó para nosotros. Desde el huerto del Edén, pasando por las parábolas de los jardines, el huerto de Getsemaní, la tumba del jardín y la Ciudad Jardín, la narrativa es congruente.[6] La condición de un jardín depende de su tierra; la condición del jardín en tu interior —espiritual, mental y físicamente— depende del suelo de tu corazón. Eso implica aceptar tus sentimientos. Todos ellos. Y eso significa que es hora de poner fin a la guerra.

Capítulo 2

REVISA EL FLUJO

"Sobre toda cosa guardada, guarda tu
corazón; porque de él mana la vida".
—Proverbios 4:23 RVR1960

Eché un vistazo a mi teléfono y vi un nuevo mensaje de texto:

"Dra. A., tengo una amiga cuya hija pequeña murió en un
incendio en su casa. Está buscando un terapeuta de traumas,
así que pensé en usted. Se llama María. Es una mujer poderosa
que solo necesita algo de ayuda en este momento".

Sería difícil encontrar a alguien que *no* describiera a María
Colón-Johnson como poderosa.[1] El incendio que mató a su hija fue
provocado intencionalmente. Un estudiante de octavo grado, que vivía
al lado, había sido reportado a la policía y a los servicios sociales después
de prender fuego al armario de suministros en su escuela secundaria.
De pie en la oficina de la escuela, el padre del chico aseguró a todos que
la obsesión de su hijo con la ciencia simplemente había ido demasiado
lejos. No queriendo ver a un "buen chico" enredarse en el sistema de
justicia juvenil, dejaron que su padre se lo llevara a casa.

Ese verano, la familia inscribió a su hijo en un campamento de
química e incluso convirtió el cobertizo de su patio trasero en un

41

laboratorio improvisado para él. Seis meses después, utilizando una traza de acelerantes comprados en línea, ese chico de trece años prendió intencionalmente fuego a seis casas conectadas en fila durante la noche.

María pudo sacar a su hijo pequeño de la casa, pero su esposo —Jerome— se había desmayado, quedando inconsciente —por inhalación de humo— cuando intentaba encontrar a su hija, que había dejado su cama para dormir en el pequeño espacio decorativo inspirado en hadas y princesas que había construido en el armario de su habitación. Los primeros en responder pudieron reanimar a Jerome, pero no a su hermosa hija, Gracie. Ella fue una de las más de doce personas que murieron en los incendios. Muchos otros resultaron heridos, incluidos varios socorristas.

A pesar de su trauma, María siguió siendo una madre consagrada a su hijo sobreviviente y recientemente había celebrado que él recibiera una beca completa para la universidad. Había completado su maestría en administración de empresas que estaba estudiando en el momento del incendio y ahora dirigía una fundación para financiar investigaciones y desarrollar iniciativas políticas con el fin de erradicar las desigualdades raciales en el sistema de justicia juvenil. María era una oradora frecuente en los medios de comunicación nacionales y había escrito artículos de opinión galardonados para algunas de las publicaciones más respetadas de Estados Unidos. También era una firme defensora del derecho a lamentar en un mundo que desesperadamente quiere que los dolientes "sigan adelante".

Nadie diría que María Colón-Johnson no era una mujer poderosa, excepto María Colón-Johnson. Había hecho muchas cosas que *llamaríamos* poderosas, pero María rara vez se *sentía* así. Sin embargo, estaba cansada de ser descrita como "fuerte". Después de que el padre de otro niño que murió en el mismo incendio se quitara la vida, María supo que era hora de buscar ayuda.

En una de nuestras primeras sesiones, dijo: "Todos quieren que use una camiseta con la palabra BENDECIDA impresa en letras grandes.

Pero detesto eso. Me hace sentir que no tiene nada que ver con lo que dice en cuanto a la victoria cristiana. Sí, han pasado ocho años y sí, el hecho de que mataran a mi hija todavía me destroza por dentro. Me dicen que Dios me dará belleza en lugar de cenizas, pero no creo eso. Tal vez sea belleza *con* las cenizas, pero ¿cómo justificarlo? Dicen: 'Dios te dará el doble por tus problemas', como lo hizo con Job, pero no hay reemplazo para la vida de mi hija. Eso no es posible".

Respondí sin decir nada. Nos sentamos en silencio, permitiendo que su dolor ocupara todo el espacio que le correspondía. Una lágrima se escapó por el ojo izquierdo de María. Esquivando apenas su esfuerzo por secarla, esa lágrima se deslizó por su mejilla y cayó en su blusa. Y luego otra. Y otra.

"Esta es la primera vez que lloro frente a otra persona desde el funeral de mi hija", dijo María. No lo dije en ese momento, pero sabía que esa primera lágrima era su primer paso hacia una vida verdaderamente poderosa.

Víctima de guerra

Cuando conocí a María, su corazón era mucho más un campo de batalla que un jardín. Era una víctima de la guerra emocional en dos maneras. Primero, aunque era profundamente consciente del dolor constante de su duelo, María se comprometió a mantener sus emociones dolorosas encerradas por temor a que ello la "ganara". También temía que su dolor y su tristeza fueran demasiado para que otras personas los soportaran. Esa es la segunda forma en que María estaba siendo herida por esa guerra.

Las actitudes prevalecientes hacia la emoción, en especial en cuanto al dolor emocional, hacen que muchas personas luchen no solo para seguir adelante con sus propios sentimientos, sino también para resistir la tendencia a minimizar el dolor ajeno animándolos a ser optimistas, a pensar en positivo o a recordar ser agradecidos. Esas cosas ciertamente son buenas para nosotros, pero si el verdadero objetivo es la evasión en lugar del crecimiento, ese tipo de positividad se vuelve tóxica. El dolor negado es dolor multiplicado. Solo seguirá socavando nuestro bienestar y, si nos negamos a enfrentar esto por suficiente tiempo, nuestra salud espiritual comenzará a deteriorarse.

Tu vida espiritual no puede aislarse de tu realidad emocional. Así como la tierra puede determinar el destino de una semilla, tu corazón puede determinar el estado de tu espíritu. La Escritura lo afirma:

"Y vino todo varón a quien su corazón estimuló, y todo aquel a quien su espíritu le dio voluntad" (Éxodo 35:21 RVR1960).

"El corazón más valiente se derretirá de miedo … Todo espíritu decaerá" (Ezequiel 21:7).

"Mis siervos cantarán con alegría de corazón, pero ustedes clamarán con corazón angustiado; gemirán con espíritu quebrantado" (Isaías 65:14).

"El corazón alegre hermosea el rostro; mas por el dolor del corazón el espíritu se abate" (Proverbios 15:13 RVR1960).

En esos versículos, los sentimientos de deseo, miedo, alegría y tristeza *preceden* a un espíritu que estaba dispuesto, decaído, lleno de alabanza o quebrantado. Proverbios 15:13 afirma que esta conexión entre el corazón y el espíritu es más que una coincidencia. El versículo dice que el espíritu se quebranta por la tristeza. Nuestros corazones influyen en nuestro bienestar espiritual de una manera que no tiene nada que ver con el pecado. Es por eso que, cuando María expresó su enojo por los versículos que le ofrecían consuelo (Isaías 61:3 y Job 42:10), no capté falta de fe. Capté que tenía el corazón roto. ¿Por qué esforzarse por reparar un espíritu quebrantado sin atender el dolor que lo aplastó, en primer lugar? Sus sentimientos no necesitaban ser ignorados. El suelo de su corazón necesitaba ser regado.

Por tanto, ¿cómo empezó esta guerra? ¿Por qué creemos las cosas negativas que juzgamos en cuanto a las emociones? Pronto profundizaremos en el jardín, pero primero debemos responder esa pregunta.

¿Por qué sentimos de cierta manera acerca de nuestras propias emociones?

Cuando empecé la escuela de posgrado a fines de los noventa, no me daba cuenta de cuán antigua, equivocada o extendida era nuestra destructiva visión acerca de las emociones. Pero ahora, al reflexionar, lo reconozco en la manera en que me estaban entrenando como terapeuta. Las emociones se veían como síntomas. Obstáculos. Como un niño indisciplinado que debía controlarse o un león que debía ser domado. Hasta que esa primera neurona me llevó al jardín interior, no se me había ocurrido preguntarme qué había previsto el Creador para nosotros desde el principio. ¿Cómo llegamos aquí? La respuesta puede sorprenderte. Las raíces de esta perspectiva moderna son muy antiguas.

Una semilla fue plantada por un filósofo griego llamado Platón (428-347 a. C.). Él describió el alma humana como un carro tirado por dos caballos que competían. Uno era honorable y obediente. El otro representaba las pasiones irracionales. La mente racional conduce el carro. Debe controlar a los caballos para lograr sus metas.[2] Aunque ningún caballo era perfecto, Platón veía las emociones negativamente (excepto la compasión y el amor platónico). "Consideraba las emociones como reacciones irracionales de los niveles psicofísicos inferiores del alma".[3]

La división de Platón entre pensar y sentir se convirtió en una característica definitoria de la cultura occidental: la mente, buena; las emociones, malas.[4] Esta visión se arraigó profundamente, por lo que siglos después —todavía— vemos sus frutos a nuestro alrededor. Lo vemos en décadas de investigaciones científicas motivadas por comprender el cerebro y mantener controladas las emociones. Lo vemos en un niño corriendo al baño de la escuela para que nadie lo vea "llorando como un bebé". Lo veo en un cliente que me cuenta lo que *piensa* aunque le pregunté cómo se *siente*. En la facilidad en que un científico acepta una teoría que afirma que el cerebro racional está más evolucionado que el cerebro emocional.[5] También en un ministro que dice que a Dios no le importa cómo te sientes, que solo está esperando que renueves tu mente.

Los cristianos, a menudo, se enorgullecen de tener una cosmovisión bíblica; pero esa distinción es más fácil de proclamar que de vivirla.

Platón murió cientos de años antes de que naciera Jesús, pero sus ideas influyeron en el cristianismo de una manera que probablemente esté afectando tu vida. El desprecio de Platón por las emociones influyó en otra filosofía llamada estoicismo. El objetivo de la terapia estoica era erradicar y destruir la emoción. Combinando el trabajo de Platón y los estoicos, los primeros teólogos argumentaron que la libertad de las emociones era una meta de la perfección cristiana.[6] Y aún hoy, muchos cristianos sienten que están fallando por causa de los sentimientos.

Crecí inmersa en las mejores tradiciones de la iglesia afroamericana, en la que la visión cultural de las emociones era, en algunos aspectos, diferente de la perspectiva occidental dominante. En términos históricos, en la iglesia afroamericana las emociones se sienten, se ven y se oyen. Desde el estilo de predicación hasta lo físico de la adoración y las lágrimas sin restricciones en el altar, experimentamos las emociones con todo nuestro cuerpo. Dicho esto, se pone aún mayor énfasis en una fortaleza mental que se define por no permitir que nuestros sentimientos influyan en nuestras decisiones o disminuyan nuestra resistencia. Se nos permite sentir el dolor emocional, pero es cuestión de "deja caer tus lágrimas y luego mantente firme". Incluso puedes omitir las lágrimas si lo prefieres, pero la fortaleza mental es innegociable.

Todas las tradiciones religiosas son influenciadas por la cultura. Tu comunidad de fe puede haberte enseñado lecciones similares, o tal vez vienes de espacios con perspectivas diferentes. Quizás los sermones en la iglesia de tu familia estaban destinados a evocar paz y calma en lugar de gritos de victoria. Tal vez estaba bien expresar felicidad, pero manifestar demasiado dolor emocional era mal visto. Quizás una tristeza o ansiedad prolongada se veía como evidencia de un pecado oculto o simplemente irrelevante para la tarea espiritual en cuestión.

Cualquiera sea nuestra procedencia, parece haber una constante: los mensajes de la iglesia sobre las emociones, a menudo, se parecen más a las cosas del mundo en el que vivimos que a lo que la Biblia afirma que debemos seguir (Marcos 7:7; Romanos 1:22).

¿Qué haría Jesús?

Aunque hace mucho tiempo que pasaron los días de la famosa frase WWJD (What Would Jesus Do?), que en español es "¿Qué haría Jesús?", muy popular en la década de 1990, sigue siendo una buena pregunta, especialmente en lo referente a cómo nos sentimos respecto a nuestras emociones. En la introducción de este libro, vimos el ejemplo que Jesús nos dio a través de sus propias experiencias emocionales. En las Escrituras, lo vemos expresando sus sentimientos de manera auténtica y pública. Cuando comencé a explorar la emoción como tema en la vida de Jesús y me di cuenta de que sus expresiones emocionales más intensas eran seguidas de cerca por momentos de poder innegable, me sorprendí tanto como cualquiera. Cuando describimos momentos similares en nuestras propias vidas, solemos hacerlo en términos de fracaso.

"Traté con todas mis fuerzas de no llorar, pero al final me derrumbé".

"Estaba bien, pero luego —simplemente— me perdí".

¿Por qué decimos cosas así? ¿Qué se rompió? ¿Qué perdimos? ¿Es eso lo que dirías de Jesús en la tumba de Lázaro, en Getsemaní o en la cruz? ¿Acaso Jesús, finalmente, perdió el control? ¿Tuvo Jesús un colapso? Considerando los milagros que ocurrieron después de sus momentos emocionales, pregúntate: ¿Se estaba derrumbando Jesús o estaba avanzando?

Pero Dra. Anita, usted podría pensar *¡Jesús es Dios!* Sí, lo es. Pero Romanos 8:3 dice que una vez que Jesús aceptó dejar el cielo, recibió un cuerpo humano. Ser el Hijo de Dios, plenamente divino, no impidió que Jesús tuviera una experiencia completamente humana. Cuando nos resistimos a ahondar en la humanidad de Jesús, menospreciamos la profundidad de su sacrificio y subestimamos la amplitud de su amor.

Jesús es nuestro estándar de perfección cristiana. Es nuestro ejemplo para caminar en esta experiencia humana que llamamos vida y él nunca se condenó a sí mismo por causa de sus sentimientos. Jesús nunca dijo: "¡Reprendo esta tristeza!" ni "¡Fuera de aquí, ira!" ni "¡Apártense de mí, emociones!". Ni una sola vez dijo algo así. Jesús fue transparente con sus emociones y en cuanto a cómo se sentía. En oración, Jesús clamó a su Padre con toda franqueza. Genuina. Auténtica. Si alguna vez has intentado calmarte o reponerte emocionalmente antes de empezar a orar para poder acercarte a Dios de la "manera correcta", es hora de decirle no a Platón y a las formas en que la cultura distorsiona nuestra visión de nuestros corazones.

Desconectarte de tus sentimientos no es un acto de fe; es un acto de evasión. El dolor no resuelto sigue ahí, bajo la superficie, erosionando tu bienestar. El dolor, la ira y el miedo no atendidos son los que, al fin, amenazan el suelo de nuestros corazones, no el sentimiento en sí. Podemos apoyarnos absolutamente en la Palabra de Dios, sin dejar de expresar nuestras emociones de forma auténtica y buscar sanación. Tu dolor emocional no anula tu fortaleza espiritual. Jesús nos enseñó eso.

> **Tu dolor emocional no anula tu fortaleza espiritual. Jesús nos enseñó eso.**

Una historia de amor

No me canso nunca de hablar del corazón. Mi pasión se renueva con cada persona que se libera de la guerra que ha estado luchando dentro de sí contra ella misma. Los viejos hábitos son difíciles de romper, así que continúa recordándote que la desconexión emocional no es una disciplina espiritual. La emoción es un ingrediente activo en tu vida espiritual, por lo que la decisión sabia es cuidar bien de tu corazón. Ese buen cuidado comienza cuando ves tu corazón como lo ve Dios.

Tu corazón es importante para Dios. Casi todo ser viviente en la tierra depende del suelo para sobrevivir, puesto que las plantas crecen allí y, de una forma u otra, ellas alimentan a casi todos los seres vivos.[7] El Creador de los cielos y la tierra sabe todo sobre ese suelo, ese terreno, esa tierra; así que deberíamos prestar atención a lo que eso significa. Tu corazón es también el suelo de toda tu vida. Eso te dice cuán importante es tu bienestar emocional. Las Escrituras colocan al corazón en el centro de la experiencia humana.[8] La Biblia atribuye todo el espectro de las emociones al corazón.[9] Nuestros corazones pueden ser gentiles o arrogantes, leales o engañosos, puros o perversos. De cualquier manera, la Biblia identifica al corazón como aquello que define quiénes somos de forma genuina y auténtica: nuestro yo real (Proverbios 27:19).

Tu corazón tiene un valor inmensurable para Dios.[10] Esto incluye tus sentimientos. Desde el libro de Génesis hasta el Apocalipsis, el evangelio se revela a través de una historia de amor acerca de una semilla y su suelo. Ese suelo es tan significativo para Jesús, que dijo que él mismo era una *semilla* (Juan 12:23-25). Cuando el jardín del Edén fue creado, Jesús estaba allí. Juan 1:1 dice que Jesús era la Palabra que el Creador pronunció al hacer los cielos y la tierra. Al internarse Adán y Eva en un mundo desconocido y hostil, la Palabra los acompañó como una semilla implantada en el jardín vivo de una mujer, trasmitida a través de generaciones hasta el día de su nacimiento (Génesis 3:15). Envuelta en un cuerpo vivo, que respiraba, de carne y hueso, la "Semilla-Palabra" entró en nuestro mundo para amarnos en persona. Luego, Jesús murió para que algún día pudiera crecer como un árbol de vida dentro de nosotros, plantado junto a los ríos de nuestros corazones. La relación corazón-espíritu representa la historia del suelo y la semilla para la que fue hecho. El suelo es el protagonista romántico en esta historia verdadera. Así es como Dios ve tu corazón. Así es como deseo que percibas tu corazón. Así deseo que te percibas a ti mismo.

En la segunda y la tercera parte de este libro, veremos cómo está alcanzando la ciencia vanguardista lo que la Biblia ha dicho por mucho tiempo sobre nuestros corazones, pero antes quiero que entres en el jardín para que aprendas lo que el Creador siempre ha estado tratando de enseñarnos sobre las emociones. Si tu vida está anclada en las

Escrituras, espero que ya estés siendo transformado —simplemente— porque confías en las páginas de este texto sagrado y en la profundidad de las maravillas que contiene, aun cuando —y especialmente— te sorprenda.

La relación corazón-espíritu

En la parábola del sembrador, las semillas son palabras (Mateo 13:19). Las semillas nos enseñan cómo se convierten, las palabras que escuchamos, en la verdad que creemos. Jesús, la Palabra-Semilla viva, quiere ser plantado en tu corazón porque ahí es donde comienza la creencia (Marcos 11:23; Hechos 8:37; Romanos 10:9).

Una semilla es una planta viva en estado latente. La semilla que espera liberar la pequeña planta que lleva dentro no necesita ser plantada para cobrar vida. La semilla no está muerta; solo está dormida. Cuando la semilla despierta, las cosas comienzan a moverse en la tierra. La semilla extrae aire y agua del suelo, hinchándose más y más hasta que se rompe. Ese momento se llama *germinación*. En tu corazón, el momento en que una semilla-palabra germina se llama *fe*. El evangelio de Lucas lo explica de esta manera:

> Este es el significado de la parábola: La semilla es la palabra de Dios. Los que están junto al camino son los que oyen, pero luego viene el diablo y les quita la palabra del corazón, *no sea que crean* y se salven. Los que están sobre las piedras son los que reciben la palabra con alegría cuando la oyen, pero no tienen raíz. *Estos creen por algún tiempo*, pero se apartan cuando llega la prueba (Lucas 8:11-13, énfasis agregado).

Este pasaje enseña que la creencia requiere de un vínculo entre la semilla y la tierra. Por eso no creemos en todo lo que escuchamos. Si la tierra no posee lo que la semilla necesita, permanece inactiva. Si el suelo tiene siquiera el mínimo necesario de las cualidades requeridas, la semilla despierta, pero su potencial completo no se desarrolla. La planta muere. En la tierra de un corazón fértil, esas palabras despertarán y liberarán su *poder completo* para dar abundante fruto en tu vida. Una semilla solo necesita dos cosas para despertar: aire y agua. Por eso mi planta de guisantes pudo germinar dentro de las toallas de papel húmedas en un vaso de plástico; porque tenía aire y agua. Pero el hábitat natural de la semilla es la tierra, no una toalla de papel. La buena tierra es fértil. La tierra fértil permite que el aire y el agua fluyan a través de ella. En el jardín interior, el aire y el agua representan la *fe* y los *sentimientos*.

Fe

La creencia se diferencia del hecho. El señor Walt Disney abrió su primer parque temático en 1955. Ese es un hecho. La liberiana laureada con el Premio Nobel, Ellen Johnson Sirleaf, fue la primera presidenta elegida democráticamente en una nación africana. Ese es un hecho. Los hechos son visibles, medibles y objetivamente verificables. La *creencia* es la "aceptación de la verdad, realidad o validez de algo... en ausencia de sustento".[11] Esa falta de evidencia es la diferencia entre el hecho y la creencia. Los hechos no requieren fe. Las creencias sí.

La semilla necesita aire para germinar. En la tierra de tu corazón, la fe es el aire. La fe da espacio a la semilla. Por tanto, cuando una semilla-palabra despierta, la fe fluye desde tu corazón en dirección a la semilla, aunque la fe no es una emoción. La fe tampoco es un pensamiento. La fe es espíritu. Es aliento. Génesis 2:7 dice que cuando Dios formó a la humanidad, su aliento nos dio vida. Se convirtió en nuestra *neshamá*, que se refiere tanto al aliento de Dios como al espíritu humano.[12] Recuerda, una creencia es algo que aceptamos como verdadero aunque no pueda ser sustentado por nuestros cinco sentidos. La fe sustenta. La fe llena la brecha de la evidencia al decir "¡Sí!" a las posibilidades que una palabra te ofrece. La fe abre nuestros corazones para que creamos.

Sentimientos

Si eres seguidor de Jesús, sus semillas-palabras deberían caer —a menudo— sobre tu corazón, no solo el día en que se inició la relación. Si es así, entonces sabes que esas semillas pueden caer en lugares diferentes en diversos días. Yo siempre soy tierra fértil para palabras como "Deléitate en el Señor y él te concederá los deseos de tu corazón" (Salmos 37:4), pero las palabras que Jesús dijo en cuanto a perdonar a las personas "setenta veces siete" (Mateo 18:22) han requerido que atienda mis áreas pedregosas setenta veces siete veces. Podemos tener una fe absoluta en que las palabras de las Escrituras son verdaderas y poderosas, pero nuestro estado emocional puede influir en lo referente a lo que la Palabra de Dios despierte en nuestro interior.

La importancia del agua en cuanto a los jardines reales nos enseña acerca de la función de las emociones en nuestro jardín interior. En la parábola del sembrador, Jesús emplea las emociones para describir cómo se diferencian los tipos de suelo. El suelo junto al camino es duro y seco, sin agua. El suelo pedregoso comienza con alegría, con suficiente agua para que la semilla despertara pero, cuando llegó el calor, la alegría se evaporó y quedó la ira. También había suficiente agua en la zona del suelo espinoso, así que la semilla-palabra de Jesús cobró vida, pero también lo hizo la espinosa maleza de la ansiedad. A veces, sentimos más de una cosa al mismo tiempo. La relación entre el agua y la emoción es más que una metáfora; también hay una manifestación biológica.

Las emociones intensas a menudo hacen que el agua fluya por nuestros ojos. A veces hay tristeza en nuestras lágrimas. Incluso podemos llorar hasta sentir que no nos queda agua, por lo que nos sentimos secos y entumecidos. En actividades como las bodas y las graduaciones, el agua de nuestros ojos contiene alegría. Pero las lágrimas no son el único flujo de agua que acompaña a nuestras emociones. Sudamos en respuesta tanto a una excitación eufórica como a un miedo paralizante. Incluso el agua en nuestra boca fluye con nuestras emociones. La ansiedad dirige a nuestros cuerpos a enviar más agua a las glándulas sudoríparas, lo que hace que nuestra boca se seque. La empatía también afecta el agua. Una investigación, publicada por científicos austríacos en 2021, les pidió a los participantes que vieran una película que inspirara sentimientos de empatía. Los investigadores tomaron muestras de la saliva de los participantes antes y despés de ver la película para evaluar la presencia de biomarcadores relacionados con la emoción y el estrés. La empatía afectó la composición química de las muestras; influyó en lo que había *en* el agua.[13] Cuando se trata de nuestras emociones, ¡definitivamente hay algo *en* el agua!

La tierra seca nunca es buena. Es imposible que la tierra sea fértil sin agua. Cuando una semilla despierta, el agua fluye hacia adentro hasta que —literalmente— la semilla estalla. La planta viva que estaba contenida en la semilla, se libera para crecer. Hay algo especial en ese flujo que despierta la vida. A eso lo llamamos *esperanza*.

La esperanza es un *sentimiento* de expectativa, que espera. La fe afirma: "Es posible". La esperanza dice: "Es posible *para mí*". La esperanza es la manera en que la posibilidad se siente. Es la base de cada una de las emociones placenteras que experimentamos. No podemos experimentar sentimientos como la alegría y la paz cuando no tenemos esperanza. La esperanza es un catalizador. Nos lleva de la semilla-palabra al fruto de la acción. La esperanza nos hidrata para la ocasional y ardua travesía del crecimiento hasta convertirnos en aquello que fuimos ideados. La

> La fe afirma: "Es posible". La esperanza dice: "Es posible para mí".

esperanza motiva. *Motivo, motivación* y *emoción* comparten la misma raíz latina: *moveré*, que significa "mover".[14] Ese movimiento comienza en el corazón. Donde se inicia el fluir de la esperanza.

Deja que fluya

Las palabras están llenas de poder creativo. Tu corazón es el terreno donde se plantan las semillas de las palabras. Estas no se siembran en tu mente. Se siembran en tu corazón, el mismo lugar donde residen tus sentimientos. Ese fue el diseño del Creador.

Todas las palabras son semillas. Las de Dios son las semillas más poderosas de todas, aunque nuestras palabras también tienen poder. Por eso debemos ser cuidadosos con la forma en que hablamos a los demás y a nosotros mismos (Job 26:4; Proverbios 18:21; Efesios 4:29). Las semillas-palabras pueden convertirse en creencias.

Nuestras creencias se constituyen tanto por la fe como por los sentimientos. Esto es importante porque nuestras creencias sobre Dios, nuestra identidad, nuestras relaciones y nuestro propósito determinan el bienestar espiritual que disfrutaremos. La manera en que estamos emocionalmente puede, y casi siempre, influye en el modo en que estamos en lo espiritual. Esto es algo importante.

¿Significa eso que cada emoción dolorosa es espiritualmente peligrosa y que debemos evitar sentirla a toda costa? No.

¿Significa eso que hasta Jesús podía ser una tierra seca, pedregosa o espinosa? Tampoco.

¿Cómo reconciliamos esto? La respuesta es que, en lo referente a cómo nos sentimos, debemos dejar que eso fluya.

Un jardín bien regado se mantiene en un estado constante de flujo. Demasiada agua deja sin espacio para que opere el aire. Por lo que la semilla se asfixia y se ahoga. Por otro lado, muy poca agua hará que esas semillas-palabras permanezcan inactivas. De la misma manera, las creencias que nutren nuestro bienestar espiritual se nutren tanto por la fe como por los sentimientos. Cuando resistimos nuestros sentimientos, nos arriesgamos —a largo plazo— a socavar la fertilidad del suelo. Es mejor hacer lo que hizo Jesús: permitir el flujo. Por ejemplo, cuando mi corazón está seco y me siento vacía o desmotivada, las lágrimas de alegría me riegan, me motivan, me revitalizan. Pero, cuando está abrumado, triste o estresado, las lágrimas de tristeza me agobian.

Por eso dije que la única lágrima de María fue el primer paso que dio para llevar una vida más poderosa. Al fin permitió que eso fluyera. En los meses siguientes, el corazón destrozado de María continuó sanando en maneras novedosas. Con la seguridad que iba sintiendo cuando pasábamos tiempo juntas, recuperó cada vez más la calma; tanto que pudo reconocer y expresar sus emociones. María, por fin, se sintió tan poderosa por dentro como había parecido serlo por fuera. Comenzó a vivir conectada a su corazón, no apartándose de él. ¿Desapareció para siempre el dolor de María? Por supuesto que no. ¿Todavía se enoja? Claro que sí. Pero ahora permite que el dolor fluya a través de ella y salga. Eso dejó espacio para más alegría. Y esa sanación fluyó hacia su vida espiritual.

Poco más de un año después, en nuestro trabajo juntas, María estaba usando el tiempo de sesión para reflexionar sobre algunas cosas maravillosas que había experimentado la semana anterior y sobre cuánto había cambiado su vida gracias al arduo trabajo con la terapia. Sonrió y dijo: "¿Sabes?, creo que estoy comenzando a entender lo que podría significar eso de 'el doble por tus problemas'. Nada podrá reemplazar a mi hija jamás, pero estoy vislumbrando nuevas posibilidades".

"¡Espera un momento!", respondí. "¿Estás diciendo que estás lista para usar una camiseta con la palabra BENDECIDA impresa al frente?".

"¡Creo que sí!", dijo María sonriendo; y esa risa fue uno de los frutos más dulces que jamás he visto.

El primer paso para tener una vida poderosa es comprometerse a cultivar un estado de bienestar emocional que catalice, sostenga y nutra lo que decidimos plantar. El bienestar emocional no tiene que ver con que tengamos que estar siempre felices. El bienestar emocional representa nuestra capacidad y disposición para sentir, a cabalidad, todos nuestros sentimientos. Eso requiere que estemos conscientes de —reconozcamos y experimentemos— nuestros sentimientos. Los niveles de humedad, en suelo fértil, siempre fluctúan. Lo que el agua tiene en su interior, fluctúa. La fluctuación no es el problema. El problema es el estancamiento. Eso sí que es el verdadero conflicto.

Estar emocionalmente bien no tiene que ver con ganarse algo de Dios. Tu bienestar emocional no afectará el modo en que Dios se te manifiesta a ti, pero sí podría afectar la manera en que tú te presentas ante él. Cuando estamos emocionalmente sanos, nos posicionamos para ser más poderosos espiritualmente. Por eso, para mí, ser terapeuta es un llamado divino. *Tu corazón es un terreno sagrado.* La sanación emocional es una labor sacra.

Capítulo 3

UN TERRENO FÉRTIL PARA UNA VIDA MÁS PODEROSA

> Y llamó Dios a lo seco Tierra ... Y vio Dios que era bueno.
>
> GÉNESIS 1:10 RVR1960

Coloqué mi almuerzo en la mesa de la sala de profesores y me senté frente a mi compañero Casey. Ese día no mostraba su habitual energía positiva, así que quise saber cómo estaba.

—Hola, Casey, hoy pareces un poco decaído. Estoy aquí para distraerte, escucharte o dejarte solo si necesitas espacio. ¿Qué te sería más útil?

Casey exhaló audiblemente.

—Aprecio eso realmente —dijo—. Me encantaría salir de mi cabeza y hablar. Se acerca mi trigésimo cuarto cumpleaños. Sé que eso no es ser muy viejo, pero siento que el tiempo me está alcanzando y no he logrado todo lo que debería.

Esperé a que organizara sus pensamientos, hasta que continuó.

—Últimamente he sentido que Dios quiere que avance con algunos grandes objetivos, pero he estado demasiado preocupado por el "cómo". Cada año, cuando llega la fecha de mi cumpleaños, entro en modo de reflexión. Evalúo el año y, si no siento que he progresado lo suficiente, empiezo a sentirme deprimido. Siento que no me estoy convirtiendo realmente en la persona que necesito ser.

Las palabras de Casey me llegaron al corazón. Sé lo que es preguntarse si *no* estoy haciendo algo que debería hacer para cumplir la voluntad de Dios en mi vida. Eso puede paralizarnos, así que pensé animar a mi amigo.

—Casey, a veces "nos transformamos" mientras avanzamos. En 2 Corintios 4:7, se nos recuerda que "tenemos este tesoro en vasos de barro". Somos vasijas de barro, tanto fuertes como frágiles, de modo que avancemos conscientes de que no somos nosotros sino Dios en nosotros. Tal vez, en lugar de esperar hasta tu próximo cumpleaños para *reflexionar*, sería más útil que intentaras considerar el *futuro*. Quizás… establecer algunos objetivos bastante alcanzables para el año que viene, y luego dejar que Dios agregue su extra a ello. Además, si quisieras compartir esos objetivos conmigo, ¡también me agradaría emocionarme contigo!

—¡Me encanta eso! —dijo Casey con el rostro iluminado—. Cuando los tenga listos, te los diré.

Un par de semanas después, Casey envió su lista de objetivos:

1. Poner a funcionar la idea que tengo para una plataforma de redes de negocios.
2. Crear más ingresos pasivos.
3. Convertirme en una persona íntegra (más conectado conmigo mismo y con Dios).
4. Perder unos veinte kilogramos, para estar más saludable.
5. Viajar más, ir ver a mi familia durante el año.
6. Terminar de construir mi estudio de música en casa.
7. Componer más música.
8. Estar más pendiente de mi matrimonio (para hacerlo más fuerte y saludable).

Casey estaba consciente de lo que quería lograr, lo cual era genial. Pero recordé lo que mencionó en cuanto a que, el año anterior, se deprimió por no haber progresado como quería, así que supuse que algunos de los elementos de su lista se los había fijado como objetivos en el pasado. De modo que necesitaba una nueva forma de ver su vida.

Trabajar con el valor para intentarlo de nuevo puede ser difícil, sobre todo cuando sentimos que hemos fallado antes. A veces, un cambio de perspectiva infunde nueva vida a nuestros esfuerzos, así que me arriesgué a reorganizar la lista de Casey y se la envié por correo electrónico. Así es como quedó:

- Relaciones
  - Con Dios y conmigo mismo.
    * Ser una persona íntegra (más conectado conmigo mismo y con Dios).
    * Cuidar mejor de mi cuerpo (perder veinte kilogramos; estar más saludable).
  - Con mi familia
    * Dedicarme más a mi matrimonio (una unión más fuerte y saludable).
    * Viajar más (a ver a mi familia durante el año).
- Propósito
  - Poner a funcionar la idea que tengo para una plataforma de redes de negocios.
  - Componer más música.
- Legado
  - Crear más ingresos pasivos.
  - Terminar de construir mi estudio de música en casa.

"¡Hola!", escribí. "Organicé tus objetivos en tres 'zonas vitales': relaciones, propósito y legado. Esas son las tres dimensiones de una vida poderosa, creo que te resultará útil".

Casey respondió al día siguiente: "¡Esto es asombroso y muy útil! El esquema realmente desglosó mis objetivos y los presentó de una manera más fácil de procesar".

Cuando nos encontramos en la sala de profesores, un par de semanas después, Casey seguía inspirado.

—En verdad, disfruté pensar en mi vida en términos de relaciones, propósito y legado. Esas categorías cubren lo que quiero lograr, pero también capturan cómo quiero que se sienta mi vida. ¿De dónde sacaste estas ideas?

—Bueno —respondí—, las encontré en un jardín.

El limonero de Joanna

Un limonero plantado a la sombra del Monte Tamalpais me dio una lección sobre tres zonas de la vida: relaciones, propósito y legado. Fui al Monte Tamalpais para recargar mi corazón. Había estado cansada varias semanas y dormir más no me ayudaba. Estaba irritable, luchando por concentrarme y con un dolor de cabeza persistente. Todos ellos signos de agotamiento emocional. Así que, cuando tuve la oportunidad de pasar unas semanas sola, desconectada, no dudé ni un instante.

Alquilé una habitación en una hermosa casa de cien años, propiedad de una pareja encantadora llamada Rob y Joanna, que disfrutaban de sus años dorados. Y lo mejor de ese lugar era el jardín cuidadosamente atendido que lo rodeaba.

Cuando Joanna me dio un recorrido por su vibrante y exuberante jardín, me sentí inmediatamente atraída por el limonero. Tan pronto como lo vi, mi cuerpo quiso colapsar bajo su sombra. De alguna manera, el limonero habló a mi corazón cansado, ofreciéndole descanso y paz a través de su sombreado follaje y sus hermosos frutos.

Una mañana, al principio de mi estadía allí, encontré a Joanna en la mesa de la cocina leyendo su Biblia. Me ofreció un asiento, agua fresca en un recipiente de cristal y un apetitoso pastel de limón para el desayuno. Joanna se alegró al saber que yo trabajaba en el ministerio y me preguntó si podía orar por mí. Apenas dije sí antes que me pusiera a llorar. Oh, cuánto necesitaba eso. Joanna oró por mí casi todas las mañanas que estuve allí, y cada vez que lo hacía una parte de mí volvía a cobrar vida. Había ido a ese lugar para dormir y respirar, pero Dios tenía mucho más reservado para mí.

Durante una de nuestras muchas conversaciones, le pregunté sobre el limonero. Me dijo que California es el mejor lugar, en Estados Unidos, para cultivar limoneros porque el suelo allí es como el de Italia. Tiene todo lo que los limoneros necesitan.

Nunca había considerado el suelo como un factor para determinar dónde podría crecer un árbol cítrico. Si (en algún juego aleatorio de trivia) me hubieran preguntado qué necesitan los limoneros, habría dicho calor y mucho sol. Y claro que necesitan esas cosas externas, pero cada árbol comienza como una semilla enterrada. Hasta que Joanna me dijo lo valioso que era el suelo, supuse que era importante pero, como con la mayoría de las cosas —incluidos nosotros— lo que sucede en el exterior es secundario a lo que pasa en el interior.

Ya sabes que si algo despierta mi interés, voy a investigarlo; y eso es exactamente lo que hice. La curiosidad me llevó a un antiguo estudio del Centro de Investigación de Tierras Silvestres de la Universidad de California.[1] Los investigadores querían probar el suelo en el área, pero la densa vegetación les impedía tomar muestras del terreno directamente. De modo que sobrevolaron las tierras silvestres, tomaron fotos y luego clasificaron el suelo que no podían ver, basándose en las plantas que sí *podían observar*. Dividieron el área en *zonas vitales*, según lo que crecía allí. Por ejemplo, una zona vital tenía principalmente pasto, mientras que otra solo tenía arbustos pequeños.[2] Nunca sabes dónde te espera una visión espiritual. Esas zonas vitales me hicieron pensar en la parábola del sembrador.

Cuando enseño sobre el suelo al lado del camino, el pedregoso, el terreno espinoso y la buena tierra, los oyentes comienzan —inmediatamente— a pensar en lo que podría estar mal en sus vidas.

"¿Soy un pedregal?".

"¡Seguro que soy terreno espinoso!".

Y luego, "¿Cómo arreglo eso?". Lo entiendo. Siempre estoy revisando mi propio corazón en busca de problemas, y cada vez que encontramos la Palabra de Dios es natural que busquemos una oportunidad para mejorar, pero tengamos cuidado de no vernos siempre a través del lente de la insuficiencia.

Eugene Peterson, en su libro *The Pastor*, dijo:

"Las personas ... son definidas por su creación a imagen de Dios, son almas vivientes, lo sepan o no. No son problemas a resolver, sino misterios a honrar y reverenciar".[3]

Me encanta que el pastor Peterson viera a sus feligreses de esa manera. Yo veo a mis pacientes en esa misma forma. Veo a mi familia y a mis amigos de esa misma manera. Y a ti también te veo de ese modo. Pero, ¿cómo te ves tú?

Creo que es maravilloso que vivamos en un tiempo en el que las personas están muy conscientes de la importancia de la sanación, pero somos más que la suma de nuestras partes destrozadas. Así que, antes de internarnos en la labor de sanar las áreas difíciles de tu corazón, exploremos la buena tierra que Jesús mencionó (Mateo 13:8). Así como el suelo de los paisajes silvestres de California, podemos hacer una foto instantánea de tu jardín interior e identificar la buena tierra según lo que está creciendo allí. *Pero, Dra. Anita, la parábola solo nos dice que la buena tierra dio una cosecha abundante. La Biblia no nos dice qué estaba creciendo allí.* Discrepo respetuosamente de eso.

El Edén, zonas vitales y cultivar una vida más poderosa

En el primer día de la creación, oculto por la oscuridad, nuestro planeta yacía escondido en las aguas como un bebé en el útero, esperando nacer. En el tercer día, el Creador rompió las aguas y la tierra emergió. Las aguas fueron llamadas *mares* y Dios vio que las aguas eran buenas. La tierra fue llamada *tierra* y Dios vio que la *tierra era buena*. Ese día, el Creador salió a sembrar. Por primera vez, las semillas-palabras cayeron en buena tierra.

Dios dijo: Produzca la tierra hierba verde, hierba que dé semilla; árbol de fruto que dé fruto según su género, cuya semilla esté en él, sobre la tierra (Génesis 1:11).

Aquella tierra era fértil. Crecieron tres tipos de plantas. ¿Qué podemos aprender sobre la vida poderosa para la que fuimos diseñados basándonos en lo que el Creador decidió plantar? Dado que hubo tres tipos, imaginemos un jardín con tres zonas vitales: la primera zona vital para el pasto (relaciones), una segunda zona vital para las hierbas que dan semilla (propósito), y la tercera zona vital para los árboles frutales (legado). Agarra tu diario: esta exploración del Edén será también nuestro primer recorrido oficial por tu jardín interior.

La zona relacional

Lo primero que el Creador plantó fue pasto. Creo firmemente que el pasto nos da una lección sobre las relaciones. El pasto es la viva representación de que "la unión hace la fuerza", es decir, lo esencial es estar juntos. Aunque cada brizna puede ser el producto individual de una sola semilla, ¿cuándo planta, alguien, una sola semilla de pasto? Nunca. Una sola fibra no hace un pastizal. Fuimos creados para prosperar en relación con Dios y con los demás. Y todo eso comienza dentro de ti.

Tu relación contigo mismo

Una relación saludable contigo mismo requiere que seas consciente de ti mismo, que te ames y cuides de ti mismo.

Ser consciente de ti mismo incluye:

- Estar consciente y conectado con tu cuerpo.
- Saber cómo te sientes, qué necesitas y qué quieres.
- Reconocer tus patrones de pensamiento, rasgos de carácter y tus fortalezas.
- Aceptar tus debilidades.
- Ser responsable cuando tu comportamiento no se alinea con tus valores.

Amarte a ti mismo o sentir amor propio dice cosas como:

- Soy digno de ser amado, valorado, apreciado y respetado.
- Mi voz cuenta.

- Me trataré con amabilidad, aun cuando me decepcione.
- Soy imperfecto, pero capaz de crecer.
- No me importa que otras personas vean mis imperfecciones.

Cuidarte a ti mismo implica decidir, con conocimiento de causa, nutrirte en lo espiritual, lo emocional, lo mental y lo físico, no después, sino antes de llegar a tu punto de inflexión.

Tu relación con los demás

Las relaciones son nuestra herramienta de cuidado personal más poderosa y, a menudo, la más menospreciada. Cuando nutrimos nuestras relaciones, ellas —en retribución— sustentan el terreno de nuestros corazones. Las raíces del pasto son delgadas y extendidas, perfectas para evitar que un suelo vulnerable se desmorone. Y, como esas hojas de pasto están tan juntas, también protegen la superficie del suelo. ¿Cómo saber si el pasto en tu jardín está espeso y floreciendo? A continuación veamos algunas señales de relaciones saludables:

> Cuando nutrimos nuestras relaciones, ellas —en retribución— sustentan el terreno de nuestros corazones.

- Te gusta compartir tus buenas y malas noticias.
- Sientes que te apoyan y te aman.
- Te sientes lo suficientemente seguro como para ser tú mismo plenamente.
- No te importa pedir o recibir ayuda.
- Aceptas a los demás, inviertes en ellos y los amas incondicionalmente.
- Ellos sienten lo mismo por ti y quieren hacer lo mismo por ti.

Para muchas personas, el matrimonio y la familia proporcionan estas relaciones cercanas. El matrimonio puede ser una experiencia maravillosa, pero con demasiada frecuencia lo enfatizamos a tal grado que excluimos el poder de la amistad. La amistad también cuenta. Y mucho.

Tu relación con Dios

Solía liderar un seminario de relaciones de ocho semanas. Los participantes completaban un cuestionario calificando diversos aspectos de sus vidas. Una pregunta era: "En una escala del 1 al 10, ¿cuán fuerte es tu relación con Dios?". Nadie apuntaba una calificación de 10, todos describían la mejora en términos de *hacer* más. "Orar más". "Ir más a la iglesia". "Leer más mi Biblia". Nuestras disciplinas espirituales son muy importantes, pero el *hacer* no lo es todo. Como cualquier trato personal, nuestra relación con Dios incluye una conexión emocional.

Tu relación con tu Creador es única porque tú eres especial, así que no puedo ofrecerte una forma exacta de medirla. Sin embargo, a continuación tenemos algunas preguntas que nos ayudan a evaluarla:

Eres hijo de Dios (1 Juan 3:1). Una sana relación padre-hijo hace que crezcamos con un sentido de seguridad, congruencia y amor incondicional. El hijo confía en su padre. La relación que tenemos con nuestra madre y nuestro padre puede moldear la dimensión de nuestra conexión con Dios. ¿Qué sientes respecto a la idea de Dios como padre? ¿Has experimentado seguridad con ello? ¿Enojo o confusión? ¿Cómo han moldeado tus experiencias esta relación divina?

Jesús te llama amigo (Juan 15:15). Observa nuevamente la lista de cosas que esperamos en una relación saludable. ¡Ellas son los ingredientes de una gran amistad! ¿Qué sientes respecto a la idea de Jesús como tu amigo? ¿Has sentido apoyo y amor incondicional con él? ¿Lloras, ríes y compartes tus sentimientos? ¿Cómo han moldeado tus experiencias esta relación divina?

El Espíritu Santo vive dentro de ti (Juan 14:26). El Espíritu Santo nos consuela y aboga por nosotros desde nuestro interior. Esa es una relación profundamente personal y sensible. ¿Qué sientes respecto a ese tipo de intimidad? ¿Eres coherentemente consciente de la presencia del Espíritu dentro de ti? Cuando esto ocurre, ¿sientes que te acompaña o que te observa? ¿Cómo han moldeado tus experiencias esta relación divina?

Cuatro de los objetivos de Casey estaban en la zona de las relaciones. Me encanta especialmente la forma en que expresó este: "Ser más íntegro (más conectado conmigo mismo y con Dios)". Casey reconoció instintivamente que nuestra relación con nosotros mismos y nuestra relación con Dios son inseparables. Al reflexionar sobre esas preguntas acerca de tu relación con el Creador, ¡seguro que tú también lo reconoces!

¿Cómo está creciendo la zona de tus relaciones?

Antes de pasar a discutir las siguientes dos zonas vitales que encontramos en Génesis 1, hagamos una pausa para considerar tus relaciones personales. ¿Dónde está el pasto más verde? ¿Qué va bien en tu relación contigo mismo? ¿Qué relaciones con los demás sostienen tu corazón en los días difíciles? ¿Qué dimensión de tu relación con Dios es en la que más te apoyas? Dondequiera que estés prosperando en tu zona relacional, ¡acabas de encontrar buena tierra!

La zona del propósito

Después del pasto, el siguiente grupo vegetal que la buena tierra produjo fue el de las plantas que dan semilla. Al igual que tú y yo, estas plantas no fueron creadas simplemente para que, simplemente, existieran. Dios les dio un propósito. Nosotros también fuimos creados para vivir con propósito.

Para algunas personas, hablar de su propósito puede ser estresante. La intensa presión que sentimos por encontrar y cumplir el propósito para el que fuimos creados (como si de lo contrario fracasáramos completamente en la vida) es una invención nuestra, no de Dios. El propósito no es "lo que se supone que debes hacer". El propósito, definido de manera sencilla, es una razón, un *por qué*. Estamos destinados a vivir intencionalmente, a movernos con un por qué, a vivir con propósito. Las plantas que dan semilla nos enseñan tres cosas en cuanto a vivir con propósito al estilo de un jardín.

Primero, *el propósito satisface una necesidad.* Nuestro Creador nos dio estas plantas para alimentarnos (Génesis 1:29). Piensa en ellas como cultivos. El trigo es un gran ejemplo porque se usa para hacer pan, un alimento básico. Las plantas que dan semilla fueron diseñadas para sustentarnos. Nosotros también deberíamos buscar satisfacer necesidades que sustenten a otros. Al buscar vivir con propósito, pregúntate: "¿Qué necesidad(es) deseo satisfacer?".

Segundo, *el propósito es productivo.* Estas semillas son plantas trabajadoras. Tienen un objetivo: multiplicarse produciendo nuevas semillas. ¡Son productivas! Pero estas plantas no son todas iguales. El Creador esperaba que fueran productivas "según su género" (Génesis 1:11-12). Nosotros también somos plantas trabajadoras, llamados a ser productivos según nuestros diversos dones (o regalos). Esos dones son los mecanismos a través de los cuales podemos satisfacer necesidades. Proverbios 18:16 dice: "Con regalos se abren todas las puertas y se llega a la presencia de gente importante". ¡La gente importante puede ayudarte a satisfacer más necesidades! Ese es el objetivo, ¿verdad? Para vivir con propósito, pregúntate: "¿Qué dones tengo para ofrecer?".

Uno de los problemas de definir el propósito como "lo que *estoy* destinado a hacer" es que fomenta el enfoque en uno mismo. Lo tercero que las plantas con semillas nos enseñan es que el *propósito es relacional.* Tiene que ver con servir. Una semilla de trigo puede convertirse en un tallo que produce cien nuevas semillas. Y eso es solo el tallo. Ese nivel de productividad no es solo para nosotros. Es para quienes nos rodean. Preguntarse: "¿Cuál es mi propósito?" no debería ser sinónimo de "¿Quién soy?". Deja que el propósito pregunte: "¿Cuál es mi papel *en mi comunidad?*".[4]

Tus relaciones comunitarias

Las zonas vitales en tu jardín no están separadas por muros de ladrillo. El jardín es un sistema interconectado donde cada parte depende de las demás. Vivir con propósito requiere cultivar un tipo más de relación: la comunidad. Ya sea con nuestros padres y hermanos, el amor de nuestra vida o nuestros amigos más preciados, tendemos a ver todas nuestras relaciones interpersonales más cercanas como familia. Sin embargo, también fuimos creados para vivir en comunidad.

Imagina que estás en una extensión de pasto tan grande que necesitaríamos una flota de máquinas para mantenerlo. Cuanto mayor es la extensión del pasto, más hermoso es y más nos asombra. Así es como la comunidad está destinada a sentirse. Algunas fibras están tan juntas que sus raíces se tocan. Otras están separadas por miles de plantas. Sin embargo, cada fibra nutre y fortalece al conjunto. Lo mismo es cierto para nosotros. Somos partes integrales de comunidades llenas de personas con quienes interactuamos todos los días y con otras que nunca conoceremos. La distancia no disminuye la conexión.

La vida de Jesús lo deja muy claro. Su propósito se cumplió en comunidad. Jesús eligió convertirse en uno de nosotros y, luego, dio su vida por todos nosotros. Asimismo, nuestra decisión individual de seguir a Cristo solo es individual por un momento. En el tiempo que lleva decir "Amén", nos convertimos en miembros de una nueva comunidad, los hijos de un Padre "de quien recibe nombre toda familia en el cielo y en la tierra". Con Cristo habitando en cada uno de nuestros corazones por la fe, estamos llamados a ser *enraizados y fundamentados juntos* (Efesios 3:14-17).

Pertenecemos a muchas comunidades: nuestro vecindario, los aficionados al baloncesto. Los que se graduaron en nuestra escuela. Los sobrevivientes de incestos. Los que ven YouTube. Los corredores de maratón. Las madres solteras. Los refugiados. La humanidad, que nos incluye a todos. Hay tantas comunidades que nos conectan. Así que, para vivir con propósito, pregúntate: "¿A cuál de mis comunidades estoy sirviendo?".

Como en mi caso, el propósito puede estar integrado a tu trabajo. Mi corazón se conmueve profundamente cuando las personas se sienten inseguras. *Necesitamos* seguridad. Enseñar es mi *don* divino. En la comunidad de los que hemos sobrevivido al trauma, enseño en qué manera te roba la seguridad y cómo sanar.

Todos *necesitamos* conexión. Esa necesidad conmueve profundamente el corazón de mi hijo Michael. La gente se siente fácilmente reconfortada con su presencia, por eso se propuso *regalar* consuelo a la comunidad de quienes viven en su vecindario de Chicago. Una vez, durante una visita, me llevó a almorzar a su lugar favorito. Un hombre mayor que trabajaba allí lloró al contarme que Michael le dio una tarjeta de cumpleaños ese año. Su "por qué" no está conectado a su trabajo remoto en tecnología, pero esa es una de las muchas formas en que mi hijo vive con propósito. El propósito siempre está a nuestro alcance.

¿Cómo está creciendo tu zona de propósito?

Revisemos tus cultivos. Vivir con propósito significa tener metas guiadas por un *por qué* claro. Puedes, y probablemente tendrás, más de un "por qué" al mismo tiempo. ¿Qué necesidad conmueve tu corazón? ¿Qué don has ofrecido para satisfacerla? ¿A qué comunidad —ese "nosotros"— has servido? Aun cuando nunca hayas pensado en el propósito de esta manera, estoy segura de que ya hay un hermoso trabajo floreciendo. Donde sea que estés prosperando en tu zona de propósito, ¡has encontrado buena tierra!

La zona del legado

Hace más de setenta años, mi padre plantó un peral en el jardín delantero de la pequeña casa de bloques donde creció. Ahora que es bisabuelo, una quinta generación de nuestra familia tendrá la oportunidad de descansar a la sombra de ese árbol. Los árboles frutales fueron el tercer tipo de planta descrito en el tercer día de la creación. Estos árboles representan el legado.

Al igual que los cultivos que dan semilla, los árboles frutales también son plantas trabajadoras, pero la labor de un árbol lleva mucho más tiempo y dura mucho más. Los cultivos como el trigo solo viven una temporada. Al llegar la cosecha, su trabajo está completo y la planta muere. De la misma manera, solo podemos vivir con propósito durante la temporada determinada para nuestra vida en esta tierra.

Los árboles ejemplifican el legado porque permanecen por generaciones. Uno de los árboles más antiguos que se conocen es un ciprés patagónico en Chile, estimado en más de cinco mil años.[5] Aunque ninguno de nosotros vivirá tanto tiempo, todos podemos plantar un legado. Nuestros objetivos hereditarios (o legado) pueden inspirarse en las mismas cosas que inspiran el propósito, pero el legado nos sobrevivirá por mucho tiempo.

La idea del legado a menudo se conecta con el matrimonio y los hijos, pero esa no es la única forma de tener un impacto generacional, ni es inherentemente una manera "más santa". El apóstol Pablo nunca se casó ni tuvo hijos, pero su legado es indiscutible. Nuestra definición de legado suele ser demasiado limitada, por lo que les hemos hecho un gran daño a muchos hermanos y hermanas solteros al enfatizar el matrimonio y la paternidad como los únicos o mejores modos de dejar un legado. Como dice la popular Yana Jenay Conner, una ministra de solteros: "Si el matrimonio y los hijos fueran el pináculo de la experiencia humana, Jesús lo habría practicado".[6]

> **El trabajo del legado tiene que ver con el amor puro e incondicional: verter amor en un futuro que tal vez no veremos ni disfrutaremos.**

Algunos persiguen el legado dejando una herencia financiera a instituciones comunitarias y causas importantes. También puedes dejar un legado ayudando a un familiar con sus gastos universitarios o escribiendo y compartiendo las lecciones que has aprendido. El legado es cualquier cosa que dejes para que el mundo sea un mejor lugar. Un pastor jubilado puede orientar a los ministros jóvenes para que su ardua experiencia les evite el agotamiento. Un profesor de ciencias en una escuela secundaria puede dedicarse a establecer programas de ciencia y tecnología en una comunidad históricamente marginada. El trabajo del legado tiene que ver con el amor puro e incondicional: verter amor en un futuro que tal vez no veremos ni disfrutaremos.

¿Cómo está creciendo la zona de tu legado?

¿Hay árboles en esa zona? Aunque sea un árbol nuevo, que apenas comienza a crecer, ¡cuenta! Donde sea que encuentres uno, has hallado más tierra buena en tu jardín interior.

El amor: un nutriente vital

Detengámonos un momento para observar al amor, porque sin este nutriente vital, el jardín interior —simplemente— no puede florecer. Las áreas de tu jardín interior que ya están prosperando son poderosas. Ya sea en la zona relacional, la de propósito o la del legado, sabemos que si esas plantas están floreciendo, es porque estás respirando la fe que dice "¡Es posible!" y porque la esperanza está manteniendo tu corazón irrigado. La tierra fértil respira, está bien regada y es *rica en nutrientes*.

Todos los seres vivos necesitan nutrientes para sobrevivir. Obtenemos la mayoría de ellos a través de los alimentos, pero cuando muerdes esa manzana orgánica que encontraste en el mercado, probablemente no pienses: "¡Qué deliciosa! Ese campo debe tener una tierra asombrosa". Pero tal vez deberías hacerlo. La tierra fértil suministra a las plantas hasta diecisiete nutrientes. Esos fluyen hacia la planta y se conectan directamente con su fuerza y los beneficios saludables de su fruto. Lo mismo ocurre con nosotros. Muchas cosas nutren el suelo de nuestro corazón: la alegría, la paz, la bondad; pero *el amor es el nutriente más importante*. El fruto nutrido por un suelo rico en amor es mejor en todos los sentidos.

El Dr. Robert Sternberg, profesor de psicología en la Universidad de Cornell, desarrolló la "Teoría triangular del amor", definiéndola con tres componentes: intimidad, pasión y decisión (o compromiso). La intimidad describe los sentimientos de conexión cercana que nos unen en la relación. La pasión es el impulso que prioriza esa relación. Finalmente, la decisión (o compromiso) abarca tanto la elección presente de amar ahora como la determinación de mantener ese amor a largo plazo.[7] Me gusta este enfoque porque hace eco del jardín. El amor acompaña a la fe que nos conecta en todo tipo de relaciones (intimidad), fluye con el agua de la esperanza que nos sostiene (pasión), luego nos fortalece y nos nutre mientras persistimos y completamos la obra (decisión/compromiso).

En lo referente a asegurarnos de que nuestros corazones sean buena tierra para producir cosas buenas, recuerda esto: "Ahora permanecen la fe, la esperanza y el amor, estos tres; pero el mayor de ellos es el amor" (1 Corintios 13:13 RVR1960).

La tierra buena

Ahí lo tienen, amigos. *¿Cómo define la Escritura el bienestar?* Como un jardín.

¿Qué está destinado a crecer en ese jardín? Las relaciones, el propósito y el legado. Estas son las cosas que llenan nuestras vidas de significado.

¿Dónde está plantado ese jardín? En el suelo de nuestros corazones.

¿Qué hace que ese suelo sea fértil? La fe, la esperanza y el amor.

¿Cómo mantenemos el suelo fértil? Cultivando el bienestar emocional.

¿Qué es el bienestar emocional? Nuestra capacidad —y disposición— para ser conscientes, reconocer y experimentar todas nuestras emociones.

¿Qué sucede cuando cultivamos el bienestar emocional? Desatamos, sostenemos y nutrimos todo el poder de las semillas-palabras que decidimos plantar en nuestro jardín interior.

¿Es esto lo que significa tener una vida poderosa? Sí.

Metas del jardín

Piensa en algún ser a quien describirías como poderoso. ¿Por qué lo elegiste? Por lo general, llamamos poderosas a las personas debido a su influencia en el mundo que las rodea. Algunos tienen sus nombres grabados en los anales de la historia. Otros son conocidos solo por nuestra familia, nuestra iglesia o nuestra comunidad. Ya sea que sus logros estén vinculados a su posición social, su riqueza, su unción, su intelecto o su carisma, a menudo nos suponemos cómo deben ser sus vidas. Por eso nos sorprende cuando un ícono de la moda muere por suicidio, nos devastamos cuando una pareja poderosa se divorcia, nos indignamos cuando un líder moral resulta ser lo opuesto, y especulamos cuando nuestro cantante favorito se somete a rehabilitación. ¿Por qué? Porque creemos que si lograron todas las metas de *nuestra lista*, deben haber ganado la guerra emocional. Pero el corazón siempre gana, aunque esté destrozado. Luchar contra tu corazón es inútil. En vez de luchar, sánalo.

Abrazar la vida en el jardín requiere que redefinamos lo que significa ser poderoso. Para Casey, esa redefinición comenzó al ver sus metas y luego toda su vida a través del lente del Edén. En el jardín interior, una vida verdaderamente poderosa no se conquista; se cultiva. En el jardín, ya no idolatramos los logros *a pesar* del dolor. Celebramos apartar tiempo para sanar. Cuando vives desde adentro hacia afuera —cuidando *primero* tu corazón— la vida que produces será una que podrás sustentar. Y debido a que las plantas saludables fortalecen el suelo en respuesta, cuando nutro mis relaciones, vivo con propósito y cultivo un legado de amor, produzco una vida que también me sostiene a mí. Esa es la vida más poderosa de todas.

Capítulo 4

LA ZONA CERO, EL EPICENTRO DEL DESASTRE

> Maldita sea la tierra ... con dolor comerás de
> ella ... espinos y cardos te producirá.
>
> Génesis 3:17-18 RVR1960

Un par de semanas después de que mi compañero de trabajo Casey y yo hablamos sobre las zonas vitales del Edén, nos reunimos para almorzar y hacer un plan que aumentaría sus posibilidades de lograr sus metas ese año. Casey esperaba que yo fuera una de las personas cercanas que lo ayudara a rendir cuentas por su plan. Mi respuesta fue no. Le dije: "La rendición de cuentas no es realmente lo mío. ¡Pero soy una gran animadora!". La rendición de cuentas puede ser útil pero, a veces, la usamos de manera inapropiada, como si la amenaza de sentirnos avergonzados por no haber logrado una meta a tiempo nos obligara a alcanzarla. No pretendía que Casey se abriera paso a la fuerza. Quería que cultivara una vida sustentable.

Por ejemplo, digamos que decido que quiero un peral en mi jardín. Compro peras en el supermercado, pego una cuerda al tallo de cada pera, luego voy a mi jardín y cuelgo las peras en un árbol que ya está creciendo allí. ¡Éxito! Bueno... más o menos. Tengo un árbol con peras, pero no tengo uno de peras. Cualquier viento fuerte lo confirmaría. Pero este es el enfoque típico para lograr nuestros objetivos: los deseamos, los enumeramos y luego nos subimos al carro de Platón, decididos a enfocar "la mente en la materia" para lograr esos objetivos por cualquier medio necesario. Cualquier medio, excepto entrar en contacto con la frustración, la tristeza o el miedo que nos descarriló la última vez e, incluso, hasta la vez más reciente.

Los objetivos no deben acumularse, deben cultivarse. Encontrar una manera de obtener peras no equivale a tener un peral. Cuidar el jardín interior implica pasar de una perspectiva de conquista a otra de cultivo, de una guerra interminable a la abundancia. Los motivadores externos nos llevarán solo hasta cierto punto si nuestro bienestar emocional no puede respaldar las cosas que esperamos cultivar. Es posible que forzarnos a avanzar nos brinde algunos éxitos pero, en el proceso, nos perjudicamos a nosotros mismos. En vez de crear elementos externos que te ayuden a abrirte paso hacia tus metas, haz un análisis de tu situación. Pregúntate: "¿Qué está pasando *dentro de mí* que hace que esta meta sea difícil de alcanzar?".

> **Los objetivos no deben acumularse, deben cultivarse.**

En lugar de prometerle que lo ayudaría con la rendición de cuentas, me ofrecí a hacer un rápido análisis de la situación con Casey, comenzando con su meta relacional en cuanto a sentirse más conectado con Dios.

—Cuando piensas en tu relación con Dios, ¿qué emoción sientes que surge? —le pregunté.

Casey parecía confundido.

— ¿Qué quieres decir? —respondió.

Así que reformulé la pregunta:

—¿Cómo te *sientes* en cuanto a tu relación con Dios en este momento?

Casey se quedó en silencio por un rato. Estaba tan acostumbrado a saltar por encima o dejar atrás las emociones para lograr algo, que nunca se le pasó por la cabeza considerar sus sentimientos. Le pedí que se tomara unos minutos para imaginarse sentado en la presencia de Dios. Dejé pasar un poco de tiempo y luego le pregunté:

—¿Qué se siente al estar sentado aquí?

Levantó la mirada y dijo:

—Me siento culpable.

Casey continuó diciendo que se sentía terrible por no pasar más tiempo en oración y, cuando lo hacía, se preguntaba: "¿Estoy haciendo esto bien?". Él conoce a otras personas que se levantan temprano y pasan una hora en oración, pero cuando él intenta hacerlo, su mente divaga y, veinte minutos después, se da por vencido. Recordé que Casey había dicho que no sentía que se estaba convirtiendo en la persona que debía ser para realizar lo que Dios lo llamó a hacer. Me di cuenta de que estaba preocupado porque no era lo suficientemente bueno. Eso no es culpa, es vergüenza. Cualquier persona a la que le rindiera cuentas y una docena de despertadores que le indicaran la hora de la oración no iban a ayudar con eso. Casey no estaba fracasando por falta de fuerza de voluntad. Estaba estancado por la vergüenza. Ahí es donde estaba. Así que ahí fue donde comenzamos. Había que trabajar la tierra.

Encontré relación, propósito y legado en el jardín del Edén, por lo que sé que esos elementos son esenciales para tener una vida poderosa. El problema es que ya no estamos en el jardín del Edén. La tierra buena y fértil que existía allí ha sido alterada, historia que encontramos en Génesis 3. Los dos primeros capítulos de Génesis nos cuentan cómo llegó a existir el jardín del Edén. El tercero nos relata cómo llegó a su fin ese buen comienzo.

El fin del principio

Un día, una serpiente salió a sembrar. Llevaba una sola palabra-semilla a un lugar exacto: el jardín interior de una mujer que estaba dentro de un jardín.

La serpiente encontró a la mujer exactamente donde sabía que estaría: cerca del árbol prohibido del Edén. Aun cuando el Creador les había dicho al hombre y a la mujer que no comieran del fruto del árbol del conocimiento del bien y del mal, la serpiente planeó lograr que ella hiciera exactamente eso. Inspeccionó el jardín interior de la mujer, ubicó el punto más vulnerable y —cuidadosamente— comenzó a cavar un pequeño agujero en su corazón.

[La serpiente] le preguntó a la mujer: "¿Conque Dios les dijo que no comieran de ningún árbol del jardín?".

"Podemos comer del fruto de todos los árboles —respondió la mujer—. Pero en cuanto al fruto del árbol que está en medio del jardín, Dios nos ha dicho: "No coman de ese árbol ni lo toquen; de lo contrario, morirán" (Génesis 3:1-3)

La confirmación de las palabras del Creador detuvo a la serpiente mientras cavaba.

Pero la serpiente dijo a la mujer:

—¡No es cierto, no van a morir! Dios sabe muy bien que cuando coman de ese árbol se les abrirán los ojos y llegarán a ser como Dios, conocedores del bien y del mal" (vv. 4-5)

Esta vez ella no respondió, por lo que el adversario pudo reanudar rápidamente su operación; el agujero que abrió en la tierra de su corazón pronto alcanzó la profundidad perfecta para que la serpiente plantara su semilla. Mientras la mujer enfocaba toda su atención en el árbol prohibido, la serpiente —silenciosamente— plantó sus palabras-semillas: *Pueden ser como el Altísimo* (Isaías 14:12-14).

Las expectativas la invadieron como el aire que fluye hacia sus pulmones. Y, al igual que el agua, un anhelo en su corazón fluyó en la misma dirección. La semilla de la palabra de la serpiente se hinchó y se abrió. La mujer creyó. Reflexionar sobre el beneficio más singular del árbol —la elevación de su mente— la ayudó a tomar la fatal decisión. Entonces su esposo tomó la misma decisión. Comieron el fruto que su Creador les había prohibido. Ese fue el fin del principio.

Hemos caído y no podemos levantarnos

Romanos 5:12 (NTV) dice: "Cuando Adán pecó, el pecado entró en el mundo. El pecado de Adán introdujo la muerte, de modo que la muerte se extendió a todos, porque todos pecaron". Como todos significa todos, todos nos vemos afectados. En un sacrificio que nunca entenderé, Jesús fue torturado y crucificado para reparar el daño que creó la decisión de Adán (Romanos 5:18), pero su resurrección fue una victoria que nos fue legada. La Biblia enseña que aceptar a Cristo nos convierte en una "nueva creación" (2 Corintios 5:17).

Si sigues a Jesús, como yo, sabes que lo "nuevo" se manifestó para ti, pero no *todo* es nuevo, aunque parezca extraño. Todavía necesitamos respirar, beber agua y comer. Algunas cosas difíciles también siguieron igual. Incluso después que las personas deciden seguir a Jesús, pueden resfriarse, torcerse un tobillo o desarrollar una enfermedad autoinmune. Estamos conscientes de que la caída cambió nuestros cuerpos de una manera que persiste. Pero, ¿en qué forma se traduce eso en cuanto a otras cosas, como lo que tiene que ver con lograr las metas que anotamos en la lista de lo que anhelamos? ¿Cómo nos ayuda lo que sucedió en el primer jardín a entender la lucha que sostenemos hoy en nuestro jardín interior? La respuesta yace en la tierra. Ella relata la historia de cómo toda nuestra vida se hizo más difícil.

Adán y Eva (¡y esa serpiente!) hicieron algo malo, y cada uno recibió sus propias consecuencias. Pero eso no terminó allí. A la tierra también le sucedió algo. Como tú y yo, la tierra no participó ese día, pero después de eso, la vida en cada zona fue dolorosamente diferente (Génesis 3:17-18).

La verde extensión de hierba se marchitó a medida que el suelo maldito se secaba y endurecía. Ahora todas las relaciones eran más difíciles.

Las cosechas abundantes que se obtenían sin esfuerzo ahora luchaban porque el sustento exigía un trabajo sudoroso. Vivir con un propósito era más difícil.

Los árboles frutales frondosos, destinados para alimentar generaciones, vieron sus frutos ahogados por el suelo espinoso. Dejar un legado fue más difícil. A medida que la tierra se transformaba, el jardín de Dios se convirtió en un desierto. El buen terreno se convirtió en la zona cero o, lo que es lo mismo, el epicentro del desastre. Y es allí donde Jesús nos lleva, para enseñarnos cómo cambió el suelo de nuestros corazones. La parábola del sembrador ocurre en la escena de la caída.

El epicentro del desastre

Desde aquel momento en que la caída alteró el suelo, la fe, la esperanza y el amor ya no están garantizados. Ahora lo están la tristeza, la ira y el miedo. Este capítulo profundiza en lo que la parábola del sembrador nos enseña sobre esas tres emociones y, para ilustrarlo, emplea tres tipos de terreno parecidos a la tierra que puedes ver alrededor de tu casa: arcilla, arena y limo.

La tristeza: La tierra que está a la orilla del camino

Jesús comienza la parábola con la semilla que cayó al borde del camino y describe la manera en que se perdió (un ave se la come). A la orilla del camino, hemos pasado de la hierba exuberante a esta tierra estéril. De la relación a la desconexión. Jesús no atribuye una emoción a esta tierra, pero creo que la tierra a la orilla del camino revela tristeza.

El Salmo 102:1 relata "una oración de una persona afligida que se ha debilitado y expone su lamento ante el Señor". En esta plegaria, el salmista describe la travesía de su propio corazón desde los verdes pastos hasta el camino desolado:

Escucha, Señor, mi oración; llegue a ti mi clamor …
Mi corazón decae y se marchita como la hierba …
    ¡hasta he perdido el apetito! …
Parezco un búho del desierto;
    soy como un búho entre las ruinas.
No logro conciliar el sueño;
    parezco ave solitaria sobre el techo.
A todas horas me insultan mis enemigos,
    y hasta usan mi nombre para maldecir …
Por tu enojo, por tu indignación
    me levantaste para luego arrojarme.
Mis días son como sombras nocturnas;
    me voy marchitando como la hierba
            (Salmos 102:1, 4, 6-8, 10-11, énfasis añadido).

El salmista sufre una situación de desesperación relacional. No se habla de amigos, solo de enemigos y de la creencia de que Dios está disgustado. El salmista se siente solo, como un ave solitaria. Eso del ave en el tejado es particularmente conmovedor: a los pájaros les gusta la compañía, pero este está solo. ¿Recuerdas la semilla que cayó al borde del camino? Un pájaro se la comió. Tal vez esa ave solitaria sea la culpable.

Desde *dolor* hasta vergüenza, a *rechazo* o *impotencia*, la tristeza tiene muchos nombres, pero la definimos como "un estado emocional de infelicidad, que varía en intensidad de leve a extrema y que —por lo general— se desencadena por la pérdida de algo que se valora mucho"..[1] La desconexión es la esencia de la pérdida. Un ser querido que muere. Una amistad que termina. Un refugiado que extraña su tierra natal. Cada una de estas pérdidas es una desconexión. Cuando un fracaso empresarial o el rechazo de un padre deja a alguien tratando de reconciliar lo que sucedió con lo que *creía* que era, eso también es desconexión.

El lodo cenagoso

El lodo es un tipo de suelo que puede ser como la arcilla, pero nos ayuda a entender la tristeza. Tiene dos cosas en común con la tierra buena. Primero, es húmedo. Retiene tanta agua que, al igual que la tristeza, es pesada, aunque —en este caso— el agua puede ser algo bueno. La tristeza, combinada con la esperanza, puede inspirar perseverancia y servicio en maneras que nos reconectan. El agua también hace que el barro sea rico en nutrientes. De la misma manera, la tristeza puede ser rica en amor. Cuando estamos tristes, somos menos críticos, por lo que empatizamos más profundamente con el dolor de los demás. De esa manera, la tristeza fortalece la vida en la zona de las relaciones.

El problema con el barro es que tiene dos extremos. El primero surge de su flujo lento. El barro, como la arcilla, no drena bien; por lo que el equilibrio hídrico se altera con facilidad. Cuando hay demasiada agua, el barro se vuelve pegajoso. ¿Alguna vez te dejó la tristeza sintiéndote estancado y desesperado porque te rescataran? ¡El rey David tuvo esa experiencia y se mostró agradecido por poder salir!

Me hizo sacar del pozo de la desesperación, del lodo cenagoso (Salmos 40:2 RVR1960).

Como el lodo es tan pegajoso, el exceso de agua acaba por expulsar todo el aire. Si no reconocemos ni atendemos nuestra tristeza, puede abrumarnos de la misma manera. Se corta el aliento; las semillas se ahogan. ¿En términos del corazón? La fe falla; las creencias mueren.

Mi espíritu se angustió dentro de mí; está desolado mi corazón (Salmos 143:4 RVR1960).

En busca de sentido por una pérdida terrible, la tristeza puede hacer que las personas cuestionen sus creencias e intenten —desesperadamente— conseguir una explicación. La esperanza incumplida acaba convirtiéndose en expectativa perdida.

Y, como dice Proverbios 13:12, "La esperanza que se demora aflige al corazón". Creo que un corazón afligido se manifiesta como la tierra a la orilla del camino.

Bajo un calor inclemente, el lodo termina por secarse y endurecerse. Cuando se acaba el agua, se esfuma la esperanza. De la misma manera, cuando nuestro dolor no cede, la esperanza puede dar paso a la impotencia, un tipo de parálisis que nos deja sintiendo casi nada. El camino de la tristeza a la desesperanza suele ser largo. Así que cuida tu corazón antes de que llegue muy lejos. El hecho de "seguir, simplemente, adelante" no siempre resuelve el problema.

Contén la respiración

La tristeza puede ser una emoción ardua pero, a veces, nos conecta en maneras que ayudan a que la zona de las relaciones florezca. Sin embargo, la desesperación es un extremo que nos asfixia. Cuanto más tiempo nos sintamos desconectados, más probabilidades hay de que realmente nos desconectemos. Podemos abandonar el cuidado personal, aislarnos de los seres queridos y perder el contacto con nuestro Creador.

Para un cristiano que lucha con sus emociones ignorándolas o minimizándolas, el espíritu quebrantado puede constituirse en la primera señal de que su dolor requiere toda su atención. Es posible que te encuentres formulándote preguntas como las que se hacía el cansado salmista: *¿Está Dios enojado conmigo? ¿Dónde está Dios? ¿Por qué permitió que esto sucediera?* La tierra a la orilla del camino es inerte, no respira. Allí se puede perder la fe. Incluso entonces, ello puede interpretarse *únicamente* como un ataque espiritual contra la fe. ¿Viene el enemigo a robar, matar y destruir? Claro que sí. ¿Guerreamos contra ese enemigo? Absolutamente. Pero no te confundas, tu corazón *no* es tu enemigo. La tristeza es una señal de que algo valioso se siente lejano o se ha perdido. La tristeza te dice que estás desconectado y que *necesitas* conexión. Atiende la necesidad. La desconexión es una amenaza terrible para las relaciones.

La ira: el suelo pedregoso

Otro terreno del campo era pedregoso. Ahí, donde alguna vez crecieron las abundantes cosechas del Edén, la significativa productividad que brinda el propósito dio paso a una frustrante incapacidad para prosperar. La caída de la esperanza nos llevó a un lugar rocoso.

Jesús describió el corazón de piedra como uno que *tropieza* (Mateo 13:21). Eso equivale a molestia, indignación, disgusto o desaprobación. Todas esas palabras describen modalidades de ira junto con muchas más, incluida la rabia, el odio, el tormento y la irritabilidad. La ira es una emoción caracterizada por la tensión y la hostilidad que nos impulsa a actuar cuando nos sentimos amenazados. Esa acción puede ser simplemente una forma de expresar nuestra furia o puede estar directamente dirigida a quién o qué nos hizo enojar.[2]

Las arenas del desierto

Si alguna vez has estado en el desierto (o en la playa), sabes que la arena es solo un montón de *piedras* minúsculas. Es, literalmente, un suelo pedregoso. ¿Cómo nos ayuda eso a entender la ira? La arena tiene una cosa en común con un buen suelo: que respira. Recuerda que, así como el suelo necesita una buena circulación del aire, necesitamos que la fe fluya a través de nuestros corazones. El aire se mueve con facilidad a través de las partículas de arena. La ira y la fe pueden estar en el mismo lugar al mismo tiempo. El problema es que las pequeñas piedras no pueden retener agua ni nutrientes. Perder agua implica perder la esperanza y el amor. Para empeorar las cosas, cuando el sol está en lo alto, esas pequeñas piedras se calientan. *Rápido*. No importa quién seas. Es posible que surja una situación tan intensa, que haga que tu ira se encienda, tu esperanza se agote y tu amor se esfume.

En la parábola, hay un poco de tierra buena entre las piedras; esa tierra fértil se alegra por el agua que tiene. La semilla la encuentra y crece rápidamente, pero las raíces son demasiado superficiales y secas para sobrevivir al intenso calor del sol. La planta muere tan rápido como creció. Encontramos un terreno pedregoso y una planta parecida a la vida del profeta Jonás, seca. La historia de Jonás es breve, un acto con cuatro escenas.

1. Dios le dice a Jonás que vaya a darle una advertencia a la gente de una ciudad llamada Nínive. Jonás no lo hace. En vez de eso, se sube a un barco que va en la dirección opuesta, por lo que Dios decide captar su atención provocando una tormenta que hace que Jonás sea arrojado por la borda y tragado por un "gran pez" (1:17).
2. Jonás considera que las entrañas de los peces son un ambiente asqueroso. Después de tres días dentro del pez, Jonás acepta los planes de Dios. El pez lo vomita a la orilla del mar. Dios repite las instrucciones originales y Jonás las sigue al pie de la letra.
3. Jonás le dice a la gente de Nínive que Dios los va a destruir porque participaron en algunas cosas bastante desagradables. La gente de Nínive cambia su forma de actuar y Dios los colma de misericordia en lugar de aniquilarlos.
4. Jonás se enoja mucho con Dios. Va y se sienta fuera de la ciudad para observar y ver si, de todos modos, Dios los destruye. Pero eso no sucede. Al contrario, Dios le muestra

misericordia al enviarle una planta para que le dé sombra mientras él se sienta allí, afuera, furioso. La planta grande y frondosa crece rápidamente, pero sus raíces son poco profundas. Al día siguiente, un gusano muerde las raíces secas de la planta. La planta muere tan rápido como había crecido. Jonás permanece allí, sudando por fuera y ardiendo tan de ira por dentro que le dice a Dios que preferiría estar muerto. El corazón enojado de Jonás era un terreno pedregoso desde el principio.

Meta frustrada

La ira no siempre termina mal y, a veces, es bueno estar enojado, pero el vínculo directo entre la vida de Jonás y el terreno pedregoso nos advierte sobre un tipo específico de ira que ha estado minando el jardín interior desde la caída: la frustración.

Cuando algo nos impide conseguir lo que queremos o lograr lo que nos propusimos, le damos un nombre a esa meta: *frustración*.[3] La frustración es una forma de ira que mezcla enojo y decepción.[4] Es importante reconocer la decepción puesto que explica por qué la frustración se dispara cuando la esperanza se esfuma. La ira aumenta la persistencia cuando hay esperanza de que la meta todavía se puede alcanzar, a pesar de la tribulación y la persecución, pero mucha ira más poca esperanza a fin de cuentas equivale a algo que "no vale la pena". Así que nos apartamos.

Cuando la meta está relacionada con un propósito, la frustración es aún más peligrosa porque el propósito es relacional. Es el papel que tenemos el don de desempeñar en las comunidades de las que formamos parte. Ya sea en tu iglesia, en tu lugar de trabajo o en tu vecindario, si sientes que tus esfuerzos están siendo frustrados por las personas de la comunidad, la frustración puede socavar la vida en la zona de propósito y la zona relacional. En ese escenario, mucha ira más poca esperanza es igual a "no te perdono". Eso hace que sea bastante difícil servir.

Jonás no tenía ningún problema con ser profeta, simplemente no quería servir a Nínive, así que estaba dispuesto a dejar de vivir con un propósito cuando Dios le dijo que fuera a esa comunidad. Jonás no creía que estuviera conectado con ellos. Dada la historia de violencia y opresión de los vecinos ninivitas, probablemente sintió que merecían la destrucción más que el amor que sabía que Dios les ofrecería. Jonás vio a los ninivitas como "ellos", no como "nosotros"; no pensó ni remotamente que estaba en la misma condición de ellos. Después de tres noches de angustia, Jonás tuvo un cambio de rumbo, pero solo superficialmente. Como Dios no destruyó a Nínive, su esperanza desapareció. La ira le impidió reconocer que necesitaba misericordia tanto como los ninivitas. La meta frustrada llevó a Jonás a abandonar su propósito. Decidió que prefería morir antes que seguir usando su don como profeta.

Las Escrituras revelan múltiples ejemplos de metas frustradas que perturban el propósito: la ira de Caín condujo a las tragedias del asesinato y el exilio (Génesis 4:1-16). La frustración de Moisés con el pueblo de Israel lo llevó a responder mal en un momento crucial, lo que llevó a que Dios le prohibiera entrar en la tierra prometida (Números 20:8-12). Y el temperamento de Sansón lo llevó a una serie de episodios autodestructivos (Jueces 13—16). La meta frustrada es una amenaza desastrosa para vivir con propósito.

El miedo: el suelo espinoso

El camino estéril, donde la desconexión nos entristece, y el suelo pedregoso —que frustra el propósito— revelan lo que se perdió por el pecado, pero en la zona del legado, apareció algo nuevo. Las espinas comenzaron a crecer en el jardín del Edén después de la caída, ¡y ahora nuestro jardín interior tiene maleza! Las malezas son testarudas. Aunque también son indicadores. ¿Recuerdas cómo supimos que había buena tierra basándonos en lo que crecía allí? Según el popular *Almanaque del viejo granjero*, las malezas también tienen su historia.

El aparecimiento de las malezas, a menudo, constituyen un indicativo de lo que está mal con el suelo... es decir, son un síntoma... Si aprendemos a leer las malezas como pistas sobre la condición de nuestro suelo, podemos ayudar a que este se recupere.[5]

En la parábola del sembrador, Jesús nombra nuestras malezas. Dice que las espinas son "el afán de este siglo", "el engaño de las riquezas" y los "placeres de esta vida" (Mateo 13:22; Lucas 8:14).

¿Cuántas veces has tratado de evitar que tus pensamientos ansiosos enumeren todos los resultados posibles de una situación que tal vez nunca ocurra? ¿O te has centrado demasiado en el dinero para tener el poder de controlar lo que te sucede? ¿O has activado tu "sé que es malo para mí, pero se siente muy bien" para evitar el dolor del momento? ¿Qué indican esas espinas en cuanto a la condición del suelo? El miedo es el hilo conductor. Es lo que está mal con el suelo en la zona espinosa.

El miedo es el impacto de una situación que amenaza con ser dolorosa. El dolor puede ser físico o emocional. Puede ser real, imaginario, inminente, potencial, de corto plazo o persistente siempre que la situación implique incertidumbre o un control limitado.[6] Cada mala hierba que Jesús nombró es un pensamiento o comportamiento que puede ser guiado por la emoción del miedo.

Sembrar en el cieno

El cieno es un tipo de suelo que nos enseña en cuanto al miedo.

Al igual que la arena, el cieno permite que el aire fluya; el miedo abre las posibilidades.

Al igual que el lodo arcilloso, el cieno retiene agua; el miedo está absolutamente lleno de esperanza. La expectativa sigue siendo esperanza, aun cuando esperemos algo malo.[7]

Al mismo tiempo, el miedo parece evitar las trampas de la tristeza y la ira. Tanto el cieno como el lodo arcilloso se vuelven fangosos, pero el cieno es resbaladizo cuando está mojado. Resbalarse puede llevarte a caer pero, al menos, te deslizas, te mueves. ¿No es eso mejor que quedarse atrapado "compadeciéndote tú mismo"? El miedo, además, parece más inteligente que la ira. En comparación con perder los estribos, ¿no es prudente estar atento a lo que podría salir mal? El miedo nos engaña al disfrazarse de buenas intenciones.

Tendemos a creer que en algunas situaciones, el miedo realmente nos ayuda. Al igual que la arcilla, el cieno puede sustentar el crecimiento; el miedo seguirá tratando de crear una solución. Pero ese "crecimiento" es engañoso. Sí, la semilla del sembrador echó raíces entre espinos e incluso estaba dando fruto, pero el buen trabajo terminó abruptamente antes de que el fruto madurara. ¿Por qué? Porque el miedo no puede nutrir el fruto de la semilla de la Palabra de Dios. El miedo solo alimenta las hierbas malas.

Al igual que tu corazón y el mío, todo suelo es vulnerable. El cieno es muy fértil al principio, pero el agua lo descompone y lo hace añicos llevándoselo con la corriente. Eso se llama erosión y, en comparación con la arcilla y la arena, el cieno es el más vulnerable. Y, como todos nosotros, cuanto más tiempo estemos *abrumados* por el cieno, más débil se vuelve. La erosión también roba nutrientes. Hay un tipo de planta que comienza a crecer cuando el suelo pierde nutrientes: las malas hierbas. Una de las condiciones del suelo más comunes indicadas por las malas hierbas es la deficiencia de nutrientes. Pero espera. Esto se pone peor.

> Porque el miedo no puede nutrir el fruto de la semilla de la Palabra de Dios. El miedo solo alimenta las hierbas malas.

El nutriente más importante que necesita tu jardín trasero se llama nitrógeno. A medida que las malas hierbas crecen, debilitan a las otras plantas al absorber rápidamente el nitrógeno del suelo. El nitrógeno es al jardín lo que el amor a nuestros corazones. Así como no somos nada sin amor, las plantas no pueden prosperar en un suelo escaso de nitrógeno.[8] Sin embargo, donde el amor es escaso, surge el temor. En 1 Juan 4:18 dice: "En el amor no hay temor", así como la oscuridad existe por la ausencia de luz, el temor existe por la ausencia del amor.

El temor hace que te sientas nervioso, aterrorizado, impotente, inseguro, incómodo, en peligro o en pánico. ¿Alguna vez has notado que en presencia del amor de Dios y en nuestras relaciones saludables, tenemos la experiencia opuesta? Nos sentimos en paz y protegidos. El amor se manifiesta como ternura, compasión y cuidado. El amor nutre esta creencia: *Estoy a salvo.* Pero el temor despierta lo opuesto: *No estoy a salvo.*

Pero espera. La cosa empeora más. En los libros de Mateo y Lucas, la palabra *apopnigó* se usa para describir lo que esas malas hierbas espinosas le hicieron al fruto de la Palabra de Dios. *Apopnigó* se traduce como "ahogado", pero también puede significar "ahogar".[9] ¿Cómo pueden los espinos ahogar el fruto? Las malas hierbas que el miedo hace crecer son notoriamente fuertes mientras que, por otro lado, las raíces de los espinos destruyen la débil estructura del cieno. Entonces, una fuerte corriente de agua arrastra todo con facilidad.

Nuestro frágil legado

Nuestro legado está fuertemente influenciado por los talentos que tenemos. Por ejemplo, un poeta sana el corazón de muchos un siglo después, al expresar lo que otra persona no pudo poner en palabras. Una mujer con talentos administrativos vincula su capacidad con el legado al trabajar en una organización sin fines de lucro. Un músico, como mi compañero de trabajo Casey, construye un estudio en casa para publicar música que invite a la gente a disfrutar la presencia de Dios por décadas. La zona del legado está llena de suelo limoso. Lo que uno hace naturalmente bien, el talento con el que nació, da fruto aquí. Es la parte más fértil de nosotros pero, como el cieno es sumamente inestable, también es la más frágil.

Cuando nutrimos nuestros corazones con el amor incondicional de Dios y el apoyo de nuestros seres queridos, nuestros corazones susurran: *Estoy a salvo.* Todo el potencial de nuestros talentos se nutre. Pero, desde la caída, nuestra fertilidad se ve diariamente desafiada por nuestra fragilidad. Sentimos las oportunidades como amenazas que drenan los nutrientes de la tierra de nuestro corazón. Un ascenso. Un escenario más grande. Un nuevo contrato. Antes de que nos demos cuenta, nuestros pensamientos ansiosos, disfrazados de perfeccionismo y síndrome del impostor, están ahogando la vida de nuestro legado. En vez de florecer con alegría, pasamos el tiempo sobrestimando las amenazas, menospreciándonos a nosotros mismos y compitiendo con otros por lo que Dios ya dijo que era nuestro. Las malas hierbas del miedo son una especie invasora. Nunca estuvieron destinadas a vivir en el jardín interior. El miedo es una amenaza desastrosa para el legado.

Las ruinas nobles

Cuando el primer hombre y la primera mujer eligieron el fruto prohibido en lugar de la seguridad que les brindaba el amor de Dios, todo cambió. El Edén tenía un jardín muy bien irrigado. Ahora, sin embargo, el flujo de nuestra vida emocional puede parecer totalmente descontrolado. Aunque haya mucho barro, arena o limo en el jardín, a veces no hay suficiente agua; otras veces entra demasiado rápido o no drena. La destrucción del Edén es evidente en nuestros corazones pero, aun así, somos ruinas nobles.

Así como podemos ver la majestuosidad de las maravillas arquitectónicas antiguas a pesar de la decadencia y el deterioro, todos reflejamos la obra intencional del Creador. El psicólogo cristiano Mark McMinn lo dijo de manera hermosa:

> Si nos sentamos lo suficiente para escuchar y abrimos los ojos bien, oímos y vemos la historia del pecado y la redención, la historia de las ruinas nobles, resonando en cada rincón de la creación.[10]

Resonando en la creación. ¡Seguro que sí!

No podemos concluir este capítulo sin hablar del cuarto tipo de terreno de la parábola: el suelo bueno. *Bueno...* simplemente significa fértil. Eso es importante. No se trata de una dicotomía simplista entre buen suelo y mal suelo. Tú no eres una dicotomía, eres todo o nada. Algunas áreas de tu corazón pueden ser perfectamente fértiles para algo, pero otras —como el suelo—, puede que necesiten ser sanadas. De eso se trata el cultivo del corazón. Nadie es perfecto.

Hemos visto la manera en que tres tipos de suelo nos ayudan a entender al que tenemos en nuestro corazón, pero la ciencia moderna identifica cuatro tipos de suelo, ¡tal como la parábola de Jesús![11] El cuarto tipo de suelo se llama *marga*. La marga es un buen suelo. Es un suelo fértil. Sin embargo, la marga no es un tipo de suelo completamente diferente. Es la combinación adecuadamente equilibrada de arcilla, arena y limo.[12] La arena mantiene el flujo del aire. El limo mantiene el flujo del agua. La arcilla retiene los nutrientes.[1] Tres en uno es suelo fértil.

Allí veo las ruinas nobles. En Génesis 1:26 Dios dijo: "Hagamos al hombre". Fuimos creados a la semejanza de nuestro Dios trino. La caída nos rompió, pero esa semejanza está tan profundamente arraigada que solo pudimos rompernos en *tres* pedazos. La buena tierra es la que surge cuando los tres tipos de suelo, cada uno insuficiente por sí solo, se unen. Ese suelo equilibrado es fértil, lleno de nutrientes y fácil de trabajar, como la buena tierra del Edén. Para mí, esta podría ser la revelación más profunda que la creación nos da para entender esta parábola.

Algunos de nuestros corazones son arenosos. Otros tienen mucha arcilla o limo. No podemos cambiar eso de repente. El suelo se desarrolla durante un largo período de tiempo. Las partículas de roca se descomponen. La materia orgánica (cosas que han muerto) se absorbe. Los microorganismos dan vida al suelo y sustentan los nutrientes y la energía. Es un *proceso*, no una receta. Somos lo que somos. Pero el evangelio tiene buenas noticias. Resulta que "la fertilidad de un suelo es más fácil de cambiar que sus propiedades físicas".[14] ¿Cómo se traduce eso en términos del trabajo que hacemos desde el corazón? Aceptamos las instrucciones que el Creador les dio al primer hombre y a la primera mujer. Nos tomamos la molestia de atender y cuidar el jardín que tenemos dentro (Génesis 2:15). Cada día trabajamos para que el suelo sea fértil. ¿Por dónde empezamos? En donde estemos. Como Casey.

Capítulo 5
¿CÓMO CRECE TU JARDÍN?

> Coronas el año con una copiosa cosecha;
> hasta los senderos más pisoteados
> desbordan de abundancia.
>
> SALMOS 65:11 NTV

Tabitha Brown es una de mis *influencers* favoritas. Es comediante, actriz y la santa patrona de la vida vegana. Yo no soy vegana y creo que eso es cierto para muchos de los millones de personas que la siguen en las redes sociales. No nos cansamos de la energía contagiosa de Tabitha. Siempre nos inspira a pesar de lo que esté comunicando. Al mismo tiempo, ha sido franca en cuanto al dolor en su propia vida. Para mí, eso es autenticidad. Los colores brillantes que usa, su encanto sureño y su amor sin complejos por Jesús la hacen absolutamente irresistible. Un encuentro con el contenido de Tabitha se siente como si te encontraras con la alegría pura. Así que, cuando lanzó su programa para niños, Tab Time, también lo vi (a pesar de que mi edad estaba muy fuera del grupo demográfico objetivo). El primer episodio se convirtió instantáneamente en uno de mis favoritos porque Tab (y su amigo Avi, el aguacate) nos enseñaron cómo crecen las cosas.[1]

En el episodio comienza en el jardín de la vida real de la señora Tab. Luego, ella y Avi nos llevan a un huerto de frutas muy animado, donde conocemos una semilla de naranjo llamada Marmalade. Marmalade nos dice que todo lo que necesita para empezar a crecer es buena tierra y un poco de agua. La señora Tab pone a Marmalade en la tierra y la riega bien. Luego, todos pretendemos que nuestros brazos son los de un reloj; juntos, aceleramos el tiempo haciendo grandes círculos con los brazos. Unos segundos después, reaparece Marmalade, pero ahora ya no es una semilla sino un naranjo adulto que da su primer fruto. A menos de siete minutos de iniciado el episodio, los niños en edad preescolar —para quienes se creó el programa— ya han aprendido todo lo que necesitan saber para entender lo que tú y yo hemos estado hablando en los últimos capítulos: cómo crecen los jardines.

El jardín interior puede ser una forma completamente diferente de pensar sobre cómo fuimos creados y lo que significa florecer pero, en lo referente a lo que necesitas saber para protagonizar esta vida poderosa, probablemente lo aprendiste en el jardín de infantes o, a más tardar, al final de una clase de ciencias de la escuela secundaria. El Creador hizo las cosas muy simples para nosotros. No es de extrañar que las Escrituras nos animen a acercarnos a Jesús con el corazón de un niño (Marcos 10:15). Las cosas son mucho más fáciles cuando hacemos eso. Y cuando se trata de dejar que el Creador cambie lo que creemos sobre cómo nos sentimos, el momento no podría ser mejor.

Está bien no estar bien

Cuando echamos un vistazo al jardín de la vida real de Tabitha, ¡es demasiado exuberante para describirlo con palabras! Está lleno de colores brillantes, frutas y verduras; este jardín es muy útil. No conozco a Tabitha personalmente, pero no me sorprendería si su jardín se viera exactamente como ella quiere que se sienta su vida, un reflejo de sus metas para su jardín interior.

Si pudieras diseñar un jardín que se viera como quieres que se sienta tu vida, ¿cómo se vería? ¿Qué estaría creciendo allí? Ahora pregúntate: ¿Cómo se ve *mi jardín interior*? No te sientas mal si la tierra necesita cuidado. No te sorprendas ni te molestes si notas que algunas áreas están desnudas, otras están creciendo bien y aun otras se están muriendo. No te pasa a ti solo. De hecho, muchas personas no se encuentran bien en este momento. Mientras escribo estas palabras, múltiples crisis globales nos están afectando a todos. Empezó en 2020 y no ha disminuido. No me refiero solo al coronavirus, sino a la pandemia de salud mental que desencadenó. El COVID-19 cobró una asombrosa cantidad de vidas en un período muy breve, dejando un rastro de devastación emocional a su paso. Con cada muerte, un promedio de cinco seres queridos quedan en duelo a largo plazo.[2] Eso significa que, a finales de 2022, más de treinta y tres millones de personas estaban lidiando con el trauma asociado al duelo por alguien que murió no solo de forma inesperada sino inimaginable, a causa de una enfermedad que parecía surgir de la nada.[3]

También hubo otras pérdidas que alteraron nuestras vidas y que lamentamos. Muchos de nosotros no solo pudimos asistir a funerales, sino también a bodas, *baby showers*, graduaciones, cumpleaños y aniversarios importantes. Esos son los momentos ceremoniales que marcan nuestras vidas, recuerdos compartidos que nos vinculan como personas y comunidad.

Además de eso, la forma en que entendíamos y organizábamos nuestras vidas cambió en esencia. La gente perdió sus trabajos. Muchos perdieron sus hogares, sus negocios y sus sueños. La gente perdió la sobriedad. Perdió la sensación de seguridad que tenían y, lo hayan admitido o no, algunos hasta perdieron su fe.

Todo esto para decir que muchos personas no están bien en este momento, y es probable que eso te incluya a ti o a alguien a quien amas mucho. En 2020, los casos globales de trastorno depresivo mayor aumentaron un 27,6 %. Eso es un estimado de 53,2 millones de personas más que el año anterior. Los trastornos de ansiedad se incrementaron en un 25 %. Al principio, había más ansiedad, por lo que el aumento ascendió a alrededor de 76,2 millones de personas más.[4] Por supuesto, eso es solo el recuento de los que conocemos. Muchos otros no han buscado ayuda, por lo que no tenemos una confirmación confiable. Pero, como la diabetes o las enfermedades cardíacas, el diagnóstico no crea la realidad; solo la señala. Tal vez no hayas recibido un diagnóstico formal de depresión, ansiedad u otro problema de salud mental, pero eso no significa que lo que estás enfrentando no sea real. Por primera vez durante mi carrera, un número significativo de profesionales de la salud mental tienen listas de espera. Apenas podemos satisfacer la demanda. Y desde los estudiantes universitarios hasta el clero, los cristianos no están exentos, en ninguna manera. En las universidades cristianas, el número de estudiantes que se comunican con los centros de asesoramiento del recinto por problemas como estrés, depresión, adicciones y pensamientos suicidas también aumentó drásticamente.[5] Los pastores que se esfuerzan por guiar a esos jóvenes como parte de sus congregaciones también se encuentran en dificultades. En un estudio realizado por Barna en octubre de 2021, se pidió a los pastores que calificaran su bienestar en seis dimensiones. Casi una cuarta parte de los encuestados se identificaron como poco saludables en general, y el bienestar emocional fue la dimensión calificada con mayor frecuencia como inferior a la media o deficiente.[6] ¡Escuchen, escuchen! Conocer a Jesús garantiza tu salvación; no certifica tu salud emocional.

Al reflexionar sobre la falta de conciencia emocional en el cuerpo de Cristo, el autor Peter Scazzero escribe lo siguiente en su extraordinario e importante libro *Espiritualidad emocionalmente sana*:

> La espiritualidad cristiana, sin una integración de la salud emocional, puede ser mortal: para ti mismo, para tu relación con Dios y para las personas que te rodean... Es triste decirlo, pero ese es el fruto de gran parte de nuestro discipulado en nuestras iglesias.[7]

Scazzero continúa diciendo que "no apreciar la posición bíblica de los sentimientos dentro de nuestra vida cristiana más amplia ha causado un daño extenso, manteniendo en esclavitud a las personas libres en Cristo".[8] Como terapeuta y ministro, veo esto una y otra vez. Los cristianos no hemos tenido un modelo bíblico para entender el papel fundamental del corazón, por lo que nuestros esfuerzos por responder a ello han sido desequilibrados. Pero ahora sabes que tu bienestar emocional influye en todas las demás dimensiones de tu vida, incluido tu espíritu.

Recuerda, las palabras del reino se siembran constantemente en la tierra de tu corazón, por lo que nutrir la fertilidad de ese semillero sagrado es una obra del reino. Vivir una vida poderosa requiere que aceptes la manera en que tu espíritu, tu corazón, tu mente y tu comportamiento trabajan juntos sin problemas. Eso implica considerar tu propio corazón como un jardín más que como una zona de guerra en la que estás luchando constantemente contra tus emociones. El Edén es nuestro modelo para florecer. **Tu corazón es la tierra de tu vida.** Las semillas del jardín del Edén se sembraron en buena tierra. Voy a seguir diciéndolo: esa tierra es nuestro corazón. Tu corazón es la tierra de tu vida.

Cuatro pasos para iniciar un jardín

A medida que entiendo la forma en que *mi jardín interior* se ha desarrollado a lo largo de los años (y continúa desarrollándose), renuevo constantemente mi compromiso de mantenerlo sencillo. Todo lo que necesito saber sobre la obra intencional de Dios al plantar el jardín interior que no puedo ver se revela en los jardines que sí puedo ver. Cuando nos preguntamos cómo comenzar la jornada para cultivar intencionalmente nuestro jardín interior, no tenemos que buscar mucho más que un huerto cercano para saber cómo empezar. Son cuatro los pasos para hacer crecer un nuevo jardín.

1. Decide qué quieres cultivar.
2. Prepara el lugar.
3. Instala un sistema de riego.
4. Planta tus semillas.

En este capítulo seguiremos estos mismos pasos para comenzar a trabajar, de forma intencionada, en tu propio jardín interior y, como soy una profesora de corazón, a lo largo del camino repasaremos lo que ya hemos aprendido. Así que saca tu diario, tu cuaderno, tu tableta o tu aplicación de notas en tu teléfono. Tu jardín requiere de un plan.

Paso 1: Decide qué quieres cultivar

El Edén hizo que esta elección fuera fácil. En el capítulo 3 aprendimos que el terreno fértil original era una mezcla de tres zonas vitales: la zona relacional, la zona del propósito y la zona del legado. Disfrutar una vida poderosa implica cultivar un estado de bienestar emocional que catalice, sostenga y nutra las relaciones saludables; un propósito productivo y orientado al servicio; y un legado alimentado por el amor que perdure más allá de nuestro tiempo en la tierra.

Si eres el tipo de persona a la que le gusta organizar las anotaciones de tu diario con encabezados, puedes titular esta con "Objetivos del jardín". En el capítulo 3, exploraste las cosas buenas que ya están creciendo en cada zona vital. Así que ¡Abrázate tú mismo! Ahora, pensemos en qué más te gustaría cultivar. Si todavía estás decidiendo, aquí tienes algunas sugerencias para que empieces a pensar.

Metas de la zona relacional:

- ¿Qué me gustaría ver florecer en mi relación conmigo mismo?
- ¿Qué me agradaría ver florecer en mi relación con los demás?
- ¿Qué desearía ver florecer en mi relación con Dios?

Metas de la zona de propósito:

- ¿Qué necesidades mueven mi corazón?
- ¿Qué dones puedo ofrecer, grandes y pequeños, para satisfacer esas necesidades?
- ¿A qué comunidades (a qué "nosotros") quiero servir?

Metas de la zona de legado:

- ¿Cuáles son mis talentos? ¿En qué soy bueno por naturaleza?

- ¿Cómo puedo usar mis talentos para crear cosas que trasciendan mi existencia en la tierra?

Paso 2: Prepara tu ubicación

Jesús nos facilitó que supiéramos la ubicación de nuestro jardín. En la parábola del sembrador, nos dijo —directamente— que la tierra es nuestro corazón. En el capítulo 2 aprendimos que la relación entre la semilla y el suelo es una narración que abarca toda la Escritura, una historia de amor que va desde Génesis hasta Apocalipsis, y que la gran esperanza del Creador es que florezcamos como jardines bien regados espiritual, emocional, mental y físicamente. Pero el hecho de que conozcamos el lugar no significa que nuestro trabajo relacionado con ese lugar esté hecho. Todo buen lugar para un jardín necesita una preparación estratégica.

Elimina los escombros y las malas hierbas

El jardín interior no es una hoja en blanco. No empiezas desde cero. Has vivido suficientes años y tienes bastante experiencia de vida como para que tu jardín ya exista. Puede que esté un poco cubierto de maleza, probablemente haya algunas malezas que deban ser arrancadas, e incluso puede que haya basura en él.

Cultivar deliberadamente tu jardín, a menudo, requiere que elimines algunas cosas. Como dice Eclesiastés 3:2 (RVR1960), hay "tiempo de plantar, y tiempo de arrancar lo plantado". ¿Acaso existen relaciones, labores, pequeños vicios o distracciones que debas eliminar? Identifícalos y luego elabora una lista. Decide qué pasos debes dar para eliminar con éxito a esa persona, lugar o cosa de tu vida.

Somete a prueba tu suelo

A fin de preparar tu corazón para un nuevo crecimiento debes examinar el suelo. ¿Cómo te sientes en cuanto a tus objetivos con el jardín? Tal vez, como mi compañero de trabajo Casey, algunos de tus objetivos se relacionen con emociones difíciles como la vergüenza o la frustración.

Para ser un buen terreno —de ese jardín interior— debemos cultivar el bienestar emocional. Este cultivo empieza con la conciencia.

Así como la forma más fácil de aprender sobre el suelo de cualquier jardín es ver cómo se siente, puedes volverte más consciente de tus emociones si observas cómo se siente tu cuerpo. Ya sea un estómago lleno de nudos antes de una presentación de trabajo o lleno de mariposas en el estómago antes de esa tercera cita, cuando las emociones fluyen, tu cuerpo lo siente primero. Cuando queremos minimizar o evitar nuestras emociones, a menudo, sofocamos su flujo ignorando nuestro cuerpo. Cuando prestamos atención deliberadamente a nuestras sensaciones corporales internas, decimos que es *conciencia corporal*.[9] La conciencia corporal es una herramienta de jardinería que podemos usar para probar el suelo. Intentemos usarla prestando atención deliberadamente a las sensaciones corporales internas.

Espero que te entusiasme usar esta herramienta de jardinería, pero si no es así, lo entiendo. Sentir *todos* tus sentimientos a propósito puede parecer aterrador. Es probable que te preocupe que cualquier flujo se convierta rápidamente en una inundación. Quiero que sepas que cualquier paso, por mínimo que sea, es un paso. Así que ve a un ritmo que funcione para ti. Vamos a utilizar la *conciencia corporal* para conectarnos con nuestro dolor emocional y luego inclinarnos hacia la alegría. Lee todas las instrucciones antes de comenzar.*

Tómate un momento para recordar una situación que te haya resultado moderadamente perturbadora. En una escala de 0 (nada doloroso) a 10 (extremadamente doloroso), comienza con una experiencia que calificarías con 4 o 5. Medita en la situación que elegiste. Cierra los ojos

---

*. Si los sentimientos dolorosos que experimentaste en el transcurso de esta actividad desaparecen para cuando completes la parte alegre del ejercicio, esto indica que probablemente podrás utilizar las técnicas presentadas en las actividades restantes del libro. En la mayoría de los casos, hacer algunas respiraciones profundas y, si es necesario, recordar una experiencia agradable te ayudará a calmarte lo suficiente. Sin embargo, si los sentimientos dolorosos no se resuelven fácilmente o si estás en terapia para la recuperación de un trauma o un trastorno complejo (o sospechas que te beneficiarías de la terapia por esas razones), otras actividades deben realizarse bajo la guía de un profesional de salud mental debidamente certificado. La orientación en este libro es únicamente para fines informativos.

y nota cualquier sensación que aprecies dentro de tu cuerpo mientras reflexionas sobre ese recuerdo. Anota lo que observes en tu cuerpo. Ahora, enfoquémonos en la alegría. Dedica un momento a recordar una situación que realmente disfrutaste o imagina una experiencia placentera que esperas tener. Cierra los ojos y pasa un tiempo viéndote a ti mismo en el momento que elegiste. Con esa imagen en tu mente, nota cualquier sensación que aprecies dentro de tu cuerpo. Apunta lo que notes en tu cuerpo. ¡Acabas de usar tu nueva herramienta de jardinería! Sigue practicando con diferentes situaciones. Sigue notando lo que hace tu cuerpo y, cuando te sientas preparado, intenta sentarte con esas sensaciones incómodas un poco más cada vez. Da menos miedo. Esta es una forma de aumentar nuestra capacidad de apreciar todos nuestros sentimientos, lo que te acerca a disfrutar tu vida más poderosa.

Una vez que aprendas a usar esta herramienta, nutre la relación corazón-espíritu invitando la presencia del Creador. No tienes que decir nada. Simplemente permite que el Espíritu esté allí contigo, especialmente cuando toques el dolor. Por último, sigue practicando con la alegría. ¡No te apresures a pasarla por alto! Ya sea recordando una situación que experimentaste o considerando tus esperanzas, quédate allí. La alegría es buena para nosotros. Cuando hay alegría, la esperanza fluye.

Paso 3: Instala un sistema de riego

Cuando te presenté mi planta de guisantes te dije que, aun cuando la amaba con todo mi corazón, no crecí con el don para tratar con las plantas. Fui muy franca. Mi hijo y mi hija pueden dar fe de que en todos sus años de infancia nunca hubo una sola planta viva en casa. En serio. Ni siquiera lo intenté. Un año, cuando mi hija vino a visitarme para el día de la madre, me regaló un impresionante libro de gran tamaño lleno de dibujos coloridos de todo tipo de flores que puedas imaginar. Fue el regalo perfecto para una mujer que siempre está pensando en su jardín interior. Pero la amplia sonrisa en mi rostro se esfumó rápidamente, y un poco más confundida, cuando también me entregó una planta en maceta. Antes de que pudiera levantar la vista y preguntarle por qué pondría en peligro esta hermosa planta al ponerla bajo mi cuidado, señaló que la maceta en sí tenía un depósito de agua especial. Solo era necesario llenarlo una vez cada pocos meses. La tierra absorbería agua del depósito según la necesitara. *¿Cada pocos meses?*, pensé. *¡Esta planta realmente podría sobrevivir!* Un sistema de riego automático marcó la diferencia para esa planta. Para cultivar intencionalmente tu jardín interior, también necesitas instalar un sistema de riego.

En lo que respecta a la germinación, las semillas tienen diferentes necesidades. Algunas solo necesitan entrar en contacto con la superficie del suelo. Otras requieren que se planten más profundamente en la tierra. Además, las semillas tienen diferentes necesidades de temperatura. Y aunque la mayoría germina en la oscuridad, algunas necesitan luz. Ahora bien, dejando de lado las diferencias, hemos aprendido que para cobrar vida, todas las semillas necesitan dos cosas con certeza: aire y humedad. Es por eso que la tierra fértil respira y debe estar bien regada. Para que cualquier semilla-palabra se convierta en una creencia viva en tu corazón, necesitará fe y sentimientos. La fe y los sentimientos fluyen a través de los espacios abiertos en la tierra de tu corazón. Mientras esos espacios estén abiertos, el aire se repone a sí mismo. Quiero decir, piénsalo. ¿Alguna vez has visto una planta de interior y has pensado: *Esta planta parece necesitar aire. ¿Será bueno que le ponga un poco de aire a la tierra?* No. Nunca. La condición del suelo determina si el aire puede llegar donde debe estar.

Pero esperamos regarlo. El suelo *necesita* agua. Mantener la humedad del suelo es un acto intencional. También lo es mantener tu bienestar emocional. Instalar un sistema de riego para tu jardín interior se traduce en autocuidado. Eso es algo más que probablemente no sepas que ya sabías. *Cuidarse a uno mismo es cuidar el suelo.*

Considera las prácticas de tu propio cuidado relacionadas con la fe, como la oración, leer las Escrituras, escuchar música de adoración o asistir

> Instalar un sistema de riego para tu jardín interior se traduce en autocuidado.

a un servicio eclesiástico. Sabes que necesitas respirar y que esas prácticas sostienen tu fe. Pero piensa en cuánto influyen esas prácticas de tu propio cuidado espiritual en la forma en que te sientes en lo *emocional*. Luego hay otros tipos de actividades de cuidado propio, como pasar tiempo solo, dedicar tiempo para almorzar con una amistad, escribir un diario, usar tus dones creativos, practicar la gratitud o jugar con tu mascota. Todas esas experiencias te ayudan a sentirte mejor.

No se ha demostrado que los actos de autocuidado incongruentes y aleatorios nos ayuden mucho más allá de ese momento, al igual que un ocasional chorro de agua en la tierra seca salvará la vida de una planta. Pero las investigaciones muestran que las rutinas de autocuidado nos benefician al aumentar la felicidad, reducir el estrés, la depresión y la ansiedad, y fortalecer nuestras relaciones.[10] Esos son beneficios emocionales. ¿Ves? Ya intuías que eres un jardín. Sabías que necesitabas un sistema de riego. Sabías que cuidarse a uno mismo es cuidar el suelo. Aprovecha eso. A continuación tenemos algunas preguntas e ideas para empezar.

- ¿Cómo te repones en el aspecto emocional, usualmente?
- ¿Cómo riegas tu necesidad de conexión? ¿De seguridad? ¿De productividad? ¿De creatividad?
- ¿Qué nuevas actividades te gustaría incorporar a tu sistema de riego?

Paso 4: Planta tus semillas

Un jardín comienza oficialmente cuando se siembra una semilla y esta despierta. Esas semillas-palabras pueden transformar nuestras vidas para bien o para mal. El apóstol Pedro nos dijo que es a través de la semilla incorruptible de la Palabra de Dios que nacemos de nuevo (1 Pedro 1:23). ¡Eso es transformación para mejor! La humanidad fue creada a imagen de Dios, por lo que nuestras palabras también pueden influir en el bienestar espiritual. Es por eso que Efesios 4:29 (RVR1960) dice: "Ninguna palabra corrompida salga de vuestra boca, sino la que sea buena para la necesaria edificación, a fin de dar gracia a los oyentes". Proverbios 18:21 nos recuerda que nuestras lenguas pueden producir tanto vida como muerte.

Las semillas-palabras malas pueden causar un daño espiritual asombroso. Como terapeuta, he escuchado muchas historias dolorosas; por ejemplo, la de una mujer soltera cuya madre le dijo que Dios nunca le daría un esposo porque no permaneció virgen. O la de un pastor que le dice a una mujer que, dado que su esposo se arrepintió de haber abusado sexualmente de su hijo pequeño, no tenía motivos para divorciarse porque Dios demanda que perdonemos. Pero las palabras no tienen por qué estar vinculadas a la religión para perjudicar el bienestar espiritual. Cuando un padre le dice a su hija adulta que ella nació por un error, o un maestro le dice a un estudiante que nunca llegará a nada, se pone en tela de juicio la verdad de nuestra creación a imagen de Dios. Esas heridas también son espirituales. Nuestro bienestar espiritual depende de la calidad de las semillas-palabras sembradas porque pueden determinar lo que creemos que es verdad sobre Dios y sobre nosotros mismos. Cada semilla es una bendición potencial o una maldición potencial. Digo *potencial* porque la semilla está influenciada por el suelo en el que se planta. El poder de la semilla solo puede ser desatado por el suelo.

¿Qué semillas tienes ya? A continuación tenemos algunas preguntas e indicaciones que pueden ayudarte a comenzar esa jornada evaluando qué semillas tienes ya, para bien o para mal.

- ¿Qué creo sobre mí mismo?
- ¿Con qué creencias acerca de mí estoy luchando?
- ¿Qué creo en cuanto a cómo se manifiesta Dios en mi vida?
- ¿Qué pienso acerca de cómo me ve Dios?
- ¿Qué nuevas creencias me gustaría plantar en lugar de esas?

Solo por diversión, he aquí algunas preguntas más para ayudarte a articular las palabras en las que crees:

- El amor, en mi vida, es _____.
- El mundo que me rodea es _____.
- Para mí, la familia es _____.
- Cuando lloro, significa que soy _____.
- La alegría, en mi vida, es _____.

Ahora medita en qué nuevas semillas esperas que echen raíces en tu jardín. ¿Qué quieres creer acerca de Dios, de ti mismo y de los demás? ¿Qué emociones hacen que te resulte difícil creer en esas palabras? ¿Qué razones tienes para esperar que esas semillas, algún día, puedan dar nuevos frutos en tu vida?

Transformar terrenos ásperos requiere tiempo. Si comienzas a cultivar deliberadamente tu jardín, no necesitas apresurarte. Si intentas hacer todas las cosas a la vez, es posible que agotes el suelo en lugar de restaurarlo. Recuerda, se supone que este trabajo es un proceso. Tu objetivo es cultivar un jardín sostenible y duradero. Cultiva la práctica de disminuir la velocidad.

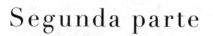

Segunda parte

PROFUN-DAMENTE ENRAIZADO

En la primera parte de este libro, hicimos hincapié en la relación entre la semilla y el suelo para entender cómo se relaciona nuestra salud emocional con la espiritual. Aprendimos que la emoción es un ingrediente activo en nuestra vida espiritual. Ahora, en la segunda parte, abordaremos estas preguntas urgentes: ¿Cuál es la relación entre el corazón y la mente? ¿Cómo influye nuestra salud emocional en nuestra salud mental? En la búsqueda de una vida poderosa, ¿cómo puede el trabajo del corazón ayudarnos a renovar nuestra mente? Las respuestas están, todas, en el jardín.

Capítulo 6

AGUA, AGUA POR TODAS PARTES

El agua refleja el rostro; el corazón refleja la persona.

PROVERBIOS 27:19

Un domingo después del servicio de la iglesia, una mujer llamada Lena me preguntó si podía acompañarme hasta mi auto. Quería pedirme ayuda. En realidad, esperaba que pudiera ayudarla a encontrar una manera de ayudar a su esposo, John. Me explicó que en los seis meses anteriores, el pensamiento de John se había vuelto cada vez más negativo. Le preocupaba que John estuviera por renunciar a confiar en Dios. Había hecho todo lo posible por animarlo, pero sin éxito. Lena sabía que yo era ministro y terapeuta, por lo que esperaba que le recomendara un estudio bíblico que pudieran hacer juntos, algo centrado en el control de nuestros pensamientos y en cómo renovar nuestras mentes.

—¿Qué pasó hace seis meses? —le pregunté.

Lena parecía perpleja, como si me lo hubiera dicho hace un momento. Así que le aclaré:

—Quiero decir, ¿qué más pasó en sus vidas hace seis meses?

Lena tardó unos segundos en pensarlo.

—Hmm… la persona que cuidaba a nuestro hijo se jubiló hace unos ocho meses. ¡Era muy buena! Hasta que al fin encontramos una sustituta, pero la búsqueda fue una pesadilla.

—¿Qué tipo de atención necesita tu hijo?

Lena me contó toda la historia. Explicó que, en su niñez, John había sobrevivido al cáncer, pero el tratamiento afectó su fertilidad. No podían permitirse los costosos procedimientos que podrían haberlos ayudado a concebir, pero después de orar y aferrarse a la fe durante una década, quedaron embarazados.

—Por fin, sostener a nuestro bebé en nuestros brazos fue como estar de pie ante el sol por primera vez en diez años —dijo.

Noté que se le llenaban los ojos de lágrimas. Apreté su mano mientras continuaba contándome.

—Cuatro años después, todo se volvió oscuro para nosotros… otra vez.

A su hijo, J. J., le diagnosticaron un trastorno grave del desarrollo. Si no ocurría otro milagro, era probable que necesitara atención toda su vida. Lena y John estaban devastados pero, de todas formas, se pusieron en acción. Había mucho que aprender y mucho que hacer para darle a su hijo la oportunidad de tener la mejor vida posible. Su primera cuidadora fue un hallazgo asombroso, pero aun con su ayuda, John y Lena a menudo se veían abrumados por las preocupaciones financieras y el agotamiento físico relacionado con el cuidado de su hermoso hijo.

—Lo siento mucho, Lena. ¿Has encontrado formas de cuidarte a ti misma en medio de todo esto?

—Sí, me he propuesto hacerlo. Tengo buenos amigos y nos cuidamos bien. Me dejan llorar cuando lo necesito y me ayudan a mantener una actitud positiva.

Al escuchar a Lena describir sus amistades, pensé en el jardín interior de John. Me pregunté qué podría estar sucediendo en su zona relacional.

—¿John también pasa tiempo con sus amigos? —pregunté.

—Tiene un buen amigo, pero desde el diagnóstico de J. J., John trabaja muchas horas extra para cubrir todo, por lo que casi siempre está demasiado cansado para pasar tiempo con alguien.

—Lena, mi sugerencia para ti y John es que no nos centremos en sus pensamientos negativos. Parece que John está emocionalmente devastado. No ha tenido tiempo ni espacio para lamentar el diagnóstico de J. J. Hay un grupo de apoyo para padres de niños con necesidades especiales que se reúne semanalmente en la biblioteca del centro. También tienen una reunión mensual que es únicamente para padres. Traten de ir a algunas reuniones juntos. Expresen todo lo que sienten en un lugar con personas que los comprendan íntimamente. Empiecen por ahí. Los eventos para padres pueden ser especialmente buenos para John.

Varios meses después, Lena me recibió con una gran noticia. La vida seguía siendo exigente, pero John dormía mejor y reía más. Lena y John se habían vuelto muy activos en el grupo de apoyo para padres. Las nuevas amistades que forjaron allí fueron transformadoras para John.

Inseparables

Me encanta el ejemplo del jardín para entender el bienestar puesto que el jardín es un sistema vivo e interdependiente. La relación entre la semilla y el suelo determina el crecimiento de una planta y el fruto que produce. Todo está conectado. Sin embargo, en lo referente a nuestras vidas, nos han enseñado a entendernos como una colección de partes separadas. Definirnos de esta manera no es muy útil. Sabemos que tenemos un espíritu, un corazón, una mente y un cuerpo pero, en lo que tiene que ver con nuestro cuidado, ese conocimiento no tiene sentido si no sabemos cómo depende cada parte de las demás. Si no comprendes cómo están interrelacionadas tus "partes" y lo interdependientes que son, corres el riesgo de involucrarte en una guerra interna inútil que solo se preocupa por cómo puede —una parte— estar luchando contra otra.

Muchos de nosotros no solemos pensar en términos de sistemas, así que permíteme que te dé un ejemplo de uno con el que quizás estés más familiarizado: el motor. El motor de mi auto azul tiene alrededor de doscientas partes individuales, pero por sí solas no forman el motor. Deben ensamblarse y conectarse en las relaciones adecuadas para convertirse en un sistema. Cuando ese sistema se alimenta y activa adecuadamente, surge algo que ninguna parte individual tenía por sí sola: poder. Debes entenderte a ti mismo como un sistema para aprovechar y manejar tu propio poder emergente.

Los motores y los jardines son sistemas, pero cada parte de un motor puede existir por sí sola. Si saco la bujía y la dejo sobre la mesa, sigue siendo una bujía. El jardín es un sistema mucho más sensible. Si saco una planta de la tierra y la dejo sobre la mesa, la planta morirá. No puede existir fuera del sistema. De la misma manera, tus pensamientos no existen separados de tus sentimientos. Tu corazón es el suelo de tu vida. Las raíces de tu mente están ancladas allí.

Renueva tu mente

La Biblia usa la fruta para describir lo que estamos *haciendo*. En mi trabajo como terapeuta, mi primera pregunta para un nuevo paciente es: "¿Por qué decidiste venir a verme?". Casi siempre me entregan una canasta de "fruta" que contiene una colección de conductas dolorosas que quieren modificar. Una y otra vez escucho alguna versión de "estoy haciendo esto, pero ya no quiero hacerlo". La gente realmente quiere dejar de participar en relaciones tóxicas, sabotear sus propios sueños, recaer en una adicción o recurrir a los gritos con sus hijos. Si tu fruta está envenenando a las personas que amas, la angustia es aún mayor. Si eso, además, contradice tus creencias religiosas, puede agregarse otra capa de vergüenza: "¿Por qué sigo fallándole a Dios de esta manera?".

Mi segunda pregunta es: "¿Qué has probado ya?". Cuando la mayoría de las personas piden ayuda, es porque ya han agotado todas las estrategias que se les ocurrieron y están perdiendo la esperanza. Han estado pensando y haciendo… y pensando de nuevo y haciendo… y tratando de pensar de manera diferente, pero siguen produciendo lo mismo. ¡Eso es agotador! ¿Alguna vez te ha pasado eso? El cambio puede ser muy, muy difícil.

La primera pregunta que mis clientes suelen hacerme es alguna versión de "¿Cómo puedo cambiar, en definitiva?". Si crecieron en la iglesia, lo más probable es que hayan aprendido que el cambio se produce a través de la renovación de la mente, porque Romanos 12:2 dice: "No se amolden al mundo actual, sino sean transformados mediante la renovación de su mente". Así que la pregunta es: "¿Cómo renuevo mi mente o mi entendimiento?". La respuesta que probablemente aprendieron está en 2 Corintios 10:4-5 (RVR1960), que dice:

> Porque las armas de nuestra milicia no son carnales, sino poderosas en Dios para la destrucción de fortalezas, 5 derribando argumentos y toda altivez que se levanta contra el conocimiento de Dios, y llevando cautivo todo pensamiento a la obediencia a Cristo.

Y ahí es donde las cosas se complican.

La oración y la lectura de las Escrituras son herramientas espirituales esenciales. Por otra parte, la alabanza, la adoración y el ayuno también nos fortalecen. Nuestras prácticas espirituales son un arsenal sobrenatural, con ellas podemos lograr lo que nunca podríamos hacer por esfuerzo propio. Sin embargo, llevar cautivos los pensamientos rebeldes puede parecer opuesto a la obra sobrenatural; de modo que, cuando muchos cristianos llegan a recibir atención pastoral o consejería profesional, ya están devastados porque nada de eso parece funcionarles, dado que no han cambiado o —si ha ocurrido algún cambio— no parece ser "definitivo". Ya sea que intenten *dejar* de hacer algo o *comenzar* a hacerlo, casi nunca se enfocan en renovar sus mentes.

Las cosas pueden volverse aún más difíciles cuando tratamos de cambiar la manera en que nos *sentimos*. Una de las mentiras que nos han enseñado sobre las emociones es que los pensamientos crean sentimientos. Esa falsedad alimenta la guerra contra las emociones y nos dice que si podemos usar nuestros pensamientos para crear sentimientos, también podemos usarlos para vencerlos. Ninguna de las dos cosas es cierta pero, en base a eso, muchas personas de fe sinceras viven bajo condenación por sentirse ansiosas o deprimidas. El mundo en el que vivimos, con demasiada frecuencia, equipara la emoción con la debilidad. Mis clientes que son cristianos llegan con ese estigma más la creencia de que su estado emocional también es un fracaso espiritual porque no han podido renovar completamente sus mentes.

Cuando Lena habló conmigo en el estacionamiento aquel domingo, ese era su temor por John: que él no estuviera trabajando en su renovación mental. Para ella eso significaba sacar los pensamientos negativos de su cabeza y reemplazarlos con pensamientos positivos que se alineen con la Palabra de Dios. Lena aún no entendía la verdadera naturaleza de la relación entre nuestros corazones y nuestras mentes.

La relación entre el corazón y la mente

La relación entre tu corazón y tu mente es la misma que la que existe entre la tierra y la planta. Así como la tierra está *antes* que la planta, el sentimiento viene *antes* que el pensamiento. Puede que oír eso te resulte chocante, pero lo entiendo. ¿Cuántas veces has oído decir que tus pensamientos crean tus sentimientos? ¿Cuántas veces has intentado encontrar paz cambiando tu forma de pensar, solo para que ese miedo, pena o ira se desvanezca temporalmente y luego regrese con más fuerza que nunca? Muchas personas han llegado al punto de desesperarse, preguntándose por qué no pueden pensar para dejar de sentir. La explicación es sencilla: no fuimos creados de esa manera.

Escuchamos resonar esta orden divina a lo largo de las Escrituras. En el texto original de los versículos en los que se mencionan tanto el corazón como la mente, hallamos

> Así como la tierra está *antes* que la planta, el sentimiento viene *antes* que el pensamiento.

constantemente que la palabra traducida como *corazón* viene primero; luego, para bien o para mal, le sigue un estado mental correspondiente. He aquí algunos ejemplos.

Sin embargo, cuando su *corazón* y su *mente* se llenaron de arrogancia, le fue quitado el trono real y se le despojó de su gloria (Daniel 5:20 NTV, énfasis añadido).

Y yo me suscitaré un sacerdote fiel, que haga conforme a mi *corazón* y a mi *alma [mente]*; y yo le edificaré casa firme, y andará delante de mi ungido todos los días (1 Samuel 2:35 RVR1960, énfasis añadido).

Y tú, Salomón, hijo mío, reconoce al Dios de tu padre, y sírvele con *corazón* perfecto y con *ánimo* voluntario; porque Jehová escudriña los *corazones* de todos, y entiende todo intento de los *pensamientos*. Si le buscares, le hallarás; mas si le dejares, él te desechará para siempre (1 Crónicas 28:9 RVR1960, énfasis añadido).

Jesús le dijo: Amarás al Señor tu Dios con todo tu *corazón*, y con toda tu alma, y con toda tu *mente* (Mateo 22:37 RVR1960, énfasis añadido).

En la primera parte de este libro, exploramos las escrituras en las que el estado del corazón influyó en el espíritu. Aprendimos que nuestro corazón es el suelo donde se plantan las semillas espirituales. En estos versículos, vemos que un corazón elevado, abierto, dispuesto o amoroso precede a una mente congruente. Tu corazón ancla las raíces de tu mente. Las plantas se estabilizan gracias a su suelo. Lo que sucede en el suelo afecta la productividad de la planta, su resistencia a las enfermedades y su tolerancia al estrés. Eso es exactamente lo que tu corazón hace por tu mente.

¿Qué podemos aprender de los árboles?

¿Recuerdas cuando mencioné que algunas neuronas se parecen a los arbustos y a los árboles? La neurona de esta imagen es un ejemplo perfecto. Observa la cuidadosa elaboración. Es verdaderamente hermosa. Estas *neuronas de Purkinje*, que llevan el nombre del científico que las descubrió, viven en una zona de la parte posterior del cerebro llamada *cerebelo*. El Creador plantó allí un bosque de neuronas de Purkinje. ¿Por qué las moldeó de forma que parecieran árboles? ¿Qué plan de estudio estaba elaborando? ¿Qué nos enseñan los árboles sobre el pensamiento?

El pensamiento comienza con la creencia

El árbol crece a partir de una semilla. Sabemos que las semillas son palabras que, cuando se despiertan en un suelo fértil, se convierten en creencias. Ya definimos creencia como "la aceptación de la verdad, la realidad o la validez de algo... particularmente en ausencia de fundamentación". Todas las palabras son semillas, y las que aceptamos como verdad son parte de nuestro sistema de creencias. Sistema que determina nuestro bienestar espiritual.

Pensar es hacer preguntas

No podemos ver eso a simple vista, pero las raíces, el tronco, las ramas y las hojas (a las que colectivamente nos referimos como el árbol en sí) siempre están en movimiento. Como todas las plantas, los árboles siempre están ocupados. Crecer, producir semillas y crear frutos es un trabajo arduo. Las plantas necesitan energía para todo eso, por lo que extraen agua y nutrientes del suelo, además de que luego obtienen luz y aire del ambiente que las rodea para producir su propio alimento.

Ese proceso se llama *fotosíntesis* y se desarrolla todo el día, todos los días. Si hay luz, las plantas producen alimento. Por otra parte, nosotros también tenemos un proceso interno perenne. Y se llama *pensamiento*. El pensamiento es "el proceso de pensar". ¿Cómo defino el pensamiento? Como una sesión de preguntas y respuestas que ocurre en tu cabeza.

Pensar es como la fotosíntesis, pero en lugar de producir alimentos, generamos las *respuestas* que nuestra mente necesita. Puede que nunca lo hayas notado, pero pensar es solo *una serie de preguntas* que nos hacemos desde el momento en que nos despertamos hasta que nos dormimos otra vez. Si estamos despiertos, probablemente estemos produciendo respuestas.

- **Soñar despierto** es una forma de pensar: ¿Cómo sería vivir junto al mar? Estoy seguro de que John y Lena tuvieron una idea como esta: ¿Cómo será cuando tengamos un hijo nuestro?
- **Imaginar** es una forma de pensar: ¿Qué pasará si acepto esta oferta de trabajo? ¿Qué sucederá si no acepto?
- **Resolver problemas** es una forma de pensar: ¿Puedo permitirme reemplazar esa rueda descompuesta ahora mismo? Si no, ¿puede otra madre del equipo llevar a mi hijo a la práctica de baloncesto hasta que me paguen?

Pensar es plantear preguntas. Puede que produzcas las respuestas tan rápido que no te fijes en las preguntas, pero créeme, estaban allí. Algunas preguntas se han hecho y respondido tantas veces que ya no las hacemos. Por ejemplo, ¿cuándo fue la última vez que te despertaste y te preguntaste: "¿Me cepillaré los dientes hoy?". Eso se ha preguntado y respondido innumerables veces. A eso lo llamamos hábito.

A veces, las preguntas son tan simples que apenas las notas. "¿Qué tengo ganas de comer?", "¿Qué debería ponerme hoy?", "¿Qué ruta debería tomar para llegar al trabajo a tiempo?". Eso es como la comida rápida. Ese tipo de respuestas son fáciles de dar. Otras son mucho más difíciles.

- **Razonar** es otra manera de pensar. Una muy importante.
  Razonar es elaborar significado y se refiere a cómo
  explicamos o le damos sentido a las cosas que suceden.
  Cuando ocurren cosas difíciles, proliferan las preguntas de
  razonamiento o construcción de significado. A menudo
  comienzan con "por qué".

  —¿Por qué no puedo superar esta adicción?

  —¿Por qué Dios permitió que esto sucediera?

  —¿Por qué mi cónyuge ya no me ama?

  —¿Por qué mi hijo sufre así?

  Cuando preguntamos por qué, lo que más queremos saber
  es: "¿Qué *significa* esto?". Lo que estamos preguntando es
  cómo se conectan las relaciones, los lugares y los eventos
  de nuestra vida. Cuando sucede algo que viola todas
  las expectativas, todas las esperanzas, estas preguntas
  pueden ser insaciables; puede que no haya una respuesta lo
  suficientemente buena para satisfacer la ansiedad de nuestra
  mente. Los pensamientos de John, por ejemplo, estaban llenos
  de preguntas de razonamiento o construcción de significado
  sin respuesta sobre el diagnóstico de su hijo J. J.

Pensamientos convertidos en acción

El árbol produce fruto. El fruto es *conducta*. La conducta es una
actividad "en respuesta a estímulos externos o internos". Algunas
conductas son visibles. Si saltas delante de mí, veré esa conducta.
Otras conductas son sucesos privados que solo tú conoces. Algunas
actividades mentales, pero no todas, caen en esa categoría encubierta.

La forma en que se desarrolla la fruta nos muestra por qué algunos
cambios son tan difíciles. La fruta es un resultado. Es el efecto de un
largo proceso. Un almendro puede tardar entre cinco y doce años en
producir frutos por primera vez. Sin embargo, una vez que el árbol
da su primera cosecha, producirá la misma fruta una y otra vez si las
condiciones siguen siendo las mismas. Nuestro hacer es lo mismo. Es
por eso que nos frustramos tanto intentando cambiar una conducta

tenaz concentrándonos solo en la conducta en sí. La fruta es el final de un proceso y, al dejar caer nuevas semillas en la tierra, ese proceso se convierte en un ciclo.

Flujo libre

En el capítulo 2 aprendimos que el agua nos enseña el papel que juegan las emociones en nuestro jardín interior. Las plantas se marchitan cuando no tienen suficiente agua en su interior. ¡Eso se debe a que hasta el noventa y cinco por ciento de su tejido es agua! Así como el agua sostiene la estructura de la planta, nuestros sentimientos dan forma a nuestros pensamientos. El agua también es esencial para la fotosíntesis. De la misma manera, nuestras emociones alimentan nuestro proceso de pensamiento. Cuando Lena me contó su preocupación con el pensamiento de John que se había vuelto cada vez más negativo, inmediatamente sentí curiosidad por su corazón. ¿Por qué? Porque los pensamientos de John se estaban marchitando. Estaba perdiendo la esperanza. Y, sin esperanza, no podemos sentir alegría.

Cuando estamos alegres, nuestra mente se expande. La alegría nos hace más receptivos a nueva información, por lo que nuestras preguntas y respuestas para resolver problemas se vuelven más creativas. ¿Has estado en alguna situación en la que hacer lo mismo te salió mal una y otra vez hasta que finalmente te frustraste tanto que tomaste el control y resolviste el problema en dos minutos? Si es así, sabes que la ira también aumenta la resolución creativa de los problemas. Sin embargo, las investigaciones muestran que aun cuando la ira nos ayuda a resolver los problemas más rápido, la alegría contribuye a resolverlos con mayor precisión.

El miedo también puede hacernos más creativos. A la mayoría de las personas no les gusta decir que tienen miedo, así que —por el momento— usemos un lenguaje más tierno: centrado en la prevención (es decir, ansioso o preocupado por algo que no queremos que suceda). Un estudio publicado en el *Journal of Personality y Social Psychology* descubrió que los estados centrados en la prevención producen tantas ideas creativas como la alegría y la ira, pero estas dos nos inspiran para resolver el siguiente problema; es decir, nos mantenemos comprometidos. Cuando el miedo, o más bien, el enfoque en la prevención, termina de resolver su problema, nos desvinculamos. ¡No queremos pensar más! El miedo, a fin de cuentas, mata las plantas.

Al igual que el miedo, la tristeza es una emoción dolorosa, pero influye en el proceso de pensamiento de una manera diferente. El miedo inspira una sesión de preguntas y respuestas de resolución de problemas centrada en opciones de bajo riesgo, aunque el riesgo bajo también implica una retribución baja. Un estudio de la Escuela de Negocios de la Universidad de Columbia descubrió que las personas tristes tenían muchas más probabilidades que los individuos ansiosos de lograr resultados de alta recompensa.

Ya sea tristeza, miedo, ira o alegría, lo que hay en el agua fluye hacia la fruta. De hecho, "el agua es el componente más abundante de la mayoría de las frutas carnosas y es esencial para el crecimiento y la formación de la calidad de la fruta". De la misma manera, nuestras conductas reflejan lo que está sucediendo en el suelo de nuestros corazones. Estos estudios de investigación del siglo veintiuno ofrecen excelentes ejemplos de lecciones que el Creador plantó para nosotros hace mucho tiempo.

En 2022, el Dr. Leonard Mlodinow, físico teórico, publicó el libro *Emotional: How Feelings Shape Our Thinking*. En él, explica que los científicos han creído durante mucho tiempo "que el pensamiento racional era la influencia dominante en nuestro comportamiento y que cuando las emociones desempeñaban un papel, era probable que fueran contraproducentes". Sin embargo, "la tecnología del siglo veintiuno ha proporcionado a los científicos los medios para mirar más allá de los aspectos superficiales de la emoción, con el resultado de que la teoría tradicional de la emoción también ha resultado errónea". El resultado es que

La nueva ciencia de las emociones ha ampliado nuestro conocimiento propio. Ahora sabemos que las emociones están profundamente integradas a los circuitos neuronales de nuestro cerebro, inseparablemente de nuestros circuitos de pensamiento "racional". Podríamos vivir sin la capacidad de razonar, pero seríamos completamente disfuncionales si no pudiéramos sentir. Las emociones son parte de la maquinaria mental que compartimos con todos los animales superiores pero, más que la racionalidad, su función en nuestro comportamiento es lo que nos distingue de ellos.

Vuelve a leer eso. Muchos podrían suponer que nuestras mentes nos separan de otros animales, pero resulta que son nuestros corazones. Es raro que la comunidad científica reconozca que se ha cometido un gran error. Los cambios de vanguardia en la ciencia de las emociones a los que hace referencia el Dr. Mlodinow comenzaron alrededor de 2010. Estos avances han confirmado que las emociones no son el resultado de nuestro pensamiento. Las emociones *preceden* a otros procesos mentales al dirigir inconscientemente nuestra atención y nuestra concentración. La ciencia se está poniendo al día con la antigua sabiduría de las Escrituras al reconocer que en el jardín de nuestras vidas, nuestro corazón es —de hecho— la tierra donde todo comienza.

Aunque se ha demostrado que es erróneo, pueden pasar décadas antes de que esta comprensión científica reciente sobre las emociones modifique la forma en que el mundo las percibe hoy, pero no tienes que esperar a que la cultura cambie. Puedes cambiar de opinión ahora mismo siguiendo el ejemplo que Jesús ya dio y aplicando los principios del jardín a la relación entre tu corazón y tu mente.

Cuando Lena me detuvo en el estacionamiento de la iglesia aquel domingo, parecía un poco enojada. Y lo estaba, porque el sábado, durante su tiempo de oración matutino, John había dicho que se sentía inseguro en cuanto a continuar con su oración diaria por la curación de su hijo J. J. Eso, combinado con el pensamiento cada vez más negativo de John, la frustró por completo. Estaba en modo de resolución de problemas cuando acudió a buscarme. Aunque tenía una solución —ayudar a John a renovar su mente—, esta no era precisa. Lena no estaba mirando lo que estaba sucediendo en el corazón de John. Estaba distraída por sus pensamientos.

Todos tendemos a ver lo que sucede en el exterior, pero Dios siempre está mirando el corazón (1 Samuel 16:7). Podemos dirigir nuestra atención al corazón si tenemos curiosidad por cómo se sienten las personas. Podemos percibir sus pensamientos. En lo referente al papel fundamental que desempeña tu vida emocional en tu jardín interior, simplemente recuerda esto: agua, agua por todas partes.

Defensa de la zona: la zona relacional

No quiero que parezca que estoy siendo dura con Lena. Ella y John estaban lidiando con los problemas de salud de su hijo en la mejor manera posible. Estoy segura de que ella consideró la forma en que el corazón destrozado de John se relacionaba con los cambios que vio. Su error fue creer que su mente era el mejor lugar para organizar una intervención cuando, de hecho, era su corazón. John estaba invadido por un profundo dolor. La tristeza dice: "Necesito conexión".

Lena tenía un grupo de amigos de larga data que se unieron para apoyarla; esas conexiones mantenían la hierba espesa y verde en su zona relacional. Sin embargo, la cubierta de hierba que tenía John era escasa desde el principio. Ahora, el suelo de su corazón estaba desnudo y vulnerable. Trabajar horas extra implicaba que John tenía aún menos tiempo para el único amigo que tenía, menos tiempo para su pequeño grupo en la iglesia y menos tiempo con Lena. Y, en lo más profundo del dolor, tendemos a aislarnos mientras luchamos con nuestros pensamientos. John estaba luchando. Mucho.

¿Por qué le pasó esto a mi hijo?

¿Son estas opciones de tratamiento equivocadas?

¿Fue un error renunciar al ensayo clínico?

¿Sabrá mi hijo alguna vez que lo amo?

Todas esas preguntas estaban sustentadas por la tristeza. Esas plantas pronto llenaron el corazón de John y amenazaron las raíces mismas de su fe. John también comenzó a sentirse desconectado de Dios. Más aislado.

¿He entendido mal lo que dice la Biblia sobre la sanación?

Si tengo dudas, ¿no es mejor no orar por la sanación hasta que mi fe sea más fuerte?

¿Me está castigando Dios por cómo me siento?

Sin embargo, John necesitaba algo más que esas respuestas. Necesitaba conexión. El tipo de conexión que sana. Todo se reducía a la tierra del corazón de John y la hierba allí no se veía demasiado verde. La mejor jugada era defender agresivamente la zona relacional.

Yo sabía que, en el grupo de apoyo, John y Lena conocerían padres que sabían por lo que estaban pasando. Al considerar las historias de ellos, los sentimientos y pensamientos dolorosos de John se normalizaron; dejó de ser tan duro consigo mismo. Esperaba que conectarse con otros padres que criaban a un niño con necesidades especiales agregara nuevos amigos esenciales. Así fue. John se hizo amigo de un hombre en particular. Comenzaron a llevar a sus esposas a citas dobles y a hablar de manera más vulnerable como pareja. John no tuvo que lidiar con sus preguntas solo. Con esa pareja, John y Lena aprendieron a presentarse sus sentimientos confusos el uno al otro y a la presencia de Dios. Eso marcó toda la diferencia. John necesitaba relaciones seguras que lo ayudaran a superar su dolor. La semilla de la relación plantada en el corazón de John en esa primera reunión del grupo de apoyo se tituló "Entendemos". Su corazón era buena tierra para eso.

Nos han enseñado a creer que nuestra mente es el refugio definitivo, pero cuando duele tanto, pensar rara vez ayuda. Estas preguntas están regadas por nuestro dolor. En esos momentos, necesitamos sanación más que respuestas. Sanación para nuestro dolor. Nuestro miedo. Nuestra furia. Los corazones sanados pueden calmar las mentes atribuladas.

> **Los corazones sanados pueden calmar las mentes atribuladas.**

Trabaja el sistema

Colocar un jardín dentro de cada uno de nosotros es la muestra más brillante de la genialidad del Creador. El jardín es un sistema que todos entendemos. En cada parte del mundo, entre cada grupo de personas, en cada contexto cultural, a lo largo de la historia humana, la gente entiende este sistema. Conocemos las partes que lo componen. Conocemos sus relaciones. Sabemos lo que se puede producir. La semilla, la tierra, las plantas y la fruta trabajan juntas en ese sistema. También lo hacen nuestro espíritu, corazón, mente y cuerpo. La guerra entre la mente y el corazón no fue lo que ideó el Creador. Tu mente no está destinada a ser un arma contra tus sentimientos. Al contrario, tu corazón nutre tu mente. Cuida bien tu corazón y tu mente hallará descanso. Cuando el sistema está funcionando en armonía, crecen cosas buenas.

Primero sentimos, luego pensamos, después hacemos. El orden le importaba a Dios cuando creó los cielos y la tierra; por eso, como seres creados, el orden también importa en el jardín interior. Entender cómo te hizo Dios te capacita para vivir de la manera que Dios quiso que vivieras. Cuando te das cuenta del impacto que tiene tu vida emocional en cada parte de ti, se hace aún más claro por qué la Biblia afirma: "Cuida tu corazón, porque de él mana toda tu vida" (Proverbios 4:23). Vives a partir del corazón, aun cuando no te das cuenta. El primer paso para renovar nuestra mente es saber dónde estamos emocionalmente y comenzar por ahí. Renovar nuestra mente, en realidad, comienza con el corazón: la tierra donde están plantados nuestros pensamientos.

Capítulo 7

POLVO DE LA TIERRA

> Entonces Jehová Dios formó al hombre del
> polvo de la tierra, y sopló en su nariz aliento
> de vida, y fue el hombre un ser viviente.
>
> GÉNESIS 2:7 RVR1960

Diez minutos después de nuestra sesión del martes por la mañana, los ojos de mi cliente se llenaron de lágrimas. Dejó de hablar por un momento para tranquilizarse.

—Brian, ¿qué estás sintiendo ahora? —pregunté.

—Tristeza —respondió—. Al reflexionar sobre ese recuerdo, al ver esa imagen en mi mente, puedo sentir la tristeza de ese momento.

Podría haberle pedido a Brian que analizara por qué se sentía triste en lugar de enojado o incluso asustado, pero eso habría sido una invitación para que perdiera el contacto con ese sentimiento de tristeza y, en vez de eso, comenzara a pensar. Podría haber estado agradecido por la oportunidad de escapar de su corazón y regresar al terreno conocido, aunque torturado, de su mente. Pero no tuvo tanta suerte conmigo.

—¿En qué parte de tu cuerpo sientes la tristeza? —pregunté.

—¿*En qué parte de mi cuerpo?* —respondió Brian incrédulo—. ¿Qué quieres decir? Todo lo que siento en mi cuerpo es dolor.

A Brian le habían diagnosticado disautonomía, un trastorno del sistema nervioso autónomo. Eso lo dejó sufriendo de fatiga extrema y dolor crónico.

Puede ser difícil encontrar una emoción, como la tristeza, en el cuerpo en medio del dolor, especialmente cuando no estás acostumbrado a prestarle atención. Así que me mantuve conectado con él en ese momento.

—Solo puedo imaginar lo difícil que es notar la tristeza cuando tu cuerpo ya duele tanto —dije—. Tomemos un momento de tranquilidad para tratar de encontrarla. Trata de cerrar los ojos y notar lo que sientes en tus brazos, tu pecho, tu estómago, tus piernas o en cualquier otro lugar. Ahora con esa imagen en tu mente, insisto, ¿en que parte de tu interior sientes la tristeza?

Después de un momento, Brian dijo:

—Mi cabeza se me está haciendo más pesada. Mi pecho se me está apretando más.

—Ahí está —dije suavemente—. Lo encontraste. Concéntrate en esos lugares.

Las lágrimas comenzaron a correr por el rostro de Brian y, al poco tiempo, exhaló audiblemente. Vi que sus hombros se hundían. Dejamos pasar un poco de tiempo en silencio antes de continuar.

—Brian, ahora ¿de qué eres consciente en tu cuerpo?

El tono de Brian me indicó que estaba sorprendido.

—La pesadez en mi cabeza y la presión en mi pecho se han ido. Siento mi pecho ligero y libre, y el dolor que normalmente siento ha mejorado mucho.

—Tu nivel de dolor estaba a un nivel de nueve cuando comenzó la sesión. ¿En qué nivel está ahora? —le pregunté.

—Yo diría que está alrededor de un tres, lo que para mí es increíble. Tengo un dolor intenso tan a menudo que sería feliz si viviera toda mi existencia con un tres.

Terminamos explorando otros momentos en los que Brian podría haber notado que su dolor era más soportable. Recordó dos momentos emocionalmente gratificantes: una cena reciente con su esposa y el tiempo que pasó sosteniendo a su hija en su regazo.

Fue una sesión importante. Experimentar la relación inextricable entre sus emociones y su cuerpo cambió lo que sentía Brian sobre sus sentimientos. Nuestras emociones y nuestros cuerpos son inseparables. La tierra

Nuestras emociones y nuestros cuerpos son inseparables.

nos enseña sobre el corazón, por lo que no debemos perder de vista el hecho de que el Creador hizo nuestros cuerpos con esa *misma* tierra. Nuestras emociones están encarnadas. Nosotros estamos encarnados. No hay separación. Fue cierto para Brian. Es verdad para mí. Es verdad para ti. Fue verdad para Jesús.

Nuestro Salvador encarnado

Significa mucho para mí que Jesús sepa cómo me siento porque él también lo sintió y, ahora, habiendo tenido las mismas experiencias que yo, él está orando por mí cada minuto de cada día (Hebreos 7:25; Romanos 8:34). Siempre podemos orar con y por alguien, pese a lo que esté sucediendo en su vida. Al mismo tiempo, hay algo especial en la forma en que oramos por alguien cuando hemos experimentado los mismos sentimientos dolorosos que esa persona está teniendo. Así es como Jesús está orando por nosotros. Aunque no ha estado en cada situación en la que nos encontramos, ha experimentado cada emoción (Hebreos 4:15) porque, como dice Filipenses 2:7, Jesús "fue hecho a semejanza de los hombres". ¿Cómo? Se puso un cuerpo.

Quizás ya te haya resultado obvio que tener un cuerpo humano le permitió a Jesús experimentar el mismo dolor que sentimos nosotros cuando nuestra carne, nuestro tejido corporal, se daña. Cada centímetro cuadrado de tu piel tiene aproximadamente doscientos receptores de dolor. La piel de Jesús también los tenía. Cuando lo abofetearon, lo azotaron y lo golpearon hasta dejarlo irreconocible, esos receptores de dolor enviaron ondas de fuego a través de su cuerpo. Por más horrible que fuera, el daño tisular no fue la única fuente de dolor que experimentó Jesús. También sufrió en lo emocional. Jesús sabe cómo se siente el dolor emocional por la misma razón que sabe lo que se siente el dolor físico. Lo sabe porque tenía un cuerpo igual al nuestro. A veces el dolor emocional es una respuesta al dolor físico. Es fácil entender que alguien como mi cliente Brian, cuyo cuerpo le duele constantemente, puede volverse triste o irritable como resultado. El miedo que sienten muchas personas antes de someterse a una cirugía es otro ejemplo. Esa ansiedad a menudo se considera peor que la cirugía en sí misma. La tristeza, la ira y el miedo pueden ser respuestas al dolor físico, pero más a menudo son nuestra respuesta al dolor social de ser rechazados, abandonados o devaluados. Y cuando los sentimientos son "heridos", duelen. En 2010, un equipo de investigadores que representaba a seis universidades puso a prueba los efectos de los analgésicos para demostrar que el dolor social y el físico dependen de un conjunto superpuesto de sustratos neurobiológicos.

Las dosis diarias de paracetamol, un analgésico utilizado para reducir el dolor físico, disminuyeron los sentimientos psicológicos dolorosos cotidianos. El paracetamol, en comparación con el placebo, también disminuyó la actividad neuronal en respuesta al rechazo social en las regiones cerebrales que previamente se había demostrado que estaban asociadas con la experiencia del dolor social y el componente afectivo del dolor físico.

Un analgésico de venta libre que se utiliza normalmente para los dolores de cabeza redujo el dolor real del rechazo. *La emoción es una experiencia corporal.*

El jardín de Getsemaní

La crucifixión de Jesús implicó un intenso dolor físico y social, por lo que su sufrimiento corporal comenzó antes de que el látigo del soldado romano cayera sobre su espalda. Comenzó en el jardín de Getsemaní. El Evangelio de Marcos establece la escena: "Fueron a un lugar llamado Getsemaní y Jesús dijo a sus discípulos: 'Siéntense aquí mientras yo oro'" (14:32). Luego Jesús llevó a su círculo íntimo, Pedro, Santiago y Juan, más adentro del jardín. Las relaciones eran importantes para Jesús. Él no quería experimentar el dolor social de estar solo.

La Biblia declara que él "comenzó a sentir temor y *angustia*. 'Es tal la *angustia* que me invade que me siento morir —dijo'" (vv. 33-34). "Angustia", aquí, es la palabra griega *ademoneo*; con la que el Nuevo Testamento identifica la depresión. Jesús se sintió *muy* ademoneo y compartió vulnerablemente sus sentimientos con sus amigos. Por eso les dijo a Pedro, Santiago y Juan que su dolor era tan profundo que sentía como si se estuviera muriendo.

Esa noche en aquel jardín, Jesús experimentó otro sentimiento con el que todos estamos familiarizados: el miedo. Sí. Ya lo dije. La frase "comenzó a sentir temor" podría traducirse literalmente como "*aterrado*". ¿Por qué, si no, pediría Jesús que no lo crucificaran? ¿Por qué no se fue a Getsemaní y se serenó con los discípulos hasta que llegara Judas? Jesús quiso escapar de un final tan horrible y doloroso para su vida terrenal como el que le esperaba. Por eso oró: "Abba, Padre, todo es posible para ti. No me hagas beber este trago amargo; pero no sea lo que yo quiero, sino lo que quieres tú" (Marcos 14:36). Amigos míos, esa no fue una oración reservada ni contemplativa. Jesús oró "con gran clamor y lágrimas al que le podía librar de la muerte; y fue escuchado a causa de su temor reverente" (Hebreos 5:7 RVR1960). Permítanme repetir tres palabras: "con gran clamor". No fue un llanto silencioso. Jesús lloró en voz alta.

La palabra traducida "temor reverente" en Hebreos 5:7 puede significar reverencia a Dios, así como respeto, ansiedad o pavor. Creo que significaba todas esas cosas. Jesús "temió" a Dios al someter su voluntad como Palabra que era al Creador que habló. Jesús también experimentaba temor en el sentido emocional. Sabemos esto por dos razones.

La primera razón es porque ese temor, esa ansiedad, ese cuidado, se manifestó en su cuerpo. Cuando observamos el relato de Lucas sobre la experiencia de Jesús en el huerto, vemos que incluyó algo que Marcos omitió: "Y estando en agonía, oraba más intensamente; y era su sudor como grandes gotas de sangre que caían hasta la tierra" (Lucas 22:44 RVR1960).

El cuerpo de Jesús estaba reaccionando tan fuertemente que los vasos sanguíneos de su frente estallaron. La sangre se mezclaba con el sudor que brotaba de él. Así de intenso era su dolor emocional. Esa reacción, que los médicos ahora llaman hematohidrosis, es rara, pero ocurre. El miedo es más común cuando se enfrenta a la muerte o a la tortura. En la actualidad, se han registrado casos de hombres condenados a muerte y de mujeres que temían ser violadas. La experiencia corporal de Jesús era inseparable de su experiencia emocional. Nuestros cuerpos son iguales.

La segunda razón por la que sabemos que Jesús experimentó la emoción del miedo es porque ese versículo de Hebreos también dice que la oración de Jesús fue "escuchada". A lo largo de las Escrituras, una oración se describe como escuchada cuando Dios concede la petición. Sabemos que la petición de Jesús en cuanto a evitar la crucifixión no fue concedida, así que ¿en qué sentido fue escuchada su oración? Su corazón fue escuchado. Cuando tenemos miedo, necesitamos sentirnos seguros. El Padre atendió la necesidad de Jesús.

Lucas 22:43 dice que un ángel del cielo se le apareció y lo fortaleció en ese momento de debilidad humana. Jesús siguió orando, sudando sangre y fortaleciéndose. Cuando se puso de pie, el miedo se había ido y, bueno, ya saben el resto. Jesús esperó que los soldados se levantaran después de que fueron derribados al suelo por el poder de sus palabras: "*Yo soy*" (Juan 18:6, énfasis añadido). Este es uno de los momentos más poderosos de la vida terrenal de Jesús.

Nuestras emociones encarnadas

La encarnación es central para lo que significa ser humano. Jesús tuvo que ponerse un cuerpo como el nuestro para tener una experiencia como la nuestra, incluidas las pertinentes a las emociones. Para que

Jesús fuera hecho a la "semejanza de los hombres" era necesario que se encarnara. Las emociones que Jesús encontró en Getsemaní no fueron producto de un "pensamiento tedioso". Esas emociones fueron experiencias corporales. Y la respuesta de Jesús ejemplificó la definición de bienestar emocional. Vimos su capacidad (y su voluntad) de ser consciente, reconocer y experimentar todas sus emociones.

La psicología occidental ha ignorado, en términos históricos, el rol del cuerpo en la experiencia humana de las emociones. La tradición ha psicologizado las emociones, como si fueran cosas que creamos en nuestras cabezas. A través de esa perspectiva, la emoción a menudo se ve como algo que no es del todo real. Cuando una emoción dolorosa se manifiesta en el cuerpo, como le ocurrió a Jesús cuando su angustia emocional se manifestó en forma de sudor y sangre, la psicología occidental lo describe como *somatización*. La raíz de la palabra *soma* es un vocablo griego que significa "cuerpo". Al principio me enseñaron que la somatización era algo malo, un indicio de patología. Pero no lo es.

Mi cliente Brian, que también sigue a Cristo, había absorbido la visión psicologizada de la emoción, por lo que se mostró escéptico (deberías haber visto su cara) cuando lo invité a encarnar su emoción. Brian también es intelectualmente brillante, por lo que salir de su mente parecía arriesgado. Me conmovió profundamente verlo tener esa experiencia por primera vez y ver cómo se percataba de que podría aliviar su dolor si incluía su cuerpo en su comprensión general de cómo fue creado.

Aunque Brian puede haber tenido todavía un largo viaje de sanación por delante, descubrir que podía liberar el dolor de su cuerpo al abrazar sus emociones —como una presencia en su cuerpo— le dio el atisbo de esperanza que necesitaba después de sufrir por tanto tiempo. No buscamos cosas donde no esperamos encontrarlas, ¿verdad? Pero las sensaciones corporales que provocan las emociones están ahí. Ahora que sabemos que las emociones se transmiten, que se sienten en nuestro cuerpo y que no son algo que inventamos en nuestra cabeza, definámoslas oficialmente de esa manera.

Emoción, sustantivo
El impacto que una situación ejerce en tu cuerpo y tu cerebro.

Eso es todo. Sencillo. Simple.

Una experiencia cercana a la muerte olorosa a ron y batata

Siempre he temido al consumo de drogas. La adicción de mi hermana me asustaba mucho, así que cuando crecí nunca me sentí tentada a experimentar con ellas. Mis padres también nos enseñaron a no beber, en absoluto. Luego me fui a la universidad. Todavía puedo recordar aquella primera bebida; mi cuerpo la absorbió como agua en tierra seca. La tensión muscular que ni siquiera sabía que existía se disolvió de repente. No lo sabía en aquel momento, pero mi cuerpo estaba reteniendo mucho dolor emocional de traumas que ya había sobrevivido. Antes de ser consciente de esos sentimientos, guardé mi dolor, suponiendo que yo no era una persona "del tipo emocional". Pero, ¿adivina qué? Todos lo somos. Si a eso le sumamos el bagaje emocional que había metido en cada rincón y grieta de mi cuerpo y cierta predisposición genética a la adicción, me convertí en una alcohólica en potencia. Pasé el primer año en la universidad desarrollando velozmente un severo hábito de beber. A los pocos meses, casi muero de intoxicación etílica tras ingerir una cantidad desmesurada de ron. Fue un milagro que sobreviviera.

Cinco años después, estaba disfrutando del Día de Acción de Gracias con la familia de un amigo. Para entonces, hacía dos años que no bebía. Todo lo que había en la mesa parecía delicioso, pero cuando me sirvieron el puré de batatas, el olor me provocó náuseas y ansiedad. No comí nada y dos días después me di cuenta de por qué. ¡El sabor a ron! El olor me hizo recordar aquella devastadora noche en la universidad. Volví a experimentar el impacto que esa situación tuvo en mi cuerpo y en mi cerebro. Miedo. Había sido una noche realmente aterradora. Mi cuerpo lo recordó.

"Las experiencias corporales, como la sensación del tacto, el dolor o las señales internas del cuerpo, son profundamente emocionales". Si alguna vez has tenido una experiencia como la mía —en la que un olor, un sonido o una imagen te trajo de vuelta una sensación horrible—, entonces sabes que tus emociones son experiencias corporales. Nuestros cuerpos también recuerdan los placeres de la alegría y la comodidad. Si cierto aroma te relaja porque te recuerda de inmediato a tu primer apartamento que amaste o a la acogedora casa de tu abuela, ya sabes que la emoción es una experiencia corporal; solo que no sabías que la conocías. Y sabes que no tienes que *pensar* para volver a experimentar esas sensaciones. Sucede de forma automática. Eso se debe a que las emociones (el impacto que una situación tiene en tu cuerpo y en tu cerebro) están mediadas por el sistema nervioso autónomo (al que llamaremos SNA) de tu cuerpo.

Esa palabra *autónomo* es exactamente lo que parece: *automático*. Esta parte de tu sistema nervioso no depende de tu mente. Es responsable de cosas como mantener el corazón latiendo, digerir los alimentos y respirar. Estos procesos ocurren cuando estás despierto. Suceden cuando estás dormido, cuando estás feliz o cuando estás triste. No puedes usar tu mente para decidir si hacer que tu corazón deje de latir. No puedes usar tu mente para contener la respiración durante una hora. Bueno, puedes intentarlo, pero no pasará mucho tiempo antes de que tu SNA anule tus esfuerzos.

El SNA regula los sistemas que te mantienen vivo. También se esfuerza por mantenerte vivo manteniéndote a salvo. Tu SNA escanea constantemente tu cuerpo y tu entorno para evaluar tu seguridad. Las náuseas y el miedo que volví a experimentar en respuesta al olor a ron, cinco años después de esa noche de mala toma de decisiones, eran mi sistema nervioso autónomo tratando de resguardarme de una amenaza. El impacto original había sido memorizado y mi SNA tenía razones para creer que podría estar en peligro antes de que mi mente supiera lo que estaba sucediendo. A eso lo llamamos *neurocepción*.

Las neuronas del SNA funcionan sin que seamos conscientes de ello. A veces podemos aplicar la percepción consciente a la neurocepción (como cuando mi mente captó la conexión entre el olor a ron, la batata y la experiencia cercana a la muerte dos días después), pero mucho antes de que esa percepción entre en juego (si es que alguna vez lo hace), el sistema nervioso autónomo está trabajando de manera oculta para intentar protegernos del dolor físico y emocional. Aprender sobre tu sistema nervioso te ayudará a entender mejor tu jardín interior. Te equipará aún más para terminar la guerra con tus emociones y comenzar a vivir una existencia más poderosa. El sistema nervioso autónomo tiene dos divisiones: el sistema nervioso simpático y el sistema nervioso parasimpático. Por ahora, enfoquémonos en el sistema nervioso simpático.

Lucha o escapa

Cuando sentimos que estamos en una situación amenazante, por lo general nos enojamos o nos asustamos. Puede ser una amenaza física dolorosa, como encontrarnos con una serpiente venenosa mientras caminamos por el bosque o enfrentar un terremoto que estremece nuestra casa. O puede ser una situación emocionalmente perturbadora, como ver a alguien acosando a un niño o esperar a que el médico nos llame con los resultados de una prueba médica.

Ante una amenaza, la neurocepción inmediatamente hace sonar la alarma y el sistema nervioso simpático (SNS) da lugar a la respuesta que, popularmente, llamamos: lucha o escapa. La ira suele provocar una respuesta que nos inste a luchar (aun cuando la guardemos en nuestro interior). Cuando tenemos miedo, tratamos de escapar de la situación o luchamos hasta que volvamos a estar a salvo. En ambos casos, la activación del SNS hace que respiremos más rápido, se nos acelere el ritmo cardíaco y se altere el sistema digestivo. Esos cambios crean las sensaciones corporales que asociamos tanto con la furia como con el miedo.

La emoción comienza en el cuerpo, no en la mente.

La emoción comienza en el cuerpo, no en la mente.

Estamos encarnados. Nuestras emociones están encarnadas. No hay separación. Es verdad para mí. Es verdad para ti. Fue verdad para Jesús. Y fue verdad para el apóstol Pablo, que tuvo algunas experiencias muy angustiosas con su propio sistema nervioso simpático.

Zona libre de juicios

El apóstol Pablo escribió catorce de los veintisiete libros del Nuevo Testamento. Fue un líder cristiano influyente y un hombre íntegro que obedeció la ley y guardó fielmente los Diez Mandamientos. Sus palabras inspiradas siguen cambiando vidas en la actualidad. Pero había algo dentro de Pablo con lo que luchaba.

Su carta a la iglesia en Roma cuenta la historia. Él escribió:

Yo sé que en mí, esto es, en mi carne, no mora el bien; porque el querer el bien está en mí, pero no el hacerlo. Porque no hago el bien que quiero, sino el mal que no quiero, eso hago. Y si hago lo que no quiero, ya no lo hago yo, sino el pecado que mora en mí (Romanos 7:18-20 RVR1960).

Mucho antes de que los neurobiólogos comprendieran plenamente el sistema nervioso simpático, Pablo sabía lo que se sentía cuando su cuerpo derrocaba a su mente. Por eso continuó escribiendo:

Porque según el hombre interior, me deleito en la ley de Dios; pero veo otra ley en mis miembros, que se rebela contra la ley de mi mente, y que me lleva cautivo a la ley del pecado que está en mis miembros (vv. 22-23).

En estos pasajes, no estoy convencida de que el enfoque principal de Pablo se dirigía a las *conductas* que quebrantan la ley de Dios, porque en Filipenses 3:5, él mismo afirmó que había seguido la ley a la perfección. Cuando dijo que su mente estaba cautiva, creo que Pablo estaba enfatizando una lucha *interna*. Una lucha emocionalmente dolorosa.

Esa palabra "miembros" (v. 23) significa, literalmente, partes del cuerpo. En la Nueva Versión Internacional, dice: "*hay otra ley*" (énfasis añadido), pero es importante reconocer que Pablo estaba luchando con su cuerpo, no con su carácter. Creo que la lucha de Pablo no era tanto por algo que no quería hacer, sino por algo que no quería *sentir*. Las experiencias emocionales comienzan en el cuerpo. Las experiencias emocionales dolorosas comienzan en el sistema nervioso simpático. Pablo continuó ofreciendo tanto un lamento como una garantía:

¡Miserable de mí! ¿Quién me librará de este cuerpo de muerte? Gracias doy a Dios, por Jesucristo Señor nuestro. Así que, yo mismo con la mente sirvo a la ley de Dios, mas con la carne a la ley del pecado.

Ahora, pues, ninguna condenación hay para los que están en Cristo Jesús, los que no andan conforme a la carne, sino conforme al Espíritu; porque la ley del Espíritu de vida en Cristo Jesús me ha librado de la ley del pecado y de la muerte (Romanos 7:24—8:2 RVR1960).

Quiero dejar claro que esto no convierte a tu cuerpo en tu enemigo. Nuestros cuerpos llevan las consecuencias de la caída. En Génesis 3, después de que el primer hombre y la primera mujer comieron el fruto prohibido, el suelo del jardín cambió. Las experiencias emocionales dolorosas surgieron en forma de terreno pedregoso, espinoso y del suelo al borde del camino. Nuestros cuerpos se formaron del polvo de ese mismo suelo, por lo que después de la caída nuestros cuerpos también fueron diferentes. Aunque también son templo del Espíritu Santo. El Espíritu Santo, Dios mismo, todavía desea y decide morar dentro de nosotros. Todavía habrá dolor y luchas, pero no tienes por qué sentir vergüenza o condenación en los tiempos en que, como Pablo, tu mente no termina gobernando el día.

Capítulo 8

TERRENO INESTABLE

El Señor está cerca de los quebrantados de corazón,
y salva a los de espíritu abatido.

SALMOS 34:18

Scott, un soldado de cuarenta y cinco años, se sintió aliviado de volver a casa con su esposa y sus dos hijos después de que terminó la guerra en Afganistán. Pero la hipervigilancia que lo mantuvo con vida durante la guerra (evaluando constantemente las posibles amenazas a su alrededor) comenzó a interferir con sus relaciones en el hogar. Se dio cuenta de que necesitaba beber de cuatro a seis cervezas por la noche, solo para poder dormir. A su esposa no le gustaba lo mucho que bebía, pero era el único momento en que estaba lo suficientemente sereno como para entablar una conversación. Sin embargo, cuando explotó de ira después de que el ruido de una pistola de clavos —que su hijo estaba usando en el garaje— lo sobresaltara, Scott decidió que era hora de hablar con un profesional.

Jessica, una asesora financiera de veintinueve años, comenzó a notar que estaba experimentando angustia emocional. Jessica describió que tenía un matrimonio feliz pero, en el transcurso de dos meses, se dio cuenta de que se alejaba de su marido sin ninguna explicación y se encontraba durmiendo en el sofá la mayoría de las noches de la semana. Su marido también señaló que se había vuelto extremadamente sobreprotectora con su hija de cinco años, y que eso estaba causando tensión en sus decisiones de crianza. Cuando Jessica le contó eso a su hermana, esta le recordó que tenía cinco años cuando su padrastro comenzó a abusar de ella. Entonces se echó a llorar y supo que era hora de ir a terapia.

Scott era un soldado; su experiencia traumática era obvia para quienes lo rodeaban. Jessica creía que había dejado atrás su trauma de hacía años, solo para descubrir que eso invadía la nueva vida por la que había trabajado tanto para forjar. Algunas veces somos muy conscientes de los traumas que hemos soportado, pero otras se ocultan en nuestra conciencia.

No recuerdo la primera vez que escuché la palabra *trauma* en el contexto de la salud emocional y mental pero, en estos tiempos, es difícil imaginar que haya alguien que *no* la haya escuchado. Esta conciencia generalizada es algo bueno, puesto que el trauma es un problema que —casi con certeza— ha afectado tu vida o la de un ser querido. El trauma puede afectar a cualquiera. Nadie está exento.

La Administración de Servicios de Salud Mental y Abuso de Sustancias (SAMHSA) define el trauma como "el resultado de un suceso, serie de eventos o conjunto de circunstancias que una persona experimenta como física o emocionalmente dañina o amenazante y que tiene efectos adversos duraderos en el funcionamiento y el bienestar físico, social, emocional o espiritual de la persona". Esa definición presenta una visión tridimensional del trauma: el evento, el daño y los efectos. En este capítulo, analizaremos diferentes fuentes de trauma, cómo afectan nuestras vidas y qué podemos hacer para recuperarnos.

¿Qué te pasó?

En 2022, el Consejo Nacional para el Bienestar Mental informó que 223.4 millones de personas que viven en Estados Unidos habían experimentado uno o más eventos traumáticos. Eso equivale al setenta por ciento de la población del país, lo que está a la par con las tasas mundiales. Entre 68.894 adultos en seis continentes, el Consorcio de la Encuesta Mundial de Salud Mental descubrió que más del setenta por ciento de ellos habían experimentado un evento traumático; el treinta por ciento había vivido al menos cuatro. Debido a los efectos generalizados del trauma, muchos profesionales y organizaciones que atienden a las personas, incluidas escuelas, hospitales, iglesias y entidades de salud conductual, han adoptado un enfoque informado sobre el trauma para su trabajo. Ese enfoque informado sobre el trauma se guía por una única pregunta compasiva: ¿Qué te *pasó*? Saber qué le pasó a alguien puede ayudarnos a entender por qué puede comportarse de determinada manera o luchar con ciertas cosas.

Los eventos traumáticos ocurren a nuestro alrededor todos los días. Pueden ser experiencias adversas en la infancia, como abuso físico, emocional o sexual, el divorcio de tus padres; vivir con un hermano que padece una enfermedad mental, tener un padre que tuvo problemas con el abuso de sustancias o ser testigo de violencia doméstica. Los acontecimientos traumáticos pueden incluir relaciones interpersonales violentas entre cónyuges o parejas románticas y abuso de ancianos.

Algunos eventos traumáticos afectan a muchas personas a la vez. Los desastres naturales como el tsunami del Océano Índico de 2004 y las catástrofes provocadas por el hombre, como la invasión rusa de Ucrania, impactan a las masas. Una comunidad entera puede sufrir un trauma después de un tiroteo en una escuela local. Algunas personas están expuestas a sucesos más traumáticos porque son parte de un grupo cuyo trabajo los hace vulnerables, como los bomberos o las enfermeras de las salas de emergencia.

El trauma puede incluso afectar la herencia de una cultura a través del prejuicio, la privación de derechos y las desigualdades en materia de salud. Algunos sucesos históricamente traumáticos pueden ser tan generalizados que "no solo afectan a culturas enteras, sino que son tan intensos que influyen en generaciones más allá de las que los experimentaron directamente". La esclavitud y el linchamiento de afroamericanos, el genocidio en Ruanda, los campos de internamiento japoneses en Estados Unidos y el Holocausto son todos ejemplos de trauma histórico. Cuando exploramos los desafíos generalizados que enfrentan los grupos marginados, un enfoque basado en el trauma puede preguntar: "¿Qué les pasó a *todos* ustedes?".

¿Qué les pasó a ustedes?

La segunda dimensión en nuestra definición de trauma es el efecto. Es importante que distingamos entre los efectos del trauma y el evento traumático propiamente dicho. El efecto es la herida que deja el evento. En el capítulo 7 aprendimos que, ya sea el origen, la manifestación, la conciencia o la experiencia de la emoción, el sistema nervioso autónomo (al que llamaremos SNA) juega un papel fundamental. El sistema nervioso simpático (SNS) se activa automáticamente cuando nuestros cuerpos se ven afectados por la dolencia física o el dolor social producido por la desconexión, las amenazas o la pérdida de control que traen las situaciones traumáticas. Las sustancias químicas relacionadas con el estrés inundan nuestro cuerpo y el cerebro. El problema es que el sistema nervioso simpático no tiene un interruptor que "apague o encienda" la situación.

Cuando la circunstancia estresante o traumática se resuelve, el SNS seguirá funcionando a menos que otra división del SNA intervenga para devolver el cuerpo a un estado de calma. El que interviene entonces es el sistema nervioso parasimpático (SNP). Juntos, los subsistemas simpático y parasimpático garantizan que el cuerpo responda para satisfacer diferentes necesidades de una manera que sustente la vida. Cuando nuestro sistema nervioso está sano, podemos responder a las amenazas y superar el dolor emocional porque la activación del SNP permite la regulación emocional. Restaura la ecuanimidad y nos lleva a un estado emocional de seguridad, paz, conexión y productividad. La regulación emocional es "la capacidad de un individuo para modular una emoción o un conjunto de emociones". En términos de jardinería, eso significa ser intencional con el flujo de agua. Además, con el agua siempre hay preguntas sobre la velocidad del flujo, la profundidad y la temperatura.

El trauma cambia las cosas. Es un terremoto que sacude nuestro jardín interior. Y así como los terremotos tienen réplicas, los efectos del trauma pueden extenderse décadas en el futuro como una menor tolerancia al estrés, nuevos desencadenantes y comportamientos no deseados, dejándonos en una lucha por vivir en un terreno inestable.

Ventana de tolerancia

Todos tenemos lo que se llama una "ventana de tolerancia" que tiene que ver con la capacidad para manejar el estrés. Cuando estamos regulados, estamos dentro del marco de nuestra ventana. Las cosas estresantes como los cambios de horario, enfermarse o llegar tarde a una cita pueden resultar frustrantes, pero podemos manejarlas sin sentirnos abrumados. Después de experimentar un trauma, la regulación emocional puede convertirse en un desafío porque el trauma altera nuestro sistema nervioso. El sistema nervioso simpático se vuelve dominante y nuestra ventana de tolerancia se reduce, a veces de manera bastante drástica. Por tanto, esos factores estresantes que alguna vez fueron manejables comienzan a quedar fuera de nuestra capacidad para controlarlos.

Factores desencadenantes

En su libro *Why Am I Like This? How to Break Cycles, Heal from Trauma, y Restore Your Faith* (¿Por qué soy así? Cómo romper ciclos, sanar del trauma y restaurar tu fe), la terapeuta de trauma Kobe Campbell explica que "los factores desencadenantes son recordatorios biológicos y relacionales de que algo doloroso y confuso nos sucedió a nosotros o a nuestro entorno de una manera que afecta nuestras experiencias presentes. Son evidencia de que nuestros cuerpos almacenan recuerdos del dolor que hemos soportado, aunque esos momentos dolorosos hayan pasado hace mucho tiempo". Esos desencadenantes pueden ser recordatorios obvios, como una noticia sobre un asalto o un suicidio. Otros son más matizados, como un olor, una canción o un área de tu casa que te recuerda el evento traumático de alguna manera. Tu cuerpo y tu sistema nervioso reaccionan como si estuvieras volviendo a experimentar ese terremoto. Para Scott, fue el sonido de la pistola de clavos. Para Jessica, fue la edad de su hija.

Conducta no deseada

Los sobrevivientes de un trauma pueden sentirse atrapados en un ciclo de conductas no deseadas. Scott no quería necesitar alcohol para conciliar el sueño todas las noches y Jessica, por su parte, estaba atormentada por los temores en cuanto a su hija que la convertían en una sobreprotectora. Las conductas no deseadas, a menudo, surgen de esfuerzos tanto conscientes como inconscientes por regular un sistema nervioso herido. Eso puede manifestarse en actitudes como retirarse de algún entorno social, sentir desconfianza con los demás, desarrollar hábitos de sueño o alimentación poco saludables, sucumbir a las adicciones o entregarse al trabajo como una forma de evasión.

Hay que reconocer el dolor

Puede ser difícil reconocer que hemos experimentado un trauma. Reconocer una herida causada por un evento pasado puede hacernos sentir vulnerables y desamparados pero, simplemente, significa que somos humanos. Si el trauma que sufriste no parece significativo en comparación con el de otra persona, se vuelve aún más difícil de abordar, pero los eventos traumáticos vienen en muchas formas.

El niño que tuvo que "crecer demasiado rápido" y comenzó a asumir responsabilidades demasiado pronto puede convertirse en el adulto que tiene dificultades para pedir ayuda o confiar verdaderamente en el apoyo que hay disponible a su alrededor. El chico que creció con estándares implacables de logros académicos, a menudo, crece para ser perfeccionista, hipercrítico consigo mismo y con los demás. El niño cuyo padre dijo una cosa pero hizo otra puede crecer creyendo que no puede confiar en nadie. Los chicos que crecieron creyendo que sus padres no estaban orgullosos de ellos se convierten en adultos que creen que no son queridos ni merecen ser amados. Este tipo de eventos traumáticos dejan heridas que llamamos *trauma del desarrollo*. En lugar de caracterizarse por un solo evento que *sucedió*, los traumas del desarrollo son resultado de lo que *no* le ocurrió a un niño.

Incluso si todavía estás tratando de conectar los puntos en tu propia vida entre tu infancia y tu presente, debes saber que tus experiencias en la infancia se convierten en la lente a través de la cual te ves a ti mismo, a los demás y a Dios. El hecho de que no hayas sido golpeado, violado sexualmente o abusado en forma verbal no significa que no hayas experimentado un trauma. Te doy permiso para aceptar lo que hayas experimentado.

Para recuperarte y comenzar el proceso de curación, es fundamental comenzar simplemente llamándolo por su nombre. Considera esta afirmación: "Mi dolor es lógico". Si eso apela a ti, intenta leer esa oración en voz alta. Escúchate a ti mismo decirla. Está bien reconocer que durante esos años de infancia algo te lastimó. No tienes que rechazar todas las cosas buenas de tu infancia o de tu vida adulta para reconocer también que quizás necesites sanar y que eres digno de sanar.

"Mi dolor es lógico".

Cómo sanar tu sistema nervioso

A nivel biológico, la curación de las heridas del trauma se basa en la curación del sistema nervioso autónomo. En un SNA traumatizado, la desregulación emocional se caracteriza por un sistema nervioso simpático que ha estado trabajando horas extras tratando de mantenerte a salvo. Es posible que sea necesario fortalecer el sistema nervioso parasimpático para volver a activar la regulación emocional. A continuación, se indican algunas formas de comenzar ese proceso de curación.

Crea espacios seguros

Tu SNA está dedicado a mantenerte a salvo. Después de un trauma, la hipervigilancia es común, lo que significa que los sobrevivientes pueden sentirse ansiosos en algún nivel casi todo el tiempo. Establecer límites para crear espacios seguros y pasar tiempo con personas seguras le da espacio a tu cuerpo para comenzar a adaptarse a lo que se siente como seguridad. La seguridad puede ser tan nueva que te incómode, pero quédate, ¡crecerá en ti! Tienes derecho a eliminar personas y lugares tóxicos de tu vida.

Una de las mejores formas de hacerlo es que te propongas apartar tiempo en tu agenda para tener un poco de tranquilidad y calma en tu entorno. ¿A dónde puedes ir para estar, simplemente, sereno? Sin expectativas. Sin plan. Solo paz y tranquilidad. Si no tienes un lugar, te animo a que lo investigues. Puede ser un parque, un sendero, un lago, tu dormitorio, tu patio trasero, incluso tu auto. Encuentra lo que sea funcional para ti. Y cuando estés listo, invita a tus personas de confianza a que te acompañen.

Conéctate con tu cuerpo

El trauma puede ser biológicamente abrumador, al punto que hace que perdamos el contacto con nuestros propios cuerpos. Lo que implica que nos volvemos menos conscientes en cuanto a cómo se siente nuestro cuerpo, por lo que perdemos el contacto con nuestros propios deseos y necesidades. Una forma de reconectarse es participar en algún tipo de movimiento físico. No tiene que ser un ejercicio fuerte. Algunas buenas opciones son caminar, nadar, estirarse y bailar.

Involúcrate en una comunidad

Al igual que John y Lena, es posible que descubras que formar parte de una comunidad con otras personas que comprenden íntimamente lo que has experimentado crea una sensación especial de seguridad en un ambiente en el que puedes comenzar a contar tu historia. Recuperar tu voz en este contexto es un acto profundamente transformador y empoderador. Los grupos de apoyo son un recurso maravilloso. Es posible que te sorprendas al descubrir cuántos grupos diversos y específicos hay a t disposición. El trauma intenta desconectarnos de los demás y hace que propendamos a aislarnos. El simple hecho de estar rodeado de otras personas y entablar relaciones puede comenzar a restablecer el terreno inestable de su corazón.

Trabaja con un terapeuta especializado en traumas

Hay muchos terapeutas extraordinarios que están esperando saber de ti. Si eres sobreviviente de un trauma, te animo a que busques un terapeuta que se especialice en el trabajo con traumas. Hay muchos enfoques que puede utilizar un terapeuta especializado en traumas. A continuación, se presentan dos de los que quizás no hayas oído hablar. Ambos hacen hincapié en la curación del sistema nervioso autónomo.

Experiencia somática

El enfoque de la experiencia somática (ES) para la recuperación del trauma "trabaja para liberar la energía [del cuerpo] almacenada [es decir, la emoción reprimida] y apagar la alarma de amenaza que causa la desregulación". En el proceso, los terapeutas de ES guían y apoyan suavemente a los clientes a medida que aumentan su ventana de tolerancia y reconocen más fácilmente las sensaciones corporales asociadas con sus emociones. La clave es permitir que el cliente procese un evento difícil de su pasado sin que vuelva a traumatizarlo.

Desensibilización y reprocesamiento por movimientos oculares (EMDR)

La terapia EMDR es un enfoque de tratamiento que consta de ocho fases para la recuperación del trauma que permite a las personas sanar los síntomas y la angustia emocional que surgen a causa de experiencias perturbadoras. "Después de que el especialista clínico ha determinado qué recuerdo apuntar primero, le pide al cliente que mantenga diferentes aspectos de ese evento o pensamiento en su mente y que use sus ojos para seguir la mano del terapeuta mientras se mueve de un lado a otro a través del campo visual del cliente. Entonces surgen asociaciones internas y los clientes comienzan a procesar el recuerdo y los sentimientos perturbadores. En una terapia EMDR exitosa, el significado de los eventos dolorosos se transforma a nivel emocional". Durante este proceso se activa el sistema nervioso parasimpático. EMDR no es una forma de hipnosis. Cuando el proceso se completa, los clientes aún recuerdan el suceso; pero, simplemente, ya no duele.

Biblioterapia

También hay muchos libros maravillosos que se han escrito para apoyar a las personas en su travesía de recuperación del trauma, tanto como preparación para el trabajo con un terapeuta de trauma autorizado como junto con él. A continuación tenemos algunos que recomiendo.

- *Curar el trauma: Descubre tu capacidad innata para superar experiencias negativas*, del terapeuta Peter A. Levine, obra que habla de la normalización de los síntomas traumáticos y muestra los pasos necesarios para curarlos.
- *Why Am I Like This?: How to Break Cycles, Heal from Trauma, y Restore Your Faith*, por Kobe Campbell, terapeuta de traumas licenciado y formado en seminario, ayuda a los lectores a entender por qué es tan difícil vencer los patrones de ruptura en nuestras vidas.

Aun cuando no todos estos libros fueron escritos desde una perspectiva de fe, cada uno de ellos ofrece información valiosa. Acepta lo que te bendiga y deja el resto atrás.

Un mensaje sobre el trauma y la fe

Muchas personas luchan con el dolor de este mundo y la idea de que exista un Dios bueno en medio de eso. A menudo se dice que todo sucede por una razón. Creo que todo ocurre por eso, aunque no siempre sea una buena razón. Nuestro Creador no crea caos ni provoca que ocurra un trauma para lograr un gran propósito en nuestras vidas.

Él no necesita hacer eso. No puede hacerlo porque 1 Juan 1:5 afirma que: "Este es el mensaje que hemos oído de él y que anunciamos: Dios es luz y en él no hay ninguna oscuridad".

El trauma nos deja con muchas preguntas difíciles. Preguntas que dan sentido a la vida, como por qué fuiste objeto de abuso sexual, o por qué tus padres se divorciaron, o por qué falleció tu madre, o por qué tu amigo se suicidó. En mi tradición de fe, encuentro mi respuesta en las Escrituras. El enemigo entró en el jardín del Edén para causar sufrimiento y destrucción, pero ahí no fue su última aparición. 1 Juan 3:8 nos dice que el pecado está en el mundo por causa de Satanás, mas para este propósito se manifestó el Hijo de Dios: para *destruir* la obra del enemigo. ¡La sanación es una forma poderosa de destruir esa obra!

Dios te conoce desde el vientre de tu madre y sigues siendo la creación divinamente diseñada que siempre has sido. Nada puede cambiar eso. El trauma puede haberte afectado, pero no te hizo. Dios te hizo y sigues siendo exactamente lo que él ideó que fueras.

> El trauma puede haberte afectado, pero no te hizo. Dios te hizo y sigues siendo exactamente lo que él ideó que fueras.

Aunque el abuso haya quedado en el pasado, los efectos sigan presentes, la tierra continúe temblando y el agua persista rugiendo en nuestro interior, podemos decir: "Paz, quédate en calma". Podemos decir eso en nuestro espíritu, vivirlo en nuestras relaciones, fortalecerlo en la terapia y nutrirlo en nuestro cuerpo. Puede que la tierra que hay en nosotros se haya sacudido y que estemos acostumbrados a vivir con las secuelas de su temblor, pero nuestro Dios es un reconstructor de ruinas antiguas y un restaurador de cimientos milenarios, incluso en tu interior.

Capítulo 9

DESIERTO

Plantaré en el desierto cedros, acacias, mirtos y olivos; en áridas tierras plantaré cipreses, junto con pinos y abetos, para que la gente vea y sepa, considere y entienda, que la mano del Señor ha hecho esto, que el Santo de Israel lo ha creado.

ISAÍAS 41:19-20

Desde los cinco años, mi hermana Valerie sufría alucinaciones. Una parte de su cuerpo ya estaba destrozada: su cerebro. Y a medida que se hacía mayor, la esquizofrenia y la adicción la mantuvieron cautiva durante períodos devastadores. Aun cuando mi familia ahora comprende el sufrimiento de Valerie, la salud mental y la enfermedad no eran un tema de conversación en nuestra comunidad en aquel momento.

La necesidad de reconocer y comprender la enfermedad mental no se limita a los círculos religiosos ni a ningún otro segmento exclusivo de la sociedad. Es un problema latente en todas partes. Aunque las causas suelen ser orgánicas, como en el caso del desequilibrio químico en el cerebro de Valerie, las personas casi siempre ven la angustia mental y la física de manera diferente. Por ejemplo, cuando alguien sufre un derrame cerebral, puede perder la capacidad de hablar. No es que haya decidido que ya no quiere hablar. No hay nada voluntario en ello. No culpamos ni juzgamos a esa persona por haber sufrido tal clase de derrame. La demencia es similar. Sabemos que esta está devorando el cerebro de un ser querido; sabemos que su mente está siendo tomada cautiva. No culpamos ni juzgamos a esa persona por los síntomas y comportamientos que resultan de ello.

En los últimos años, nuestra cultura ha estado cada vez más dispuesta a prestar atención a los problemas de salud mental. Poco a poco, pero con firmeza, estamos mejorando. Sin embargo, todavía hay un prejuicio muy presente en nuestra sociedad contra las personas que sufren enfermedades mentales. Las actitudes y suposiciones de vergüenza, culpa, incompetencia, castigo y criminalidad hacia ellas son comunes. Es probable que más de un tercio de los estadounidenses informen que evitan a una persona con una enfermedad mental. Los niños con enfermedades mentales (por ejemplo, depresión o trastorno por déficit de atención e hiperactividad [TDAH]) tienen más probabilidades de ser vistos como perezosos en comparación con los que padecen otras afecciones de salud.

Enfermedad mental vs. Enfermedad física

Clasificar la enfermedad como estrictamente mental o rigurosamente física nos ha hecho un muy flaco favor. Etiquetarla de esa manera ha creado una falsa dicotomía. Algunos ven la enfermedad física como algo real, mientras que al padecimiento mental lo consideran simplemente inventado o imaginario. No podemos elevar una y descartar otro. *Debido a que somos seres encarnados, la enfermedad es eso: enfermedad.* La Organización Mundial de la Salud define la enfermedad como "la mala salud con la que la persona se identifica, a menudo basada en síntomas mentales o físicos que ella misma declara tener".

Así que, ¿las enfermedades mentales son iguales a las enfermedades físicas? La respuesta es sí. Y también es no. Empecemos por las similitudes. Cuando meditamos en enfermedades físicas pensamos en enfermedades específicas como el cáncer o la diabetes, lesiones corporales y el deterioro que asociamos con el envejecimiento. Los trastornos mentales se definen de manera diferente.

La Asociación Estadounidense de Psiquiatría define la enfermedad mental como "condiciones de salud que implican cambios en la
emoción, el pensamiento o el comportamiento (o una combinación
de estos) ... asociadas con angustia o problemas para funcionar en
actividades sociales, laborales o familiares". Esta definición aclara
en qué se parecen los trastornos físicos y mentales; ambos son condiciones de salud. Ambos surgen de dentro de nuestros cuerpos. La
categorización de un trastorno físico o un trastorno mental se basa en
lo mismo: los síntomas. Un trastorno se caracteriza como mental si
los síntomas se encuentran principalmente en nuestros sentimientos,
pensamientos o acciones. Ahora bien, un trastorno es físico si los
síntomas surgen en otra parte. La diferencia entre una enfermedad
mental y una física reside en los síntomas, no en la causa. Ambas
son parte de nuestra experiencia corporal
como seres humanos.

Los trastornos mentales y los físicos
también son lo mismo en otro sentido: en
cuanto a la oportunidad de recuperación.
Uno de cada veinticinco estadounidenses
vive con una enfermedad mental grave; uno
de cada cinco de nosotros experimentará
una enfermedad mental en algún momento
de nuestras vidas. La diferencia entre esas
dos cifras es la recuperación. Eso significa

> La diferencia entre
> una enfermedad
> mental y una
> física reside en los
> síntomas, no en la
> causa.

que no es lo mismo una de cada cinco personas cada año. Como
ocurre con muchas afecciones de salud físicas, cuando se tratan, la
recuperación es absolutamente posible. Hay algunas enfermedades
mentales que tienen un curso persistente, pero como ocurre con la
hipertensión o la diabetes tipo 1, con tratamiento, cambios en el
estilo de vida y otras intervenciones, la persona que vive con esa
afección aún puede prosperar. Es muy importante que reconozcamos que las personas se recuperan de las enfermedades mentales.
La enfermedad mental no es una sentencia de por vida, pero si no
se trata puede serlo.

Percepciones de la enfermedad mental

Creo que el estigma que a menudo se asocia con la enfermedad mental tiene su raíz en la forma en que hemos entendido mal las emociones y la relación corazón-mente. Si nos aferramos a la idea errónea, resistida, de que la emoción es un signo de debilidad y que los sentimientos son producto de los pensamientos, entonces la enfermedad mental seguirá siendo vista como el fruto de una mente débil y de la incapacidad para controlar las emociones. Pero si has llegado hasta aquí en la lectura de este libro, ya sabes que no es así. Renovar tu mente en cuanto a la forma en que percibes las emociones también debería comenzar a corregir tu visión acerca de la enfermedad mental.

Diagnóstico y tratamiento

¿Cuál es la diferencia entre la tristeza y la depresión clínica? ¿O entre tener miedo y padecer un trastorno de ansiedad generalizada? ¿O entre experimentar altibajos y padecer un trastorno bipolar? Cuando un terapeuta considera si un paciente tiene o no una enfermedad mental, considera la intensidad de los síntomas, el tiempo que llevan presentes y si afectan a la vida cotidiana de la persona.

El manual *Diagnostic y Statistical Manual of Mental Disorders, Vol. 5 (DSM-5-TR,)* es un libro que contiene todos los trastornos mentales y relacionados con el consumo de sustancias reconocidos formalmente. Hay casi trescientos de ellos, incluidos los trastornos neurocognitivos (como la demencia), la anorexia, los trastornos del espectro autista, los trastornos del estado de ánimo y otros. Esta sección del capítulo ofrece una breve descripción general acerca de algunos de los trastornos más comunes. No se trata de una herramienta de autodiagnóstico; sin embargo, si te identificas con lo que lees, da el siguiente paso y programa una cita con un terapeuta para que te haga una evaluación profesional.

Trastorno de estrés postraumático (TEPT)

Cuando las personas experimentan o presencian un evento o un conjunto de circunstancias traumáticas, pueden desarrollar un trastorno de estrés postraumático (TEPT). Según la Asociación Estadounidense de Psiquiatría, las situaciones dañinas o potencialmente mortales como "desastres naturales, accidentes graves, actos terroristas, guerra/combate, violación/agresión sexual, trauma histórico, violencia de pareja y acoso" pueden afectar el "bienestar mental, físico, social o espiritual" de una persona. Aproximadamente el 3.5 % de los adultos estadounidenses padecen TEPT cada año.

Los síntomas del TEPT en adultos incluyen evitar recordatorios del trauma: reminiscencias traumáticas, sueños, pensamientos angustiantes y otras manifestaciones que reviven el evento; sobresaltarse o reaccionar con facilidad; emociones dolorosas constantes que incluyen vergüenza, miedo e ira; y dificultades de pensamiento como falta de concentración y pensamientos negativos sobre uno mismo. Estos síntomas suelen aparecer en un plazo de tres meses y son lo suficientemente graves como para perturbar la vida durante más de un mes.

Trastorno depresivo mayor (TDM)

Para que se diagnostique TDM, una persona debe presentar cinco o más síntomas de una lista de nueve criterios que duren al menos un período de dos semanas. Debe estar presente un estado de ánimo deprimido o pérdida de interés y placer. Otros síntomas pueden incluir irritabilidad, pérdida o aumento significativo de peso sin hacer dieta, problemas persistentes de sueño, fatiga o pérdida de energía casi todos los días, sensación de inutilidad o culpa excesiva, disminución de la concentración y pensamientos de suicidio.

Trastorno de ansiedad generalizada (TAG)

Es normal sentirse ansioso de vez en cuando, sobre todo cuando se experimentan sucesos estresantes. Sin embargo, la preocupación constante y excesiva que interfiere con las actividades diarias y es difícil de controlar puede ser un signo de TAG cuando está acompañada por al menos tres de los siguientes síntomas: inquietud, fatiga más de lo habitual, concentración reducida o sensación de que la mente simplemente se queda en blanco, irritabilidad, aumento de dolores o molestias musculares y dificultad para dormir.

Trastornos bipolares

Los trastornos bipolares se caracterizan por episodios de estado de ánimo *extremo*. Los episodios depresivos se definieron en nuestra descripción del trastorno depresivo mayor. Los *episodios maníacos* son períodos de estado de ánimo anormalmente elevado o irritable y de alta energía, acompañados de un comportamiento extremo que altera la vida. Algunas manifestaciones incluyen hablar de forma rápida y en voz alta, pasar de una idea a otra, menor necesidad de dormir, autoestima exagerada, gastos excesivos, hipersexualidad y abuso de sustancias. Las personas diagnosticadas con *trastorno bipolar I* han experimentado un episodio maníaco durante al menos siete días. También pueden haber experimentado uno o más episodios depresivos (cada uno de ellos con una duración de dos semanas o más). Las personas diagnosticadas con *trastorno bipolar II* han experimentado episodios tanto maníacos como depresivos, pero los episodios maníacos son más cortos y menos graves (hipomaníacos).

Adicción

El DSM-5-TR identifica la adicción relacionada con sustancias mediante un conjunto de once criterios diferentes. La cantidad de esos criterios que cumple una persona determina si el trastorno por consumo de sustancias es leve, moderado o severo. Algunos de los criterios incluyen tomar la sustancia en cantidades mayores o por más tiempo de lo previsto; querer reducir la dosis pero no tener éxito; antojos y deseos de consumir la sustancia deseada; continuar consumiendo aun cuando cause problemas en el trabajo, la escuela o en las relaciones; y desarrollo de síntomas de abstinencia.

Existe un subconjunto específico de adicciones conocidas como adicciones de proceso, las que se caracterizan por un impulso o urgencia abrumadora de participar en una determinada conducta a pesar de sus consecuencias negativas. Algunos ejemplos comunes de esto incluyen las compras, los juegos de azar, el ejercicio, la actividad sexual y la pornografía.

Cómo recuperarse de una enfermedad mental

Los trastornos mentales que acabas de conocer se describieron en función de los síntomas que son evidentes cuando la enfermedad no se trata. Permíteme detenerme nuevamente para insistir en que la enfermedad mental se puede tratar. La gente se recupera. La gente sobrevive. La gente sigue adelante y prospera.

Terapia

No hay mejor momento para buscar terapia que ya mismo. Lo que más aprecio de mis colegas es su entusiasmo por ensuciarse las manos con sus clientes para ayudarlos a atravesar las estaciones en el desierto. La terapia puede ayudarte a aprender cómo cuidar el jardín interior al descubrir las heridas, experiencias y traumas pasados que impiden las conexiones significativas, buscar un propósito con esperanza y construir un legado caracterizado por el amor. La terapia no es para personas con enfermedades mentales. La terapia es para personas. Todos podemos beneficiarnos de ella. Para quienes viven con una enfermedad mental, la terapia es una herramienta fundamental para aprender sobre la propia enfermedad, superar los desafíos que implica, adquirir habilidades esenciales de afrontamiento y cultivar un espacio de curación nutrido por el apoyo profesional incondicional.

Medicación

Hay muchas herramientas disponibles para usar en nuestro jornada para curarnos. Una de esas herramientas es la medicación. Aceptar medicación para ayudar a nuestro cuerpo a funcionar de forma óptima, tanto mental como física, no es un indicador de una fe débil. Considera lo siguiente: después de romperte un hueso, ¿rechazas la medicación? Cuando te practican una cirugía, ¿rechazas la anestesia? Cuando te duele la cabeza, ¿te niegas a tomar una aspirina? La respuesta a esas preguntas probablemente sea no. La medicación también puede ser un agente curativo para la salud mental. Cuando se incluye en el proceso de tratamiento, no tiene por objeto sustituir la terapia. Es importante seguir asistiendo a terapia.

Este es el mensaje vital que quiero que escuches acerca de la medicación: Dios sana. Damos gracias a Dios a pesar de cómo decida sanarnos. Alabamos a Dios cuando nos sana milagrosamente. Alabamos a Dios también por la sanación a través de la terapia y la medicación. Él es el Señor que sana, por lo que debemos estar dispuestos a aceptar todas las fuentes de sanidad que él ofrece.

Biblioterapia

La lectura no sustituye al tratamiento si vives con una enfermedad mental, pero sin duda puede ser un apoyo en tu proceso de recuperación. Leer libros escritos en la encrucijada de la fe y la salud mental también puede instruir a quienes aman y cuidan a alguien que está luchando. A continuación tenemos tres libros [en inglés] que recomiendo.

- *The Other Me,* por Kandice Ewing; un relato detallado de su vida como sobreviviente de una enfermedad mental. Kandice, esposa de un pastor y consejera en Houston, Texas, ha vivido con el dolor emocional del trastorno depresivo mayor y ha sobrevivido.
- *When Faith Meets Therapy: Find Hope* y *Practical Path to Emotional, Spiritual, y Relational Healing*, escrito por el artista gospel nominado al Grammy, Anthony Evans, junto con la personalidad de los medios y psicoterapeuta licenciada Stacy Kaiser, es una obra que combina el poder de la fe con la practicidad de la consejería.

- En *The Road to Freedom: Healing from Your Hurts, Hang-ups, y Habits*, el pastor Johnny Baker comparte su historia de recuperación del alcoholismo. Hoy ha estado ministrando en Celebrate Recovery durante más de veinticinco años.

Un mensaje sobre la enfermedad mental y la fe

En el capítulo 7 reflexionamos sobre la guerra interior que el apóstol Pablo describió de manera vulnerable en su carta a la iglesia en Roma. Describió las batallas entre su mente y su cuerpo, batallas que perdió en más de una ocasión. Esto se debe a que hay muchas decisiones que *no* tomamos sobre el funcionamiento interno de nuestros cuerpos. Ya sea el origen, la manifestación, la conciencia o la experiencia de la emoción, el sistema nervioso autónomo (SNA) desempeña un papel fundamental. Cuando se activa el subsistema simpático del SNA, nuestros cuerpos pueden anular las elecciones conscientes que, de otro modo, tomaríamos. Los desequilibrios químicos en nuestro cuerpo y el cerebro pueden tener el mismo efecto. Pablo equiparó este derrocamiento a la condición de prisionero. Una persona que vive con una enfermedad mental, sobre todo una que no recibe tratamiento, puede ser tomada prisionera de una manera que tal vez nunca comprendas. Elige la compasión en lugar del juicio.

Cuando alguien te dice que está luchando, créele. Cuando alguien cuenta que su depresión lo mantiene en cama todo el día, créele. Cuando alguien comparte *una* experiencia emocional dolorosa contigo, créele. Valida que lo que está experimentando es *real*. Porque lo es.

A cada uno de mis hermanos y hermanas que han vivido con una enfermedad mental, puedo decirles: te veo. Tu enfermedad mental no es un fracaso personal. Tu enfermedad mental no es un indicador de una fe débil. Incluso, si has sido capturado por el trastorno de estrés postraumático o la depresión, debes estar consciente de que Jesús experimentó los sentimientos que son parte de ese diagnóstico. Él sabe cómo te sientes. Está sentado a la diestra de Dios ahora mismo, orando por ti desde ese lugar de comprensión. Incluso bajo esta presión, tu fe puede prevalecer. Tener una enfermedad mental no elimina la salvación ni la obra sanadora del Espíritu Santo.

Para todos nosotros, ya sea que hayas sido diagnosticado con una enfermedad mental o simplemente estés atravesando las emociones difíciles que son parte de la experiencia humana, lleva tu debilidad, tu batalla interna y todo lo que estés cargando en tu cuerpo al Dios de todo consuelo. Honramos al Creador cultivando nuestros jardines lo mejor que podemos, ¡pero a Dios no lo limitan nuestras limitaciones! Déjalo que haga lo que mejor sabe hacer: amarte.

Vale la pena volver a decirlo: Dios te ama. Fuiste creado para convertirte en el hermoso y único jardín que Dios tiene en mente para ti. Fuiste hecho para que vivas. Y eso es lo que quiero que te lleves de este capítulo. Ninguna batalla con la salud mental puede desactivar la palabra que Dios ha hablado sobre tu vida. Eso no afecta la dignidad que te hace ser lo que eres. Dios decidió hacer su morada dentro de ti. Me pregunto si a veces solo está esperando que nosotros también nos sintamos como en casa, dentro de los mismos cuerpos que ya tenemos. A veces nos preocupamos tanto por ser mejores que perdemos la oportunidad de deleitarnos en su amor en presencia de nuestras imperfecciones. El hecho de que Dios nos ame así rotos como estamos, es mucho más poderoso que si solo nos amara por ser perfectos. Él es un Dios demasiado bueno como para negarte su amor. Su amor nunca me ha fallado y nunca te fallará a ti. Dios te ama. Yo también.

> **Tener una enfermedad mental no elimina la salvación ni la obra sanadora del Espíritu Santo.**

Capítulo 10
LA SABIDURÍA DE LOS ÁRBOLES

Será como árbol plantado junto a corrientes de
aguas, que da su fruto en su tiempo, y su hoja
no cae; y todo lo que hace, prosperará.

Salmos 1:3 RVR1960

Mientras nos preparamos para concluir la segunda parte del libro, dediquemos un momento a reflexionar sobre cómo comenzó el viaje hacia el jardín interior. Vi una neurona que parecía una plántula, luego miré las Escrituras y tomé una decisión. Elegí creer que estaba viendo la obra deliberada de Dios. Creí que había encontrado un plan escrito con lecciones del Creador para enseñarnos a vivir cómo él lo ideó.

Cada vez que reflexiono sobre ese momento de mi vida en 2007, mi fe en Dios se renueva, porque me doy cuenta de que la respuesta a una pregunta que mi madre planteó en la década de 1980 se incorporó a nuestros cuerpos el día en que se creó la humanidad. Antes de que naciera mi hermana, antes de que mis padres derramaran una lágrima, antes de que comenzara mi propio trauma, antes de que siquiera formuláramos la pregunta, Dios nos dio la respuesta. ¡Por favor, debes saber que eso también es cierto para ti! Sea lo que sea con lo que estés luchando en este preciso momento, sea cual sea el dolor que puedas estar sintiendo, Dios *conoce* el final antes del principio. El Creador está muy por delante de ti. Te lo aseguro.

Espero que cuando hayas visto esa neurona y esa plántula, hayas visto la teología, la psicología y la biología colisionar, y que tú también hayas decidido que esto debe ser algo de Dios. ¡No lo olvides!

El papel de la mente en tu jardín

Repasemos la analogía que diseñó el Creador. El suelo de tu corazón es el lugar de nacimiento y el sustento de la mente. Pero no es una calle de una sola vía. Los jardines son sistemas complejos e interrelacionados. El suelo puede ser la base, pero cualquier experto agrícola te dirá que este se ve afectado dramáticamente por las cosas que se cultivan allí. Una vez que la planta madura y genera frutos, las semillas de ese fruto en algún momento caen al suelo y vuelven a echar raíces. Se establece así un ciclo, pero… cuando se trata de un buen ciclo (plantas sanas con sistemas de raíces fuertes y buenos frutos), ¡es algo poderoso! El suelo estabiliza las plantas, pero estas —a su vez— estabilizan al suelo. Las raíces también ayudan a resistir la erosión, puesto que las partículas del suelo se mantienen unidas por la acción de las raíces de la planta. Eso significa que nuestros corazones estabilizan nuestras mentes y nuestras mentes protegen a nuestros corazones en retribución.

Esta perspectiva se extiende más allá del nivel individual. Pensemos en nosotros como los llamados por el apóstol Pablo a unirnos como cuerpo de Cristo, "arraigados y cimentados en amor" (Efesios 3:17). Así como un campo de hierba o un bosque de árboles desarrolla un sistema de raíces entretejidas que estabiliza el suelo compartido, los humanos podemos unirnos para tener un solo corazón y una sola mente cuando estamos arraigados y cimentados en amor.

El efecto del sistema

¿Recuerdas la historia sobre mi primer discurso en la iglesia en el primer capítulo de este libro? ¿Cómo mi comunidad de fe y mi padre me afirmaron con entusiasmo? En aquella sala, en ese momento, se sembró una semilla de fe: Anita es una buena oradora. La fe y los sentimientos fluyeron a través de mi corazón hacia esa semilla. No tardó mucho en hincharse y abrirse. Creer me hizo pensar y hacerme preguntas.

¿Cuándo podré volver a hacerlo?

¿En qué otro lugar puedo hablar?

¿Debería hacer una prueba para la obra de teatro de la escuela?

¿Tengo edad suficiente para el concurso de oratoria de la NAACP?

¿Por qué, en mi escuela, no hay un equipo de debate?

Cuando encontré respuestas a mis preguntas, subí a nuevos escenarios y produje *frutos* frescos. Las semillas de ese fruto cayeron en la tierra de mi corazón. Comenzó un ciclo que nunca se ha roto. No *pensé* que me gustara hablar, solo seguí mi instinto… Ese fue un efecto del sistema.

A continuación, se muestra otro ejemplo en cuanto al sistema que muestra cómo emerge la mente de tu jardín interior. Una vez, una amiga mía recibió una sorpresa de cumpleaños: un hermoso cachorro Golden Retriever. Hay una razón por la que no es buena idea regalarle una mascota a alguien que no ha expresado un deseo explícito de criar una. Ella amaba al cachorro e hizo todo lo que pudo, pero —al cabo de un año— supo que ya no podía tenerlo más. Mi amiga viajaba por trabajo con demasiada frecuencia. Por tanto, pensó ¿qué haré? Así que empezó a pensar en el asunto.

¿Podré devolverle el cachorro al que se lo compraron?

¿Conozco personalmente a alguien que quiera un perro?

¿Podría un cuidador de perros adoptarlo?

Entre todo lo que pensaba mi amiga no se preguntó cosas como estas:

- *¿Hasta dónde debo conducir por el desierto de Arizona para abandonar a mi perro sin que me vean?*
- *¿Debo llevar al perro al estacionamiento del supermercado y ofrecérselo a algún extraño hasta que alguien diga que sí?*

Esos pensamientos nunca pasaron por su mente. ¿Por qué no? Porque estaban fuera de su sistema de creencias. Esos pensamientos

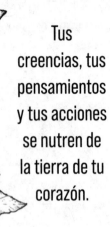

Tus creencias, tus pensamientos y tus acciones se nutren de la tierra de tu corazón.

nunca podrían brotar de las semillas de creencias que había dentro de su corazón.

Mi amiga devolvió el perro al que lo crio para que tuviera un nuevo hogar seguro. Se habría sentido culpable incluso considerando no hacer lo correcto. El primer conjunto de pensamientos le hacía sentir responsable. Si alguien le hubiera sugerido las últimas preguntas, se habría sentido ofendida.

La semilla, la planta y el fruto son diferentes, pero tienen relación. Surgen del sistema que eres tú. Y los tres (tus creencias, tus pensamientos y tus acciones) se nutren de la tierra de tu corazón.

Subterfugio espiritual

Un peligroso mal uso de nuestra fe que a menudo empleamos para evitar sentir nuestras emociones se llama *subterfugio espiritual*, una expresión acuñada por John Welwood, una figura muy conocida en el campo de la psicología transpersonal, que se centra ampliamente en la espiritualidad. Después de pasar años observando a su comunidad religiosa, definió subterfugio espiritual como el uso de ideas espirituales para evitar el dolor emocional.

¿Recuerdas la historia de la planta de guisantes? La forma en que la semilla creció fue mediante manipulando de las condiciones. Eso funcionó perfectamente bien para nuestros propósitos en la escuela secundaria, pero no podemos cultivar una cosecha completa de guisantes usando una toalla de papel mojada. El subterfugio espiritual es similar. Si no trasplantamos esa planta a tierra fértil, y aprendemos a cultivar el jardín, llegará un punto en el que ella se marchitará.

Recurrir demasiado rápido a soluciones espirituales puede volverse problemático cuando intentamos evadir las emociones intensas y las realidades complejas que necesitamos enfrentar y procesar.

Hay dos razones por las que las personas recurren al subterfugio espiritual: los asuntos pendientes y la incomodidad con las emociones de los demás.

Muchos de nosotros tenemos asuntos pendientes en nuestras vidas. Es común que no queramos volver atrás y examinar el desorden. Es más fácil pasar por alto, usando escrituras encantadoras como 2 Corintios 5:17 (RVR1960): "De modo que si alguno está en Cristo, nueva criatura es; las cosas viejas pasaron; he aquí todas son hechas nuevas". Sin embargo, el hecho de que todas las cosas se vuelvan nuevas no significa que todas ellas se olviden. Lidiar con ese asunto personal sin concluir es una labor complicada. Es como limpiar el refrigerador y encontrar esos cuatro recipientes de Tupperware en el fondo que habías olvidado y que ahora tienen tanto moho que estás pensando tirarlos a la basura. Algunos de nosotros también preferiríamos botar esas partes de nosotros mismos. Lo creas o no, esas partes de ti valen la pena ser redimidas y restauradas.

La segunda razón por la que usamos subterfugios espirituales es porque nos sentimos incómodos con las emociones de otras personas. No solo debemos cuidar de no pasar por alto espiritualmente nuestras propias emociones, sino que debemos entrenarnos para acompañar a los demás y no desestimar las suyas. Cuando María me contó sobre el dolor de perder a su hija, respondí sin decir nada, permitiéndonos sentarnos y acompañarnos en silencio.

El simple acto de acompañar a alguien que sufre, es terapéutico y sana. Lo mejor que puedes hacer cuando no sabes qué hacer es simplemente *escuchar*. Si te están hablando de sus emociones y tú les estás respondiendo con cosas del espíritu, estás evadiendo sus sentimientos. Hállalos donde estén. Si te dicen que se sienten solos, acércate a ellos en ese espacio. Ellos están tratando de conectarse contigo emocionalmente. Debes estar dispuesto a hacer eso. Cuando alguien está sufriendo, podemos ofrecerle un espacio seguro para hablar sobre sus dificultades. Esa aceptación puede fortalecer su fe y puede ser suficiente para ayudarle a dar el siguiente paso.

Renueva tu mente

Renovar la mente significa simplemente arrancar una planta existente y hacer crecer una nueva. Aunque la definición no es complicada, eso no significa que no sea un trabajo duro. Cuando se saca una planta de la tierra, el suelo se altera. El cambio es emocionalmente doloroso. Cuando se planta una nueva semilla en la tierra, necesitamos que la fe y los sentimientos fluyan allí. No podemos renovar nuestra mente de manera aislada de nuestro corazón. La forma en que nos *sentimos* moldea el modo en que pensamos.

Nuestras creencias, pensamientos y conductas son inseparables. Todas estas son las semillas, plantas y frutos que crecen en el jardín interior. Pero recuerda lo que dijo el salmista sobre el tipo de árbol que aspiramos ser: un árbol *firmemente plantado* (y alimentado) junto a corrientes de agua. Así como el despertar de la semilla depende de dónde se planta, también depende la vida del árbol y el fruto que produce.

También es fundamental comprender el modo en que todas nuestras partes funcionan juntas para no juzgar superficialmente a otras personas. Podemos aprender *algunas* cosas sobre las personas basándonos en lo que hacen, pero debemos tener cuidado al juzgarlas. La Escritura dice que los árboles buenos producen frutos buenos y los árboles corruptos producen frutos malos. El problema que tenemos como seres humanos es que no somos especialmente hábiles para identificar frutos y, para colmo, nos encanta hacerlo. Antes de que Platón construyera su carroza, el deseo de aplicar nuestras propias mentes al conocimiento del bien y del mal descarriló el curso de la historia humana. En el jardín del Edén, nuestra hermana Eva miró directamente al árbol prohibido y decidió que era bueno, y que los haría —a ella y a su esposo— sabios. No podría haber estado más equivocada. Nuestra obsesión con el poder de nuestras propias mentes, en la cultura en general y en la iglesia, es el eco ensordecedor del pecado original.

Una vida encarnada de manera especial

Sé que este cambio de paradigma, en cuanto al corazón como nuestro fundamento, en vez de la mente es difícil. Créanme, para mí también lo fue. Mi temperamento natural no se considera emocionalmente "sensible", y mi perfil de personalidad dice que soy más apta para una carrera en ingeniería, química o física. De hecho, comencé la universidad con una doble especialización en física y matemáticas. Todavía me encanta la ciencia, la investigación y la estadística. Sin embargo, ¿cómo llegué hasta aquí, enfocándome en los roles del corazón y las emociones en lo tocante al ser humano?

Llegué… siguiendo a Cristo hasta aquí.

Todavía lo sigo y he aprendido que aun cuando ninguna jornada transformadora es indolora, es mucho más rápida si no solo aceptas —sino que esperas— terminar en algún lugar sorprendente.

Hemos descubierto la relación entre el sentimiento y el pensamiento. Hemos aprendido que las emociones cuentan. Por dicha, cada vez queda más claro que la actividad de tu cerebro con los pensamientos no es una "función superior" que se encuentra por encima y controla tu vida corporal. Al contrario, tu mente es en gran medida el fruto de tu vida corporal especial.

Una vez más, vemos el jardín afirmado.

> **Tu mente es en gran medida el fruto de tu vida corporal especial.**

Tercera parte
EL JARDÍN ENCARNADO

En la segunda parte de este libro, los árboles profundizaron nuestro entendimiento de la relación entre el corazón y la mente. Aprendimos que los sentimientos son experiencias corporales que preceden y dan forma a nuestros pensamientos y acciones. Ahora, en la tercera parte, abordaremos estas preguntas: ¿Cuál es la relación entre el corazón y el cuerpo? ¿Cómo influye nuestra salud emocional en nuestra salud física? En la búsqueda de una vida poderosa, ¿cómo puede el trabajo del corazón ayudarnos a fortalecer nuestro cuerpo? Estas respuestas también están en el jardín.

Capítulo 11

UN ÁRBOL EN EL TEMPLO

Estoy como olivo verde en la casa de Dios.

Salmos 52:8 RVR1960

La palabra "engendró" aparece en la Biblia, versión Reina Valera, más de cien veces. Su significado en hebreo, griego y arameo antiguo es "salta esta parte". No, no significa eso. ¡Es broma! Bueno. Pero a menos que seas un estudiante de teología, un genealogista en ciernes o simplemente más maduro espiritualmente de lo que yo jamás podría aspirar a ser, probablemente estés de acuerdo con esa definición en algún nivel. Si "engendró" aparece al principio de un capítulo, normalmente es porque, más adelante, hay un árbol genealógico que se menciona. Eso puede continuar por generaciones y es seguro que estará lleno por nombres que la mayoría de nosotros ni siquiera puede pronunciar; por ejemplo: "Arfaxad engendró a Sela y Sela engendró a Éber"... y, oh Dios mío. Los días en que hay que leer las genealogías y los engendramientos en el plan de lectura de la Biblia en un año pueden parecer los menos interesantes en esa travesía para cualquier lector, excepto para una persona que conozco. Mi padre.

A él le encanta estudiar las Escrituras y cree en el poder sobrenatural de la Palabra de Dios. Cuando yo era niña, mi padre me hacía reír a menudo cuando me decía: "Sigue leyendo la Biblia. ¡Dios puede liberarte con sus principios!". Mi padre es un estudioso de la Biblia.

Fácilmente podríamos pasar horas hablando de los tiempos históricos en los que se escribieron las Escrituras y de las perspectivas humanas que pudieron haber tenido los autores, pero él nunca dejó de recordarme que, a pesar de que se escribieron sesenta y seis libros, por muchos autores a lo largo de quince siglos, la Biblia también es solo un libro con un autor; el cual es Dios, por lo que podemos (y debemos) pasar toda nuestra vida sondeando las profundidades de su sabiduría y, aun así, solo rascaremos la superficie.

Leer las Escrituras a través del lente de la creación me deja esa sensación. La sensación de un asombro pasmoso por lo que he aprendido aun cuando siento que solo trato con la superficie del profundo conocimiento de Dios. Espero que tú también te sientas así, porque estamos a punto de sumergirnos más en las complejidades de la manera en que Dios moldeó estos cuerpos nuestros, hechos de manera asombrosa y maravillosa. Vamos a hacer eso leyendo la historia de Dios cuando hizo el primer cuerpo humano.

Un cuerpo hermoso

La creación de la humanidad se revela por primera vez en Génesis 1:26-29. Allí leemos acerca de la decisión del Creador de formar a la humanidad para reflejar la imagen divina, además de algunos planes y parámetros para la vida en el jardín del Edén, comenzando con el mandato de ser fructíferos. La primera instrucción dada a la humanidad en toda la Biblia nos habla como si fuéramos árboles. *Sé fructífero*. En el segundo capítulo de Génesis, tenemos un "repaso" de la creación que presenta la formación de nuestros cuerpos, y aunque no comienza con un engendrado, es una historia generacional. O de engendramientos.

Esta es la historia de la creación de los cielos y la tierra. Dios el Señor hizo la tierra y los cielos. No había ningún arbusto del campo sobre la tierra ni había brotado la hierba, porque Dios el Señor todavía no había hecho llover sobre la tierra ni existía el hombre para que la cultivara. No obstante, de la tierra salía un manantial que regaba toda la superficie del suelo. Y Dios el Señor formó al ser humano del polvo del suelo; entonces sopló en su nariz aliento de vida y el hombre se convirtió en un ser viviente. Dios el Señor plantó un jardín al oriente del Edén y allí puso al hombre que había formado. Dios el Señor hizo que creciera toda clase de árboles atractivos a la vista y buenos para comer. En medio del jardín hizo crecer el árbol de la vida y también el árbol del conocimiento del bien y del mal. Del Edén nacía un río que regaba el jardín y desde allí se dividía en cuatro ríos menores ... Dios el Señor tomó al hombre y lo puso en el jardín del Edén para que lo cultivara y lo cuidara (Génesis 2:4-15).

Esta descripción más detallada de nuestra formación es muy especial porque, de todas las cosas que Dios podría haber elegido enfatizar sobre nuestra creación, este pasaje se centra en nuestro cuerpo. El cuerpo fue diseñado clara y deliberadamente por Dios, y es importante que nos aferremos a esa realidad. Al igual que las emociones, nuestras creencias sobre el cuerpo están fuertemente influenciadas por nuestra cosmovisión cultural antes de que encontremos una escritura. ¿Recuerdas el carro de Platón? El caballo oscuro, feo, lento e irracional también estaba vinculado al cuerpo. Al igual que las emociones, en la cultura occidental el cuerpo a menudo se ve como problemático, poco confiable y desechable, pero desde Génesis hasta Apocalipsis, vemos que nuestros cuerpos son importantes para Dios. Mientras seamos almas vivientes en esta tierra, Jesús quiere que tengamos una vida abundante en nuestros cuerpos. El jardín interior nos ayuda a entender cómo.

> **El cuerpo fue diseñado clara y deliberadamente por Dios, y es importante que nos aferremos a esa realidad.**

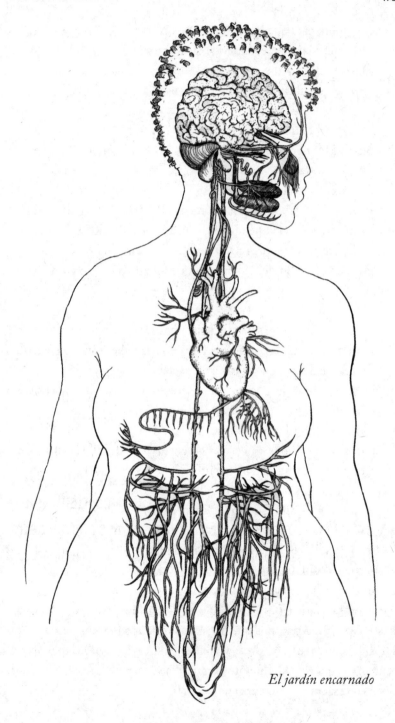

El jardín encarnado

Un mapa del tesoro

¡Génesis 2:4-15 describe el jardín interior con más detalle de lo que te imaginas! El Creador plantó el árbol de la vida en el jardín del Edén. Por el pecado, se nos escapó. Todavía hay un árbol de la vida en su jardín celestial. Por gracia, nos espera. Pero hoy, en este momento, hay un árbol de la vida listo para dar el fruto de la vida abundante que Jesús desea que vivamos. Observa esta ilustración que llamo "El jardín encarnado". Es un dibujo de una parte de nuestro sistema nervioso que está vinculada a nuestro corazón, nuestro cerebro y nuestro vientre. Parece un árbol. El Creador plantó ese árbol de la vida en medio de tu jardín interior. Para entender este árbol y el papel que desempeña en la relación entre nuestro bienestar emocional y físico, rastreemos su crecimiento.

El corazón

Debemos comenzar con tierra fértil. Imagina este árbol desde su comienzo como una semilla plantada en tu corazón. Tu corazón es un buen lugar para plantar semillas porque un poderoso río subterráneo, rico en oxígeno que sustenta la vida, fluye desde tus pulmones. Este río es tan poderoso que, cuando sale de tu corazón, utiliza el vaso sanguíneo más grande de todo tu cuerpo, la aorta. La aorta se eleva desde el centro de la parte superior del corazón y luego se dobla como una herradura. Mírala de cerca. ¿Ves las cuatro arterias más pequeñas que se ramifican? Una vez que las hayas visto, recuerda lo que dice Génesis 2:10: "Del Edén nacía un río que regaba el jardín y desde allí se dividía en cuatro ríos".

El río que regaba el jardín de Dios fluía en cuatro ríos separados después de salir del jardín que el mismo Dios había plantado al este en Edén. Levanta tu brazo izquierdo. Ese es el lado "este" de tu cuerpo. Tu corazón se encuentra al este en tu pecho. ¡La X marca el lugar! Un mapa del Edén dentro de nosotros ubica el jardín de Dios dentro de nuestros corazones, y su ritmo constante llama nuestra atención a ese lugar sagrado cada minuto de cada día de nuestras vidas. ¿Qué mensaje más fuerte podría enviarnos el Creador? El lugar donde Dios se comunicó por primera vez con la humanidad está allí, y es allí donde Dios quiere comunicarse contigo directamente. Tu corazón contiene el lugar santísimo en el templo que la Escritura dice que es tu cuerpo. ¿Cuán asombroso es eso? Pero puedo escuchar las preguntas que puedas tener.

¿Cómo puede mi cuerpo ser un templo si hay un árbol en el medio?
Entonces, mi cuerpo ¿es un jardín o es un templo?

La respuesta es: ambas cosas. En 1 Corintios 3:9, Pablo dijo que "ustedes son el campo de cultivo de Dios, son el edificio de Dios". El Salmo 92:12-13 (RVR1960) nos da una imagen aún más clara: "El justo florecerá como la palmera; crecerá como cedro en el Líbano. Plantados en la casa de Jehová, en los atrios de nuestro Dios florecerán". Así que siéntete libre de describirte como lo hizo el rey David: "un olivo verde en la casa de Dios" (Salmos 52:8).

La relación entre el corazón y el cuerpo

Veamos más de cerca la forma en que el corazón se relaciona con el resto del cuerpo.

Tu sistema de raíces

Cuando se planta una semilla, la señal inicial de vida es la raíz primaria que atraviesa la pared de la semilla. Se interna hacia abajo para encontrar agua y anclar el árbol. A medida que las raíces de este árbol interior se ensanchan y descienden dentro de ti, se conectan con casi todos los órganos principales de tu cuerpo y continúan hasta llegar a tu vientre. Este árbol, que habita en tu templo, tiene raíces profundas.

Este sistema de raíces extrae nutrientes e información de lo más profundo y los envía a través del árbol hasta tu cerebro. Es un circuito de comunicación bidireccional; el cerebro también envía información de regreso al intestino, pero el flujo de información de abajo hacia arriba es mucho más pesado. El ochenta por ciento de la información fluye desde el cuerpo hasta el cerebro; solo el veinte por ciento fluye hacia abajo desde el cerebro. A eso lo llamo nuestro sistema de raíces, pero es más conocido como el eje intestino-cerebro.

Tu sistema de frutos

Ahora veamos la parte superior del árbol. Poco después de que la raíz primaria de la semilla está en camino, surge un brote que crece hacia arriba desde el corazón donde fue plantado. En la parte superior del árbol es donde sucede toda la acción que queremos ver. Yo llamo a la parte superior de este árbol, que abarca tanto el corazón como el cerebro, el sistema fructífero. Aquí es donde se desarrolla la conexión corazón-cerebro.

El corazón es un órgano con su propio "cerebro" independiente. El sistema nervioso intracardíaco (SNI) es una red de 40.000 neuronas descubierta en el corazón en 1991. Las señales del SNI viajan desde el corazón a partes del cerebro relacionadas con la emoción y la cognición, incluido un órgano llamado amígdala, que desempeña un papel importante en el aprendizaje y la memoria ya que asigna un significado emocional a los eventos. A pesar de que desde hace mucho tiempo nos centramos en el cerebro, nuestros sentimientos y pensamientos están inextricablemente vinculados a los procesos neuronales y químicos de nuestro corazón biológico.

Nuestro sistema fructífero también influye en nuestra conexión con los demás. El nervio que forma este árbol conecta nuestro corazón con nuestra cara, nuestros oídos y nuestras voces. Cuando el ritmo cardíaco está tranquilo y respiramos libremente, podemos contemplar los rostros de nuestros amigos y seres queridos. Dejamos de lado las distracciones y disfrutamos del flujo de sus palabras con una atención ininterrumpida. Este estado del corazón en reposo también favorece el bienestar cardíaco, incluida la buena salud cardíaca y la regulación de la presión arterial.

La fruta

Antes de pasar a otro punto sobre el sistema de la fruta, no se nos debe escapar el hecho de que nuestro cerebro, en realidad, parece una gran fruta colocada en la copa de nuestro árbol. Creo que el cerebro se parece tanto a una fruta carnosa como a una seca, al mismo tiempo. Algunas frutas carnosas, como las naranjas o los pomelos, están segmentadas de forma natural, por lo que se rompen fácilmente en trozos del mismo tamaño. Si pudieras ir a un laboratorio y sostener un cerebro real en tus manos (¡y no te diera demasiado asco!), verías que está segmentado en dos piezas del mismo tamaño que a veces llamamos cerebro izquierdo y cerebro derecho. Y al igual que una fruta carnosa, cuando la abres, encuentras semillas en el centro de tu cerebro, fruto del cerebro. Se llaman *núcleos*. Cada uno es un centro de control para una función o un conjunto de funciones específicas del sistema nervioso. ¡Pero la cosa se pone mejor! La palabra *núcleo* es un término en latín que designa la semilla que se encuentra dentro de una fruta. ¡Increíble!

Sin embargo, el cerebro también es similar a una fruta seca. Las frutas secas no tienen esa parte carnosa y jugosa. Algunos árboles de frutos secos entran en esta categoría. Las nueces son el ejemplo perfecto. La nuez que comemos es, en realidad, una gran semilla comestible encerrada en el centro de la cáscara dura que es el fruto de la nuez. ¿Has notado alguna vez lo mucho que el cerebro se parece a una nuez?

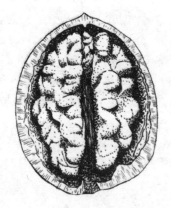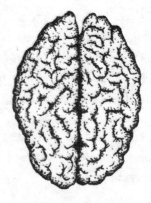

Izquierda: Nuez; Derecha: Cerebro humano

Y comer nueces es excelente para la salud del cerebro. Están repletas de un ácido graso esencial llamado omega-3 que ayuda al cerebro a transmitir señales de manera más eficiente, lo que favorece la salud física y mental. La nuez de los árboles es buena para la nuez de tu cabeza. Por eso me encanta el Creador.

El nervio vago

Como mujer guiada por el espíritu, en cuanto vi este árbol supe que valía la pena estudiarlo y aprender de él. Los neurobiólogos llaman a este árbol, ubicado en el centro de nuestro jardín interior, el nervio vago. Es el más largo del cuerpo y el nervio principal de nuestro sistema nervioso parasimpático (SNP). La esperanza, la alegría, el amor, la seguridad y la conexión que experimentamos cuando se activa el SNP son impulsadas por el nervio vago.

El nervio vago también funciona para regular los procesos que sustentan la vida, como la respiración, la frecuencia cardíaca y la presión arterial, la temperatura corporal, la digestión, los fluidos corporales (sudor, saliva, lágrimas), la eliminación de desechos y el comportamiento reproductivo. Este nervio sana y apoya tanto nuestro bienestar emocional como el físico. El nervio vago es un árbol de la vida plantado en tu corazón para que florezca en el centro de tu jardín interior.

Nuestra vida encarnada

Dado que las emociones son experiencias corporales, los cambios en nuestro estado físico tienen una influencia predecible y, a veces, inmediata, en nuestro estado de ánimo. Nuestro cuerpo nos da acceso directo a nuestra vida emocional, por lo que he adoptado —como terapeuta— un enfoque de bienestar orientado somáticamente. Somático simplemente significa "del cuerpo". Para mí, es una traducción directa de mi comprensión bíblica a mi profesión, pero se aplica a todos los seres humanos porque todos vivimos en un cuerpo.

Como práctica profesional, los enfoques somáticos para la resiliencia y la curación emocional comienzan por sintonizarnos con las sensaciones corporales que experimentamos cuando nos enfrentamos a cualquier situación. A este proceso lo llamamos *interocepción*. Esto es lo que has estado haciendo mientras utilizabas la herramienta de la conciencia corporal que recibiste en el capítulo 5: prestar atención a lo que estás notando en tu cuerpo en el momento presente. Tal vez hayas notado ligereza, incomodidad, inquietud, tensión o mariposas en el estómago. La interocepción es tomar conciencia del estado corporal interno de uno. Desempeña un papel integral en nuestra capacidad de integrar y regular nuestras experiencias emocionales en lugar de luchar contra ellas. La interocepción es el trabajo del nervio vago.

La idea de trabajar dentro del cuerpo, en lugar de enfocarse exclusivamente en la mente, ganó reconocimiento por primera vez en la profesión de la salud mental a mediados del siglo veinte, pero ningún psicólogo moderno puede atribuirse el "descubrimiento" de esta realidad. En muchas culturas, las emociones incorporadas (es decir, las emociones experimentadas como parte integral del cuerpo) son algo que se da por hecho. No se habla de ellas ni se mencionan. Simplemente se aceptan como una realidad. La cultura griega preclásica, las culturas indígenas de América y algunas lenguas asiáticas son conocidas por caracterizar las experiencias —que en inglés se llaman emociones— como *experiencias encarnadas*.

Por ejemplo, la doctora Vivian Dzokoto, investigadora de la casa de estudios Virginia Commonwealth University, estudió los términos relacionados con las emociones en dos lenguas indígenas de África occidental. En ambos idiomas descubrió que las palabras inglesas que designaban las emociones solo se podían traducir utilizando el cuerpo. Por ejemplo, miedo era "corazón-volando", ira era "corazón agitado" y tristeza era "destrucción del corazón". Paz era "corazón en reposo". En una de las lenguas ni siquiera había un término para la palabra *emociones*. La palabra más cercana que tenían traducida al español es "lo que uno siente o percibe en su interior". Esa es la definición exacta de *interocepción*.

El árbol en el jardín

Cuando pensamos en los jardines de hoy, lo que nos viene a la mente es cuidar de las hermosas flores, cultivar nuestras propias verduras y producir hierbas frescas para dar sabor a nuestra cocina. Y eso es correcto. Sin embargo, a menudo no pensamos en cómo contribuyen los árboles a que los jardines prosperen.

En primer lugar, los árboles son buenos para el suelo. Bajo tierra, las raíces de los árboles brindan muchos beneficios. Le dan estructura y estabilidad al suelo. Proporcionan un marco para que el ecosistema se autosustente. La interconexión de tu espíritu, tu corazón, tu mente y tu cuerpo también funciona a través de tu sistema de raíces interno.

Los árboles también mejoran el flujo de aire que requiere un suelo fértil. Recuerda que el flujo de aire es para los jardines lo que la fe es para nuestros corazones. Además, los árboles ayudan al drenaje del agua para que el suelo pueda obtener lo que necesita sin inundarse. De la misma manera, cuando el árbol en el centro de nuestro jardín está floreciendo, el flujo de nuestras emociones se regula.

Por último, los árboles nutren y reponen el suelo. Recuerda, el suelo está hecho de partículas de roca y materiales orgánicos. Los árboles lo nutren y lo reponen cuando dejan caer una gran cantidad de material orgánico sobre el suelo. Tal vez ahora te sientas inspirado a plantar un árbol en el patio de tu casa. También espero que te inspires para cuidar el árbol que ya está plantado dentro de ti.

En el principio, Dios plantó un árbol en el centro de su jardín perfecto. Cuando creó el jardín que tienes dentro de ti, hizo lo mismo: un árbol que está diseñado para prosperar. Un árbol que produce buen fruto. Un árbol que sustenta la vida. El plano del jardín de Dios está encarnado en ti. Si ese sistema parece cansado, desgastado y cubierto de maleza, está bien. Dios, el Gran Jardinero, nos ha dado un camino hacia la restauración. Para restaurar el jardín encarnado, cuida el árbol. Ten la seguridad de esta promesa que se encuentra en Isaías 51:3 (RVR1960):

El plano del jardín de Dios está encarnado en ti.

Ciertamente consolará Jehová a Sion; consolará todas sus soledades, y cambiará su desierto en paraíso, y su soledad en huerto de Jehová; se hallará en ella alegría y gozo, alabanza y voces de canto.

El Edén fue el primer templo de Dios, un lugar donde la voz del Señor se oía mientras él caminaba y se conectaba directamente con la humanidad. Salomón construyó un templo para Dios que reflejaba la belleza del Edén. El templo tenía un diseño del que quizás hayas oído hablar antes. Tenía un patio exterior, un patio interior y un espacio especialmente sagrado en lo profundo llamado el Lugar Santísimo. Puesto que somos el jardín de Dios y el templo del Espíritu Santo, cuando sintamos que no somos ninguna de las dos cosas, podemos volver a entrar deliberadamente. Dios quiere encontrarse contigo en el Lugar Santísimo, el cual es tu corazón.

Equipados con este conocimiento, a lo largo de los próximos tres capítulos, analizaremos más de cerca la tristeza, la ira y el miedo para entender cómo se manifiesta en nuestras vidas la relación entre nuestro bienestar emocional y el físico. También examinaremos el papel de nuestros jardines encarnados a la hora de involucrar a todo nuestro sistema para cultivar el bienestar emocional y comenzar a desplegar nuestras vidas más poderosas.

Capítulo 12

CÓMO SANAR UN CORAZÓN HERIDO

> Y vendrán con gritos de gozo en lo alto de Sion, y
> correrán al bien de Jehová … y su alma será como
> huerto de riego, y nunca más tendrán dolor.
>
> JEREMÍAS 31:12 RVR1960

Nuestros cuerpos están programados para conectarse. Cuando las situaciones nos desconectan o nos separan de las personas, los lugares y de las cosas que valoramos, el resultado es la tristeza. Uno de los mejores ejemplos de eso es cuando la vida cambió drásticamente durante la pandemia de 2020. Resguardarnos del malestar físico de la enfermedad nos expuso a todos al dolor social, lo que tuvo un alto precio emocional. Toda la pérdida y la desconexión afectaron nuestro bienestar emocional. El *New York Times* publicó un artículo sobre el efecto; el autor le dio un nombre a la emoción que sentíamos colectivamente *languidecer*, lo cual es una forma de tristeza.

Somos más conscientes que nunca del impacto del dolor y la soledad en nuestra salud espiritual, emocional, mental y física. Sin embargo, a pesar de esa conciencia, el profundo dolor persistente que trae la tristeza a nuestras vidas, en realidad, puede disuadirnos de involucrarnos y abordarlo.

Todos tenemos una historia con la tristeza. La siguiente es la de Keshia. Cuando le pregunté por qué decidió venir a terapia, no tuvo ningún dificultad en contármelo.

Todavía no estoy casada. Le he estado preguntando a Dios por qué, pero hasta ahora no he recibido respuesta. Si no me voy a casar nunca, estoy lista para saberlo ahora mismo en vez de estar preguntándomelo. Cuando fui salva, rompí con un novio tóxico que tenía. No crecí en la iglesia y mi infancia fue difícil, pero conocer a Jesús lo cambió todo. Eso fue a los veintisiete años. Ahora tengo treinta y siete. Pasé dos años enfocada totalmente en Dios, un año saliendo con un líder de adoración antes de que se declarara gay, dos años asumiendo que "no necesito estar casada para disfrutar mi mejor vida", otro año con un chico que conocí en una aplicación electrónica de citas cristianas que necesitó mucho tiempo para escuchar a Dios decirle que "no era el momento adecuado", y tres años más de tratar de dejar atrás el matrimonio y los hijos sin abandonar la fe. Luego llegó el que estaba segura de que era *el indicado*. Él era todo aquello por lo que oraba, pero supongo que estaba orando por otra persona. Se casó menos de seis meses después de romper conmigo.

Keshia había entrado tambaleándose en mi oficina, encorvada por el peso de la vergüenza. Estaba avergonzada de su profunda soledad y creía que, de alguna manera, le estaba fallando a Dios. Sus prácticas espirituales ya no parecían orgánicas. La alegría se había agotado y, a medida que la esperanza comenzaba a seguir su ejemplo, oraba con más devoción e incluso comenzó a leer su Biblia en voz alta para poder escuchar la Palabra y mantener su atención enfocada. Estaba consagrada pero, semana tras semana, se le hacía más difícil. Ya no sentía la presencia de Dios de la manera en que solía hacerlo, lo que profundizaba su sensación de aislamiento.

Cada semana hacía lo mejor que podía para escuchar atentamente los sermones del pastor y tomar sus apuntes, pero le costaba concentrarse. Estaba en el salón escuchando las palabras de su pastor, pero los sermones no penetraban en su corazón. Era como si las palabras simplemente se quedaran allí y luego desaparecieran como si se las hubieran robado cuando ella no estaba mirando. La tristeza impregnaba cada aspecto de su vida y alimentaba una pregunta tras otra.

- *Mateo 6:33 dice que si busco primeramente el reino, todas estas cosas me serán añadidas, ¿no es así? Entonces, ¿por qué no puedo entender esto? ¿Qué estoy haciendo mal? ¿Qué me pasa?*
- *Sé que solo necesito tener paciencia pero, realmente, pensé que ya estaría casada.*
- *Sé que Dios nos da los deseos de nuestro corazón, pero el tiempo sigue pasando y yo todavía quiero tener hijos.*

¿Notaste el patrón en sus preguntas? "Sé… pero... Sé… pero..." Keshia estaba tratando de despertar las semillas de la palabra que habían dado forma a su relación con Dios, pero estaba en un terreno inexplorado. Sus lágrimas se habían secado hacía tiempo. No había flujo de aire. Hasta que decidió hablar con su pastor y su esposa.

El pastor Greene y su esposa habían sido, durante mucho tiempo, una fuente constante de amor y aliento para ella. Ella se consideraba huérfana, por lo que ellos se sentían como los padres que necesitaba. Invitaron a Keshia a su casa a cenar durante las siguientes tres semanas, para animarla con amor y buena comida. Cuando la señora Greene se preocupó por el cambio que no veía en Keshia, animó a su hija espiritual a añadir un terapeuta a su lista de voces de confianza.

Después de escuchar la historia de Keshia, le conté un poco sobre los diversos tipos de dolor que podría haber en su vida. Estaba triste por no tener todavía la familia que esperaba, pero no veía eso como una forma de dolor. Le pregunté si estaría bien que nos tomáramos unos momentos tranquilos para sentarnos juntas y honrar todos sus sentimientos.

—Me siento con ellos todo el día, todos los días —dijo Keshia—.
De modo que sí, ¿por qué no?

Su voz se agitó de repente, como si mi sugerencia fuera ridícula.
Esa doble capa de dolor me resulta familiar personalmente. A veces
nos enojamos por estar tristes.

—Te escucho —dije con suavidad—. Parece que lo estás haciendo
mucho tú sola. Me gustaría sentarme contigo para que, por un rato,
no estés sola con todo eso.

Nos sentamos allí. En silencio. Juntas.

Keshia no dijo nada, pero vi que su cuerpo manifestaba la exha-
lación que no sabía que estaba esperando. Después de un rato, le pedí
que cerrara los ojos y se concentrara en su cuerpo.

—Cuando estés lista —le dije—, coloca tu mano donde el dolor
es más fuerte.

De inmediato apoyó la mano contra su cuerpo como si estuviera
preparada para al fin jurar lealtad a su verdad.

—Mi corazón —dijo—. Siento mi corazón hinchado y pesado.
Y mi pecho… apretado, casi como si estuviera luchando por respirar.

Me percaté de que estaba absolutamente como lo decía.

Lo que la tristeza le hace a tu cuerpo

La forma en que Keshia experimentó físicamente su dolor es común.
La tristeza se manifiesta con mayor frecuencia en el cuerpo como
una pesadez alrededor del corazón. Keshia
también localizó su tristeza en su pecho y sus
hombros. La pesadez a veces es acompañada
por una opresión, lo que hace que parezca
difícil respirar. La tristeza, literalmente, nos
agobia. El peso a menudo parece imposible
de sacudir, dejando a nuestros cuerpos en
una fatiga perpetua. Nos desplomamos, nos
movemos lentamente o tal vez no lo hacemos
en absoluto.

La tristeza se manifiesta con mayor frecuencia en el cuerpo como una pesadez alrededor del corazón.

El árbol de la vida en nuestro interior

Nada crece en la tierra que está a la orilla del camino. Ese suelo es estéril. En el jardín, eso se traduce en la ausencia total del árbol de la vida; solo tenemos tierra. En nuestro cuerpo, esto se refleja en un colapso completo del nervio vago; solo tenemos el corazón. Esto nos lleva a explorar la biología de la tristeza en relación con el corazón.

Problemas de salud crónicos

Nuestro bienestar emocional y el físico están entrelazados. A veces no somos conscientes de nuestros sentimientos, por lo que es importante saber cómo puede afectar el dolor emocional desatendido a nuestro cuerpo. La tristeza, la desesperación y la depresión pueden manifestarse como cambios en el apetito, fatiga, dolores óseos e insomnio. Pero pueden conducir a problemas más graves como enfermedades cardíacas, derrame cerebral, presión arterial alta, diabetes y menor función inmunológica. La salud cardíaca se ve afectada comúnmente porque el cuerpo responde a la depresión reduciendo el flujo sanguíneo al corazón y produciendo niveles más altos de cortisol, que es una hormona del estrés. Con el tiempo, esto aumenta las probabilidades de desarrollar enfermedades cardíacas.

Profundicemos en la tristeza

El dolor no atendido de Keshia llegó al punto de afectarla espiritual, mental y físicamente. No es extraño que los corazones rotos dejen a algunas personas de fe sintiéndose espiritualmente desorientadas. Ya vimos eso este libro, por ejemplo, en la lucha de John y Lena, y también en la vida de María. La emoción es un ingrediente activo en todas nuestras relaciones, incluida la que tenemos con Dios. Cuando hay un cambio drástico en la manera en que sentimos nuestra relación espiritual, las cosas pueden volverse mucho más difíciles. Eso hace que el dolor de cualquier desafío sea mucho peor. Para Keshia, eso se manifestó en la preocupación de que estaba pecando de alguna manera, de la que no se daba cuenta, o de que Dios estaba enojado con ella.

El dolor de Keshia también se manifestaba mentalmente. Se avergonzaba de perder el enfoque durante los sermones e incluso se olvidaba del domingo que dedicaba a trabajar como voluntaria en el ministerio de niños. Luego dejó de ir a la iglesia tras sentirse abrumada solo por tratar de averiguar qué ponerse. Se castigaba a sí misma por no ser fiel, pero eso no fue lo que escuché. Escuché —y capté— los síntomas de la depresión. Los efectos de la depresión en la cognición pueden incluir una capacidad disminuida para pensar y concentrarse, junto con problemas de memoria a corto plazo y dificultad para tomar decisiones. Así que le pregunté si tenía problemas en el trabajo —de alguna manera— y, efectivamente, estaba afrontando los mismos problemas allí: dificultad para concentrarse y olvidar cosas que solía recordar con facilidad. Keshia también reveló que, aunque las cosas estaban empeorado recientemente, se había sentido "deprimida" por años.

El suelo se compacta con el tiempo. Crecí en un pequeño e idílico pueblo de Nueva Jersey llamado Highland Park. Era un lugar seguro, como aquellos tiempos, que eran más seguros; por lo que casi nunca necesitábamos que nuestros padres nos llevaran a ningún lado. Íbamos caminando a todas partes. Para llegar a nuestra tienda favorita de hamburguesas, había un pequeño parque por el que todos atravesábamos. Estoy segura de que en algún momento de la historia había pasto creciendo donde estaba ese atajo, pero nunca me fijé en eso. Años de intenso tránsito peatonal habían desgastado ese camino áspero a través del pasto.

El suelo se compacta bajo una presión constante y repetida. También puede ocurrir cuando el suelo está demasiado húmedo para lo que se le exige. El suelo compactado de Keshia había sido pisado una y otra vez, tratando de sostenerse bajo un gran peso por años. No había tenido la oportunidad de recuperarse de una abrumadora pérdida antes de que la vida le exigiera seguir adelante, solo para soportar otra pérdida. En apariencia, Keshia parecía estar prosperando, pero se había derrumbado por dentro y el suelo de su corazón estaba duro y seco. No había flujo de aire ni de agua. La esperanza se había secado y su fe se estaba asfixiando. Keshia se sentía profundamente sola y afligida.

La soledad y el duelo

De la variedad de emociones que pueden surgir con la tristeza, el duelo y la soledad son las dos más peligrosas si no se atienden un mes tras otro, año tras año.

Soledad

La soledad no es lo mismo que estar solo. La soledad es la incomodidad o el malestar emocional y mental que se experimenta cuando nos percibimos solos o aislados. Es el sentimiento que experimentamos cuando nuestras necesidades de intimidad y compañía no se satisfacen. La soledad desencadena una respuesta de supervivencia en nuestros cuerpos porque tenemos una necesidad biológica que se llama relación. Necesitamos oxígeno. Necesitamos agua. Necesitamos comida. Y necesitamos conexión para sobrevivir. Históricamente no hemos considerado que el dolor emocional sea una amenaza para la vida, pero puede serlo. La soledad prolongada aumenta el riesgo de muerte temprana en un veintiséis por ciento, lo que la hace tan peligrosa como fumar quince cigarrillos por día.

Una forma de conexión que necesitamos es el contacto seguro, no sexual. En los últimos años se han realizado investigaciones fascinantes que muestran los efectos de cómo una simple palmadita en la espalda o un abrazo pueden mejorar de manera mensurable el bienestar general. Los beneficios comienzan desde el momento del nacimiento. Una revisión de las investigaciones descubrió que los recién nacidos prematuros que recibieron tres sesiones de quince minutos de terapia táctil cada día, durante diez días, ganaron un cuarenta y siete por ciento más de peso que los bebés prematuros que no recibieron ese contacto. En otro estudio, los participantes a los que se les pidió que fueran solos a hacerse un escáner cerebral de resonancia magnética funcional midieron una mayor actividad cerebral en las regiones asociadas con la amenaza y el estrés al responder a una ráfaga dolorosa de ruido blanco. Sin embargo, los participantes cuya pareja romántica les acariciaba el brazo mientras esperaban el ruido blanco no mostraron ninguna reacción de amenaza: el contacto había desactivado por completo el indicador de amenaza.

No se puede exagerar el poder del contacto físico seguro no sexual, especialmente en una época y en culturas en las que lo veo casi completamente ausente en la vida de tantas personas. Hace años, una amiga mía llamada Christine perdió a su madre por cáncer de colon. Las dos eran muy cercanas. Vivían una al lado de la otra y pasaban tiempo juntas todos los días. En ese entonces, mi amiga no estaba casada ni tenía hijos. Un par de meses después del funeral de su madre, viajé para visitarla durante un fin de semana con la esperanza de ser un poco de consuelo para ella en su dolor. Tan pronto como la vi, la rodeé con mis brazos y no la solté por mucho tiempo. Ella rompió a llorar. Cuando se sentó en su sofá, dijo algo que nunca olvidaré. "Acabo de darme cuenta de que era la primera vez que alguien me tocaba en semanas. Tal vez desde el funeral. Mi madre me abrazaba todo el tiempo. Ahora nadie lo hace. No puedo tocar a nadie".

En el fuerte abrazo de nuestra amistad, la soledad de Christine se había disuelto; por lo que, a raíz de sus palabras, mi conciencia en cuanto al tacto se intensificó de una manera que no ha disminuido nunca más. Abrazo a mis amigos. Les agarro las manos. A veces me siento junto a ellos. No quiero que nadie, en mi círculo, pase días yendo al trabajo, haciendo compras, asistiendo a la iglesia, dirigiéndose al gimnasio, volviendo a casa y luego haciendo todo de nuevo mientras anhela la conexión que ofrece el tacto. Espero que ahora consideres hacer lo mismo. ¡Abraza a un amigo! Ayuda a satisfacer su necesidad (y la tuya) de intimidad emocional y conexión física. Un abrazo de alta calidad, de veintidós segundos, libera oxitocina en tu cuerpo. La oxitocina calma nuestro sistema nervioso simpático, reduce el estrés y despierta ese árbol de la vida que está en el centro de tu jardín interior: el nervio vago.

El duelo

El duelo es una de las experiencias humanas más difíciles de soportar. Es más que una emoción. Es un proceso e involucra todos los sentimientos grandes y dolorosos: tristeza, ira y miedo. Lo coloco aquí porque la tristeza tiende a ser la experiencia emocional central y más persistente que define el duelo. La Asociación Estadounidense de Psicología define el duelo como "la angustia experimentada después de una pérdida significativa, generalmente la muerte de un ser querido". El impacto que el duelo tiene en el cuerpo puede alterar el sistema inmunológico, contribuir a problemas cardiovasculares, aumentar la inflamación y causar problemas digestivos, dolores de cabeza, mareos y ciclos de sueño confusos. El duelo también puede tener respuestas emocionales profundas que incluyen ataques de ansiedad, fatiga crónica y aprensión por el futuro. Puede volverse potencialmente mortal a través de formas de abandono propio y pensamientos suicidas.

Perder a un ser querido es, sin duda, un tipo de duelo; pero hay otras formas de las que muchos no son conscientes. Por lo tanto, tenemos personas que están de duelo en este momento sin siquiera darse cuenta. Lo que significa que hay muchos que experimentan los síntomas enumerados anteriormente sin entender por qué: la respuesta podría ser que su cuerpo está de duelo. Por eso es importante entender que hay más de un tipo de duelo.

El duelo por la muerte

En Estados Unidos, los tiroteos en las escuelas se han convertido en un hecho terriblemente habitual. En 2022, justo cuando terminaba el año escolar, diecinueve niños y dos profesores fueron asesinados en Uvalde, Texas, pero el número total de muertos incluiría uno más. El cónyuge de una de las profesoras asesinadas también murió. Joe García había ido a dejar flores en la lápida de su esposa, Irma, y murió allí mismo. Su corazón estaba literalmente destrozado por el dolor. Esto es más que una metáfora. Lo más probable es que García muriera de miocardiopatía de takotsubo.

La miocardiopatía de takotsubo es un tipo de insuficiencia cardíaca que se produce cuando la sangre se precipita al ventrículo izquierdo tan rápidamente que la forma del corazón cambia. Esto debilita el músculo cardíaco tanto que no puede bombear sangre con mucha eficacia. La forma recién distorsionada del corazón se asemeja a la de una olla que utilizan los pescadores japoneses para pescar pulpos. El nombre proviene de *Tako* (octo) + *tsubo* (olla). Esto es causado por una angustia emocional extrema y se le conoce más comúnmente como síndrome del corazón roto. El duelo puede, literalmente, rompernos el corazón.

Si has perdido a un ser querido, sobre todo en este último año, y sientes que ya deberías haber seguido adelante, sé amable contigo mismo. El duelo no tiene cronograma ni etapas predecibles. Si tu duelo te resulta demasiado abrumador, una de las cosas más amables que puedes hacer por ti mismo es encontrar una conexión para la travesía. Considera la posibilidad de unirte a un grupo de apoyo para el duelo o programar una cita con un terapeuta. Ninguno de estos dos puede reemplazar tu pérdida, pero pueden brindarte un espacio para experimentar la conexión de una manera curativa.

El duelo anticipado

El duelo puede ocurrir antes de la muerte. El duelo anticipado se define como "la tristeza y la ansiedad que experimenta alguien que espera que un ser querido muera en un lapso breve". Los hijos adultos que cuidan a sus padres enfermos o ancianos, a menudo, luchan con esto. La respuesta de tu cuerpo al duelo anticipado es similar al duelo convencional: fatiga, sistema inmunológico colapsado y falta de apetito. La respuesta emocional también puede ser parecida, pero hay una característica clave que es más común en el duelo anticipado, y es el sentimiento de culpa. Algunos días puedes sentirlo muy triste, pero otros puede que te sientas bien. Esta dicotomía, a menudo, hace que muchas personas se sientan culpables por las emociones cambiantes. Esta incapacidad de experimentar alegría en medio de la tristeza puede impedir tu capacidad de tratar bien con el duelo.

El duelo ambiguo

En la primavera de 2016, acompañé a mi hijo en varios fines de semana dedicados a los "estudiantes aceptados", mientras él sopesaba la decisión más importante de su vida hasta el momento. Durante el evento de apertura en la Universidad de Duke, el director del centro de asesoramiento universitario dijo algo que todavía recuerdo. "Decisiones como estas son difíciles. Cuando todas las opciones que estás eligiendo son oportunidades extraordinarias, cada sí también es un no. El camino elegido es también un camino que no se tomó. Hay una victoria y una derrota. Celebramos la victoria pero, al mismo tiempo, lamentamos la pérdida".

Me encantó ese momento porque, como madre, estaba agonizando con él. Eso le dio a Michael permiso para tomar una decisión que, aun cuando era emocionante, estaba teñida de pérdida, lo cual estaba bien. Tenemos permitido sentir más de una cosa a la vez, y la mayoría de las veces, eso es lo que hacemos.

Mi hijo terminó eligiendo Harvard, pero no por el nombre. Cuando entramos al campus, sintió una poderosa sensación de conexión. Un sí que surgió de su interior. Lo vi en su lenguaje corporal. Ese era su lugar. Michael pasó cuatro años maravillosos allí. Los recuerdos son entrañables y los lazos de amistad siguen siendo fuertes y activos. El duelo asociado a los caminos no recorridos pronto se desvaneció.

Esa fue una forma de *duelo ambiguo*. Para mi hijo no fue algo que cambiara su vida, pero el duelo ambiguo puede ser extraordinariamente intenso y doloroso. Surge de una de dos cosas: cuestionarse qué podría haber sido o preguntarse si alguna vez será. Nuestra capacidad de imaginar la alegría cuando solo exacerbará el dolor y nuestra tendencia a imaginar solo dolor cuando la alegría aún es posible es la esencia del duelo ambiguo. La muerte de un hijo por violencia, enfermedad o aborto espontáneo implica que los padres ven crecer a su hijo solo con los ojos de su mente, preguntándose cómo se vería ahora e imaginando los hermosos momentos que podría haber tenido. El duelo ambiguo de Keshia hizo que imaginara, constantemente, el dolor que experimentaría en la vida sin esposo ni hijos.

El duelo privado de derechos

El "duelo que la sociedad limita, no espera o no permite que una persona exprese" se denomina duelo privado de derechos. Algunos ejemplos de esto podrían ser el duelo que experimentan los padres de bebés que nacen muertos, el de los maestros que experimentan la muerte de un estudiante o el de las enfermeras cuando pierden a un paciente. No es que estas experiencias sean poco comunes, pero —como a menudo— se ocultan y no se habla tanto de ellas públicamente, pueden complicar aún más el proceso de duelo. Cuando esto sucede, tiene el potencial de desconectar aún más a la persona —que está de duelo— de los demás y, por lo tanto, impedir la recuperación.

Caminata por el jardín

Es importante aprender cómo puede dañar el dolor emocional a nuestro cuerpo. También es importante saber que la curación también puede comenzar en esos mismos cuerpos. Somos un sistema. Disfruto cuando llevo a mis clientes a caminar por su jardín, el cual incluye su cuerpo, su mente, su corazón y su espíritu.

Cuando el duelo, la tristeza y la soledad han tenido el tipo de efecto en ti que vimos en el caso de Keshia, puede resultar difícil saber por dónde empezar. Como personas de fe, naturalmente recurrimos primero a nuestras prácticas espirituales, pero eso puede ser difícil si estás experimentando la profunda sensación de desconexión que sentía Keshia. Ella luchaba por alcanzar el lugar santísimo de su corazón, en el centro de su jardín interior.

Cuando trato a los clientes para quienes la espiritualidad es central, disfruto ayudándolos a encontrar el camino de regreso a su corazón trabajando desde afuera hacia adentro. Podemos volver a entrar al jardín conectándonos primero con el cuerpo, luego caminando a través de la mente para sentarnos en la tierra del corazón a la sombra del árbol de la vida que yace en el centro, en la presencia amorosa del Creador.

Keshia y yo trabajamos mucho juntas durante el tiempo que fue mi cliente. Ella venía a terapia semanalmente. Ayudaba a su cuerpo tomando medicamentos para su depresión e hicimos un trabajo específico para sanar el trauma que había sufrido su sistema nervioso. Durante todo ese tiempo también emprendimos caminatas sencillas por su jardín interior mientras ella aprendía a reconectarse consigo misma y con Dios. Aquí hay un ejemplo de una de las primeras caminatas en las que dirigí a Keshia, una que pronto adquirió el hábito de hacer sola. A este paseo por el jardín lo llamo "Levántate". Lee las instrucciones de todo el paseo y luego pruébalo tú mismo.

Entra en tu cuerpo

En algunos estados emocionales, incluida la tristeza profunda, nuestro sistema nervioso autónomo no está en estado de lucha o huida. Entramos en un estado de congelamiento. Es como si las raíces de nuestro nervio vago se estuvieran secando. Nuestro cuerpo puede sentirse apagado. A menudo experimentamos fatiga y lentitud, las que se manifiestan como pesadez en nuestras extremidades: los brazos y las piernas. Para volver a nuestra ventana de tolerancia, en esos momentos, no necesitamos calmarnos. Necesitamos elevarnos. Podemos comenzar ese proceso a través de nuestros cuerpos mediante el uso de una práctica que llamo el ejercicio de las cinco R. Este ejercicio "aflojará la tierra".

No necesitamos calmarnos. Necesitamos elevarnos.

1. **Reposa.** Siéntate en una silla o un banco. Inclínate hacia adelante, tanto como te resulte cómodo. Baja la cabeza y deja que tus brazos cuelguen.

2. **Respira** audiblemente. Inhala por la nariz. Exhala por la boca mientras emites un sonido que exprese cómo te sientes en ese momento. Puede ser un gemido, un suspiro, un llanto, un grito o una combinación de eso. Puede ser suave o fuerte. No te contengas. Sé auténtico.

3. **Reactívate.** Mientras sigues inclinado hacia adelante, ¡comienza a mover esas ramas del árbol! Sacude los brazos, incluidas las manos y los hombros. Haz rebotar las piernas. Sacude y rebota. Sacude y rebota.

4. **Regresa.** Ahora, prestando atención a tu columna, regresa lentamente a la posición erguida. Hay treinta y tres huesos en tu columna, uno sobre otro. Siéntate lentamente como si estuvieras apilando esos huesos uno por uno, desde el coxis hasta el cuello, hasta que estés sentado perfectamente erguido, de modo que cuando abras los ojos estés mirando hacia adelante.

5. **Reincorpórate.** Presionando los pies contra el suelo, usa los tobillos y las piernas para impulsar tu cuerpo hacia arriba hasta quedar de pie. Descansa las manos sobre las caderas. Levántate y permanece de pie.

Entra en tu mente: Testifica

El suelo a la orilla del camino está completamente seco. No hay agua. Necesitamos esperanza. Romanos 5:1-5 (RVR1960) dice:

Justificados, pues, por la fe, tenemos paz para con Dios por medio de nuestro Señor Jesucristo; por quien también tenemos entrada por la fe a esta gracia en la cual estamos firmes, y nos gloriamos en la esperanza de la gloria de Dios. Y no solo esto, sino que también nos gloriamos en las tribulaciones, sabiendo que la tribulación produce paciencia; y la paciencia, prueba; y la prueba, esperanza; y la esperanza no avergüenza; porque el amor de Dios ha sido derramado en nuestros corazones por el Espíritu Santo que nos fue dado.

Puede que estés pasando por un momento difícil en este momento, pero has sobrevivido al cien por ciento de tus días difíciles. Ese versículo nos dice que podemos sacar esperanza de esas experiencias difíciles.

Quiero que recuerdes un momento en el que Dios te haya sorprendido. Evoca un instante en el que él se manifestó de una manera que no esperabas. Al reflexionar sobre ese recuerdo, ¿en qué parte de tu cuerpo lo sientes? Ese sentimiento es la esperanza. Hay un poco de agua en lo profundo de ti. Coloca tu mano donde sientas la esperanza e imagina que el agua sale de tu interior y te riega, como el rocío que ascendía del suelo en el Edén. Ahora di estas palabras: "La esperanza se levanta. La esperanza emerge. La esperanza se levanta".

Entra en tu corazón

Después de haber encontrado un poco de esperanza en este momento seco de tu vida, quiero que entres en tu corazón. ¿Qué estás sintiendo? Más importante aún, ¿qué necesitas? No te apresures. Si no sabes lo que necesitas de inmediato, espera en silencio. Las palabras pueden surgir de tu corazón. ¿Qué necesitas? Una de las cosas más especiales cuando estamos en el jardín de Dios es que allí podemos estar desnudos. Desnudos y sin sentir vergüenza. A veces, hablar de lo que necesitamos nos hace sentir desnudos y vulnerables, pero está bien hacerlo aquí. *¿Qué necesitas?*

Descansa en la presencia

Cada paseo por el jardín termina de la misma manera: en la presencia del Creador.

Hebreos 4:15 dice que tenemos un sumo sacerdote que puede compadecerse de nuestras debilidades. Esa palabra *debilidades* significa extenuación. Todos tenemos debilidades humanas, y es en el espacio de nuestra propia debilidad que tenemos esas necesidades. Hebreos 4:16 dice: "Acerquémonos, pues, confiadamente al trono de la gracia, para alcanzar misericordia y hallar gracia para el oportuno socorro". Ahora que has sido sincero en cuanto a lo que necesitas, te invito a pararte con valentía delante de ese trono de la gracia en la presencia de tu Creador.

Cuando nos imaginamos en la presencia de Dios, a menudo sentimos que tenemos que empezar a hablar. Antes de hacerlo, simplemente permanece ahí, con Dios, y respira. Recuerda, la tierra fértil respira. La fe es el aire que respiramos. Deja que el Creador reavive tu corazón con el aliento de vida. Deja que Dios te resucite.

Al imaginar el aliento de Dios llenando tus pulmones, me gustaría que inhales por la nariz, 1-2-3-4, y luego —como si estuvieras inflando un globo—, exhala por la boca lentamente durante 1-2-3-4-5-6-7-8. Haz esto al menos tres veces, a medida que tu conciencia de la presencia del Creador se vuelva cada vez más palpable. Cuando estés listo, habla con tu Creador sobre lo que necesitas. Y si eso es demasiado difícil, no tienes que decir nada. Porque nuestro Dios sabe lo que necesitamos antes de que se lo pidamos. Puedes simplemente permanecer allí en su presencia con tu necesidad a flor de piel en tu corazón.

Restaura la relación

Todos sentimos tristeza alguna vez. Puede que estés familiarizado con la soledad y el duelo. Como dijo Nedra Glover Tawwab, terapeuta y autora de *bestsellers* del *New York Times*: "El duelo no siempre es la reacción a la pérdida de una vida. Es una reacción a la pérdida". Sea lo que sea que perdiste, sabemos que la desconexión clama por la conexión. Ahora que hemos salido a nuestro jardín y hemos encontrado un poco de esperanza y un poco de fe, comencemos a restaurar nuestra zona de relaciones. Quiero verte florecer de nuevo. Un primer paso que todos podemos dar es dejar que nuestra pérdida sea la ganancia de otra persona. El árbol de la vida en el centro de nuestro jardín florece cuando nos preocupamos por los demás. En su libro *Bittersweet*, Susan Cain lo explica hermosamente:

Cuando [presenciamos] el sufrimiento, el nervio vago hace que nos preocupemos. Si ves una foto de un hombre que hace muecas de dolor o de un niño que llora por su abuela moribunda, tu nervio vago se activará ... Las personas [son] más propensas a cooperar con los demás y a tener amistades sólidas. Es más probable que intervengan cuando ven que alguien sufre acoso escolar o que dejen el recreo para dar clases particulares a un compañero que tiene dificultades con las matemáticas…

Nuestro impulso de responder a la tristeza de otros seres se encuentra en el mismo lugar que nuestra necesidad de respirar, digerir alimentos, reproducirnos y proteger a nuestros bebés;

en el mismo lugar que nuestro deseo de ser recompensados y disfrutar de los placeres de la vida. Nos dicen que "el cuidado está en el corazón de la existencia humana". La tristeza tiene que ver con el cuidado. Y la madre de la tristeza es la compasión.

Las relaciones curan. Las conexiones también. Para muchas personas, las relaciones y las conexiones no se sienten inmediatamente disponibles, pero hay un tipo de relación que siempre podemos encontrar: la comunidad. Deja que tu tristeza refleje el buen corazón de su madre, la compasión. ¿Qué necesidad te gustaría satisfacer para otra persona? ¿Qué regalo puedes ofrecer? ¿De qué comunidad formas parte y a la que te gustaría servir?

La tristeza es una parte inevitable de la vida, pero podemos sacarle el máximo partido si abrazamos la esperanza de poder mejorar la vida de otra persona. Te animo a que encuentres una comunidad a la cual servir, con un propósito. Pon la arcilla húmeda de tu dolor en las manos del Gran Alfarero. Permítele que transforme tu duelo en una bendición para otra persona.

Capítulo 13

LIBRES DE UN CORAZÓN ENOJADO

La esperanza no avergüenza.

ROMANOS 5:5 RVR1960

Al principio de mi carrera dirigí algunos grupos de terapia para adultos víctimas de abuso sexual. Michelle era una de las integrantes de uno de estos. Una que llegó a convertirse en líder de sus pares. Creció enormemente después de su trabajo en el grupo y había compartido su secreto con muchas personas, incluida su familia. El abuso sexual de Michelle ya no era un secreto. Su abusador, que era su padrastro, había muerto algunos años antes y tenía dos hijos con su madre.

Mientras asistía a una reunión familiar, Michelle se sorprendió con la llegada de su media hermana, ya que la reunión no era para el lado de la familia de esta. Durante la actividad, la gente tuvo la oportunidad de escribir los nombres de sus seres queridos que habían fallecido en un cartel para que su bisabuela los guardara. A Michelle la aturdió que su media hermana escribió el nombre de su padre, el nombre del abusador de Michelle, en el cartel conmemorativo en su presencia. Además, agregó lo siguiente: "Por siempre vivo en mi corazón".

Puedes imaginar lo enojada que se sintió Michelle, pero no dejó que su enojo se notara. Se lo tragó, mantuvo la cara seria y no dijo una palabra. No quería arruinarle ese momento a su bisabuela.

Después de contarme esa historia, le pregunté si se había enfrentado a su media hermana después de que ya no estuvieran en presencia de su bisabuela, pero su respuesta fue no. Había decidido contener su ira. Semanas después, le pregunté a Michelle si todavía se sentía enojada. Dijo que ya no y que estaba dejando eso en el pasado. Así que la desafié.

—La ira libera una energía poderosa en nuestro sistema —dije—. No desaparece así como así.

Le pregunté si le importaría volver a hablar de eso conmigo y estuvo de acuerdo. Después de recordar la escena y permitirse volver a ella por un momento, me dijo cómo se sentía.

—Sí, estoy muy enojada —admitió.

—¿Qué te hubiera gustado hacer después de que eso sucedió?

—Le habría preguntado a mi media hermana por qué hizo algo así.

—¿Cómo te sentiste? —dije asintiendo.

—Me sentí irrespetada —dijo Michelle.

—¿En qué otra manera te sentiste?

—Como si yo no importara —respondió—. Ella sabe lo que su padre me hizo y lo celebró frente a mí. Eso me dice que no le importo.

Escuché el resto de su historia y le pregunté qué necesitaba.

—Sentir que cuento —dijo Michelle.

—No podemos hacer que tu media hermana sienta que tú cuentas. Entonces, ¿qué puedes pedir que ella te pueda dar?

—Puedo pedirle que me respete. Necesito sentirme respetada.

Hablamos sobre si volvería y le comunicaría a su media hermana cómo se sentía y qué esperaba en el futuro. Michelle decidió establecer un límite; entendió que este era el padre de su media hermana, pero le pidió que la respetara y no lo mencionara en su presencia.

"No cuentes todas esas historias maravillosas sobre él, celebrándolo como si no hubiera abusado de mí".

Después de que Michelle me lo contara, le pregunté qué haría si su media hermana no respetaba su pedido. Un límite sin una consecuencia no es tal cosa; es una preferencia.

—Entonces, si ella menciona a tu padrastro en tu presencia, ¿cuál será tu próximo paso? —pregunté—. ¿Decidirás irte? ¿Dirás que ya no asistirás a los eventos familiares? ¿Qué harás?

—Bueno, si ella lo menciona, yo lo mencionaré. Si ella quiere hablar sobre quién era él, yo hablaré sobre quién era.

—Ese es un incentivo bastante exigente —dije—. ¿Vas a decirle eso?

Michelle dijo que sí. Le envió un correo electrónico a su media hermana para informarle cuál sería su respuesta si el nombre de su padrastro se celebraba en presencia de ella. Michelle nunca recibió una respuesta, pero aun así sabía que su media hermana había leído su mensaje.

Enojo que entra. Enojo que sale.

Michelle se sintió mucho mejor después de eso. Aquello fue muy importante para ella porque le dio la oportunidad de resistirse a caer en un viejo patrón, uno en el que no hablamos del abuso sexual. En el que nunca sacamos a relucir nuestro dolor. El patrón de pensamiento que dice: *Soy responsable de guardar este secreto y puedo permitir que otras personas se sientan más cómodas que yo.* Un patrón que no es bueno para ella, especialmente porque una de las cosas que Michelle quiere hacer es ayudar a satisfacer las necesidades de otros sobrevivientes del abuso sexual. Ella ya lo ha hecho de muchas maneras: ha liderado el grupo y ha compartido su historia en retiros y otras actividades. Michelle ha estado viviendo con un propósito en este aspecto de su vida. Ella quiere satisfacer esta necesidad, por tanto, ¿cómo puede seguir haciéndolo?

Su historia es un regalo. El regalo de su voz.

Si Michelle hubiera permitido que su ira se volcara hacia adentro, la habría silenciado y habría socavado la forma en que quería vivir con un propósito. Disminuiría su capacidad de dar a conocer su historia y su voz a una comunidad de personas que han sobrevivido al abuso sexual. Aunque la ira desafiaba su propósito, recuperó su voz. Me alegró verla hacer eso. Michelle tiene grandes planes, con los próximos años, para seguir usando su voz.

La ira siempre es mejor *afuera* que *adentro*.

Lo que la ira le hace a tu cuerpo

La ira no es una experiencia extraña para mí. Al igual que Caín, Moisés, Pedro, Jonás y algunos de ustedes, mi ira es lo que los terapeutas llamamos "fácilmente accesible". Sé que la ira es una experiencia tanto física como emocional. Pero eso no es cierto para todos. Algunas personalidades son mucho menos propensas a la ira, mientras que otras simplemente se sienten incómodas con ella. Es posible que hayan crecido en un entorno donde la ira era amenazante. Luego están aquellos que aprendieron temprano que la ira era inaceptable o peligrosa. Eso puede llevar a reprimirla durante tanto tiempo que puedes estar enojado sin ser consciente de ello.

Tengo una amiga que pensó que ese podría ser su caso, así que me preguntó cómo podía saber si estaba enojada. Si acaso también necesitas esa respuesta, esto es lo que le pedí que hiciera: piensa en un momento de tu vida en el que sepas, sin lugar a dudas, que estabas enojado (aunque tengas que remontarte en el tiempo hasta esa violación de límites de la escuela primaria relacionada con una determinada caja de crayones). Cierra los ojos y reproduce la escena. Penetra realmente en ese momento. Luego, observa lo que le está sucediendo a tu cuerpo y dentro de él. Algunas personas notan que se les calienta la cara o la nuca. Otras pueden cerrar la mano formando un puño. La ira a menudo genera una sensación de calor y tensión muscular. ¿Qué estás notando? Aprender cómo se manifiesta la ira en tu cuerpo te ayudará a reconocerla y procesarla en vez de ignorarla o reprimirla. El hecho de que no la sientas no significa que ya no esté allí.

A lo largo de este viaje hemos tomado como guía las Escrituras y la creación. En la historia de Jonás y en la parábola del sembrador, la ira afectó directamente al sistema radicular de la planta. En un suelo pedregoso, la planta crece hasta que las raíces se ven sofocadas. En nuestro jardín, eso representa las raíces del árbol. En nuestro cuerpo, eso se refiere a las raíces del nervio vago, por lo que exploraremos la biología de la ira (y la alegría) en relación con la contribución del eje intestino-cerebral para comprender una ruta por la cual la ira sostenida socava nuestro bienestar físico.

El árbol de la vida interior

En el capítulo 11, aprendiste que el nervio vago forma un árbol en el centro de tu jardín encarnado. Que tiene un sistema de frutos (encima del corazón) y un sistema de raíces (debajo del corazón). Obsérvalo de nuevo (en la página que sigue). Las raíces de la semilla plantada en tu corazón, descienden profundamente desde ahí hasta tu vientre.

Cuando el intestino está sano, favorece el bienestar físico y emocional. Una de las formas en que afecta a ambas cosas es mediante la producción de *serotonina*. La serotonina es un neurotransmisor conocido por favorecer los sentimientos de felicidad, satisfacción y optimismo. Un nivel bajo de serotonina contribuye a algunas emociones dolorosas como la desesperación y la ansiedad. Dado que casi siempre se ha hablado de la serotonina en términos del cerebro, puede sorprenderte saber que solo alrededor del diez por ciento de la serotonina de tu cuerpo se produce allí. El noventa por ciento restante se produce en el intestino. A la serotonina, a veces, se la denomina la "molécula de la felicidad" porque su fama se debe a su influencia en el estado de ánimo, pero un apodo más adecuado sería "molécula del bienestar". La serotonina influye en la salud física puesto que es esencial para muchas de las funciones de nuestra vida corporal. "La serotonina desempeña un papel clave en funciones corporales como ... el sueño, la digestión, las náuseas, la cicatrización de heridas, la salud ósea, la coagulación sanguínea y el deseo sexual".

Cuando nuestro cuerpo está bien e ingerimos alimentos buenos y nutritivos, la serotonina fluye libremente por nuestro intestino. Así como las raíces de una planta absorben la humedad del suelo en dirección a los tallos, las hojas y los frutos, el nervio vago absorbe

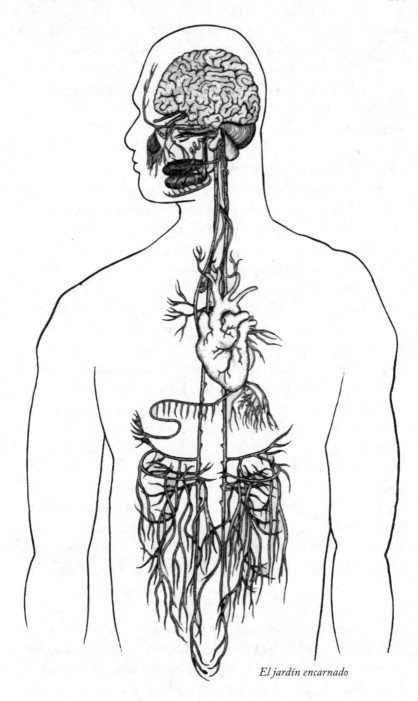

El jardín encarnado

la serotonina del intestino y la lleva hasta el gran fruto cerebral en nuestra cabeza. Y así como la planta en un suelo pedregoso no podría sobrevivir al calor porque sus raíces no podían absorber agua, cuando el nivel de serotonina en nuestro intestino se "seca", las raíces del nervio vago no pueden entregar la porción de ella que el cerebro necesita. Las fluctuaciones de los niveles de serotonina en el cerebro afectan las regiones cerebrales que permiten que las personas regulen la ira. Los niveles de serotonina disminuyen por el estrés y la falta de alimentos.

Problemas de salud crónicos

Cuando la ira es muy frecuente, demasiado intensa y excesivamente duradera, la describimos como *crónica*. Además de que lleva a otros problemas para tu cuerpo. La ira crónica "se ha relacionado con la obesidad, la baja autoestima, las migrañas, la adicción a las drogas y al alcohol, la depresión, los problemas de rendimiento sexual, el aumento del riesgo de ataques cardíacos, las relaciones de menor calidad, una mayor probabilidad de abusar emocional o físicamente de los demás o de ambas cosas... presión arterial más alta y [riesgo de] derrame cerebral... La ira crónica también conduce a un aumento de la ansiedad, el insomnio, la confusión mental o cerebral y la fatiga... Y puede reducir la capacidad del sistema inmunológico para defenderse de las amenazas, lo que lleva a un mayor riesgo de infección e incluso posiblemente de cáncer". La ira crónica "también se ha asociado con una mayor percepción del dolor".

No todos los enojos son iguales

Efesios 4:26 dice: "Si se enojan, no pequen". Considerando el potencial espiritual, mental y físicamente destructivo de la ira, ¿por qué las Escrituras no dicen: "No se enojen para que no pequen"? ¿Es la ira algo bueno? La respuesta es sí, a veces lo es. La ira no es un pecado. Ninguna emoción lo es. ¿Por qué entonces esta advertencia sobre la ira y no sobre la tristeza o el miedo? Creo que es una cuestión de valencia. Déjame explicarte. Una forma de estudiar las emociones desde una perspectiva

La ira no es un pecado. Ninguna emoción lo es.

académica es categorizarlas de manera que se aclaren las similitudes y las diferencias. Dos categorías comunes se denominan valencia y dirección motivacional. La *valencia* etiqueta las emociones como positivas o negativas. No me gusta eso porque todas las emociones pueden desempeñar un papel funcional, así que digamos que una emoción es dolorosa o placentera, o que es deseable o no tanto. La *dirección motivacional* se refiere a si una emoción está relacionada con acercarse o con evitarla. ¿Te mueve hacia ese algo o preferirías huir? Las emociones relacionadas con el acercamiento son generalmente placenteras, mientras que las que nos motivan a evitar o luchar contra algo casi siempre tienen... lo adivinaste, una valencia dolorosa.

Cuando algo nos pone tristes o nos da miedo, nuestro reflejo es huir de ello o luchar hasta que estemos a salvo nuevamente. La ira rompe esas reglas. La ira es dolorosa y está muy orientada al acercamiento. De hecho, "según la teoría de la dirección motivacional, la ira es similar a despertar emociones positivas... y debería estar asociada con tendencias de aproximación". La tristeza y el miedo juegan a la defensiva, pero la ira lo hace a la ofensiva, por lo que los sentimientos de ira tienen muchas más probabilidades de resultar en un acto lamentable que otras emociones.

Por lo tanto, la frase "si se enojan, no pequen" tiene mucho sentido. La ira nos hace más vulnerables a comportarnos de maneras que contradicen los valores a los que normalmente nos adherimos, pero la ira en sí no es mala. Y no toda ira es igual. Definimos la emoción como el impacto que una situación tiene en nuestro cuerpo y cerebro. Cuando se trata de diferentes tipos de ira, es especialmente importante considerar la situación. Dos situaciones que evocan una ira sana son las violaciones de los límites y la injusticia. Estas situaciones nos hacen enojar porque algo valioso ha sido tratado como "menos que". La ira atrae nuestra atención hacia lo que es importante para nosotros.

Las violaciones de los límites

Los límites son expectativas que nos hacen sentir seguros en nuestras relaciones. Todas las relaciones tienen límites. Si le cuentas algo a tu mejor amigo en confianza y él lo publica en las redes sociales, eso es una violación de los límites. Si un terapeuta inicia una relación romántica con un cliente, eso es una violación de límites que amenaza la licencia descrita en nuestro código de ética. Si te odio en mi corazón, ya sea que lo admita o no, eso viola un límite en mi relación con Dios.

Cuando te sientas irritable, molesto, frustrado o furioso en una relación de cualquier tipo, considera si eso es una señal de que se ha violado un límite interpersonal. La media hermana de Michelle cometió una violación de límites. No creo que nadie esté en desacuerdo con eso; sin embargo, Michelle nunca había articulado el límite. Es importante que expreses tus necesidades y articules tus límites en cada relación, incluso si sientes que la expectativa debería ser obvia. No es así.

Injusticia

La injusticia es una violación de los límites de la relación a nivel sistémico y comunitario. Aunque las violaciones de los límites interpersonales a veces implican un abuso de poder, no siempre tienen por qué serlo. Pero la injusticia casi siempre tiene que ver con abuso de poder, por lo que hacemos bien en enojarnos por eso y actuar en nombre de quienes son vulnerables. Eso se diferencia de atacar al opresor. No tengo espacio en estas páginas para explicar esos matices, así que por ahora, los remitiré a los escritos de Gandhi y los del Dr. Martin Luther King Jr.

La ira como emoción secundaria

La ira se distingue de la tristeza y el miedo en que, a veces, es el impacto *secundario* de una situación. Cuando eso sucede, el impacto primario lo constituyen la tristeza o el miedo, pero la ira aparece rápidamente para protegernos de ese dolor. Por ejemplo, alguien puede estar extremadamente enojado porque fijó una cita con alguien y lo dejaron plantado, pero su sentimiento primario genuino es dolor, rechazo o vergüenza. Lo entiendo. Prefiero estar enojado que herido y rechazado. La ira puede protegernos de la tristeza en el momento, pero no resuelve el dolor subyacente. Eso todavía tendrá que ser superado.

Otras veces la ira aparece para protegernos del miedo. Este, con mayor frecuencia, es el impacto de las situaciones que plantean una amenaza. También lo es la ira, así que aclaremos la diferencia. La ira es, más a menudo, la respuesta cuando sentimos una sensación de certeza y control individual sobre la situación. Sabemos lo que está sucediendo y nos sentimos capacitados para hacer algo al respecto. Cuando la situación es incierta y parece que el control no está en nuestras manos, el impacto de la amenaza será, con mayor probabilidad, el miedo más que la ira. La ira dice: "Me robaron el dinero del almuerzo [certeza] y lo voy a recuperar [empoderamiento]". El miedo dice: "¿Qué pasa si ese abusador me roba el dinero del almuerzo hoy [incertidumbre]? Y en caso de que lo haga, no puedo detenerlo [incapacidad]".

Sentirse inseguro e impotente se resume en 1 Juan 4:18, que dice que "el temor lleva en sí castigo [o tormento]". Si alguna vez has tenido miedo, ansiedad, inseguridad, pánico o impotencia, entonces probablemente sentiste que la palabra "castigo" te afectó en más de una manera. Hablaremos más sobre el miedo en el próximo capítulo.

Caminata en el jardín

Tanto el suelo a la orilla del camino como el pedregoso requieren de agua, por lo que podría decir que tienen sed. La esperanza es el agua que despierta la fe en nuestros corazones. La esperanza es ese manantial natural que gotea por la colina de una montaña y brota a la superficie sin que la mano humana toque esa agua cristalina y pura. La esperanza es esencial para la vida. No es algo como una mentalidad "positiva". La esperanza, como el agua, nutre el suelo de nuestra vida de pensamientos, pero la esperanza no es un pensamiento positivo. La esperanza no es optimismo. La esperanza es un catalizador. La esperanza es lo que se siente ante la posibilidad. La esperanza fluye primero: "Que el Dios de la esperanza los llene de toda alegría y paz a ustedes que creen en él, para que rebosen de esperanza por el poder del Espíritu Santo" (Romanos 15:13). Es imposible estar lleno de gozo o de paz y completamente desesperanzado por la misma circunstancia y al mismo tiempo. La esperanza es la emoción más importante porque es el fundamento de todas las demás emociones placenteras y nos fortalece en el dolor. La esperanza también nos sostiene para que el propósito siga creciendo.

La ira emerge de la activación del sistema nervioso simpático. Es la respuesta de lucha. Ignorarla o negarte a expresarla no la libera. Una vez que la enérgica oleada de ira —que el sistema de lucha desata en tu cuerpo— fluye hacia adentro, se quedará allí si no la sueltas intencionadamente. En lo referente a la ira, mejor esta afuera que adentro. Este ejercicio es una forma de liberar la ira de tu cuerpo. Yo llamo a este paseo por el jardín "Leña". Lee las instrucciones para todo el paseo y luego pruébalo tú mismo.

Entra en tu cuerpo

1. Ponte de pie, derecho. Coloca el cuerpo como si estuvieras a punto de cortar leña para el fuego. Separa los pies. Alza los brazos por encima de la cabeza y une las manos como si estuvieras sosteniendo el mango de un hacha.

2. Ahora, imagina un tronco en posición vertical frente a ti, prepárate para bajar los brazos con fuerza y rapidez, como si estuvieras cortándolo por la mitad. Mientras bajas los brazos, emite un sonido enérgico con la fuerza que necesitarías para cortar ese tronco. Deja que tus manos completen todo el movimiento de balanceo del hacha; deja que tus manos se muevan entre tus piernas y luego vuelve a la posición de pie. "Corta" tantos troncos como necesites.

3. Ahora imagínate que estás lanzando todos esos troncos al fuego de tu ira. Siéntate a verlos arder.

Recorre tu mente: recuerda la esperanza

Cuando nos enojamos, especialmente cuando es con alguien, tendemos a atribuirle un mal carácter. Puede ser difícil mostrar misericordia. Una cosa que contribuye a ello es hacer lo que Jonás no hizo: recordar las veces que Dios ha sido misericordioso con nosotros. Cuando recordamos sus misericordias, recibimos esperanza. Lamentaciones 3:21-22 (RVR1960) dice: "Esto recapacitaré en mi corazón, por lo tanto esperaré. Por la misericordia de Jehová no hemos sido consumidos, porque nunca decayeron sus misericordias". ¿Cuán misericordioso ha sido Dios contigo?

Mientras te sientas a observar cómo se consume tu ira, permite que las misericordias de Dios sean una suave lluvia que se precipita sobre ti. Deja que esa esperanza riegue el suelo seco y pedregoso de tu corazón hasta que vuelvas a ser un jardín bien regado. Observa cómo se extingue lentamente el fuego de tu ira mientras "el Dios de la esperanza te llena de todo gozo y paz en el creer" (Romanos 15:13).

Siéntate en tu corazón

Después de haber recibido esperanza en este momento de tu vida que antes era pedregoso, reflexiona sobre por qué estabas enojado. ¿Violó, alguien, un límite tuyo o de otra persona? ¿Qué acción tomarás? ¿Qué límite establecerás?

Descansa en la presencia

Cada paseo por el jardín termina de la misma manera: aquí, en la presencia del Creador.

Como señalé anteriormente, Hebreos 4:15 dice que tenemos un sumo sacerdote que puede compadecerse de nuestras debilidades. Esa palabra *debilidades* significa eso: debilidad. Todos tenemos debilidad humana y es en el espacio de nuestra debilidad que tenemos nuestras necesidades. Hebreos 4:16 afirma: "Acerquémonos, pues, confiadamente al trono de la gracia, para alcanzar misericordia y hallar gracia para el oportuno socorro". Ahora que has sido franco en cuanto a lo que necesitas, te invito a entrar con valentía en la presencia de tu Creador, ante el trono de la gracia. Cuando nos imaginamos en la presencia de Dios, a menudo sentimos que tenemos que empezar a hablar. Antes de hacer eso, simplemente siéntate con Dios y respira. Recuerda, la tierra fértil respira. Imagina que el aliento de Dios llena tus pulmones. Me gustaría que inhalaras por la nariz, 1-2-3-4, y luego, como si estuvieras inflando un globo, exhalaras por la boca lentamente, 1-2-3-4-5-6-7-8. Haz esto al menos tres veces, a medida que la presencia del Creador se vuelva cada vez más palpable para ti. Cuando estés listo, habla con tu Creador sobre lo que necesitas. Y si eso es demasiado difícil, no tienes que decir nada. Porque nuestro Dios sabe lo que necesitamos antes de que se lo pidamos. Puedes simplemente sentarte allí en su presencia con tu necesidad a flor de piel en tu corazón.

Una historia desde mi sofá

Una conversación sobre la ira plantea naturalmente el tema del perdón. El perdón no es mi fuerte. Hice un episodio de *podcast* llamado "Una mala palabra" para compartir toda mi horrible, pegajosa, vergonzosa y sincera historia sobre cómo he luchado con la falta de perdón a lo largo de los años. La primera vez que lo enfrenté espiritualmente, tenía diecinueve años y estaba en un retiro ministerial en un recinto universitario en el que estábamos orando a las 5:00 a. m. todos los días. Una de esas mañanas, el pastor que dirigía la oración nos dijo que suplicáramos por perdón y nos pidió que perdonáramos deliberadamente a cualquiera que no hubiéramos perdonado. Comencé a enumerar personas y a decirme a mí misma: *perdono a esta persona, a esta otra y a esta más.*

Entonces recordé a alguien y no pude sacar ninguna palabra de mi boca. En esa ocasión, mi boca *no* habló de la abundancia de mi corazón. No tenía nada que decir. Pero me perturbó el hecho de que en la presencia de Dios, era incapaz de modificar mis sentimientos y pensamientos sobre esa persona. Unos años antes, ella y yo habíamos sido amigas íntimas, hasta que me traicionó. Es cierto que yo había hecho algo malo, pero aun así me sentí profundamente decepcionada por su falta de lealtad a las reglas femeninas. Tendrás que escuchar el episodio para conocer toda la historia.

Pero lo que quiero decir es esto: terminé haciendo un ayuno de tres días solo para suplicar ayuda para perdonar a esa hermana. Al final del ayuno, pude decir "la perdono". Pude pronunciar su nombre. Me sentí muy bien. ¡Me sentí nueva en mi renovado compromiso con el Señor y como una superestrella espiritual! Me sentí muy aliviada de haberlo logrado, pero no sabía en ese momento cuánto había hecho Dios.

Más tarde ese verano, fui de visita a mi ciudad natal y, mientras conducía por el antiguo barrio con una amiga en el auto, vi a la joven por la que había ayunado y orado para que Dios me ayudara a perdonar. Pisé a fondo los frenos, bajé la ventanilla del auto (sí, había pasado mucho tiempo) y le dije: "¡Hola! ¿Cómo estás?".

Ella pareció asustada, sin saber si algo peligroso estaba a punto de suceder. No entendí por qué parecía confundida. Conversé con ella por un momento, le pregunté cómo había estado y le conté lo que estaba haciendo. Luego me despedí alegremente y me alejé. Un par de cuadras más adelante, volví a frenar de golpe. De repente, supe por qué se había visto tan confundida. ¡La había visto sin recordar que alguna vez había estado enojada! En ese momento, el incidente pareció haber sido borrado de mi memoria.

Ese fue realmente un punto de inflexión en mi relación con el Señor. ¿Estoy diciendo que todo lo que necesitas hacer es ayunar para olvidar lo que te haya sucedido que te haya lastimado? No. Imitar cómo Dios libera a los demás no es el camino a seguir. Eso fue algo que Dios me llevó a hacer en ese momento. Lo que estoy diciendo es que uses todas tus herramientas. Tengo una serie de pasos que sigo para evitar enojarme y ayudarme a perdonar, porque a mí me es difícil perdonar. Prefiero evitar ese trabajo. (Tendrás que escuchar el *podcast* para oír esa parte).

También uso las aplicaciones que acabo de compartir contigo cuando necesito descargar el exceso de ira de mi cuerpo. Nunca dejes a un lado tus herramientas espirituales. Con demasiada frecuencia, cuando llegamos a comprender cómo estamos hechos y cómo se optimiza nuestro bienestar a través de la perspectiva de la creación, dejamos de hacer algo más espiritual que estábamos haciendo. No quiero que dejes de usar tus armas espirituales para luchar por cosas buenas. Pero sí deseo que involucres a tu cuerpo y vayas a terapia. Haz todo lo que esté a tu disposición y que pueda ayudarte.

La Palabra de Dios es un arma. La alabanza y la adoración también pueden usarse como armamento. La oración es otra arma. La terapia es una estrategia. El movimiento físico es una estrategia. La meditación es una estrategia. Tenemos armas espirituales, son intangibles pero poderosas. Y tenemos intervenciones tangibles que constituyen excelentes estrategias. Así que usa tus armas y tus estrategias.

> La oración es otra arma. La terapia es una estrategia.

Capítulo 14
CALMA EL CORAZÓN TEMEROSO

> En el amor no hay temor … el que teme,
> no ha sido perfeccionado en el amor.
>
> 1 JUAN 4:18

"No tengo miedo".

Aún más que con la tristeza y la ira, a menudo nos cuesta reconocer que sentimos miedo. En parte, esto proviene de nuestra infancia, cuando a muchos nos enseñaron a "vencerlo" o simplemente nos indicaron que lo ignoráramos y siguiéramos adelante. Para otros, el miedo puede enmascararse fácilmente con la distracción. Esto, a menudo, nos deja —en la adultez— sin saber qué hacer con nuestro miedo, por lo que la mayoría de las veces simplemente no hacemos nada. Conozco a muchas personas que insisten en que "no tengo miedo". No creo que estén mintiendo; creo que solo necesitan ayuda para reconocer el miedo cuando aparece.

¿Alguna vez te has sentido nervioso o preocupado? ¿Indefenso, confundido, intimidado o inseguro? Te garantizo que la respuesta a, al menos, una de esas preguntas es sí. Cada una de esas emociones es una modalidad de miedo.

El miedo es el impacto que una situación amenazante ejerce en tu cuerpo y tu cerebro por falta de certeza o control. Todos tenemos alguna historia con el miedo. La siguiente es una de las mías.

En la casa adosada donde vivía como mamá primeriza, vi un ratón por primera vez en mi vida. Estaba sentada en la cocina alimentando a mi bebé cuando pasó corriendo. No me gustó nada. Durante las siguientes dos semanas, seguí viendo al roedor. Cada vez que lo veía, me negaba a volver a esa parte de la casa. En poco tiempo me fui a vivir a una sala del sótano de nuestra casa, pero cuando lo vi allí, dejé de bajar a esa habitación también.

Por alguna razón, pensé que estaría segura en mi dormitorio de arriba. No sabía que los ratones podían subir y bajar escaleras. Pueden. Una noche, después de haberme puesto a dormir, me desperté escuchando el extraño sonido de un rasguño. Efectivamente, cuando encendí la luz, vi a la pequeña criatura correr detrás de un armario. Entré en pánico, salí corriendo de mi dormitorio y me uní a mi hijo dormido en su cuna. Después de ver al ratón arriba, me sentí segura de regresar a la cocina a la mañana siguiente, pero allí estaba. Me di cuenta de que algo tenía que ceder. Tuve un momento inesperado de lo que solo puede describirse como indignación espiritual.

Vaya, soy perseguida por un ratón en mi propia casa, pensé.

Entonces recordé que tenía autoridad como hija de Dios y decidí que debía poder decirle a aquel ratón que se fuera de mi casa. De modo que abrí la puerta principal (que estaba frente a la cocina) y, confiando en que Dios nos había dado a los humanos el dominio sobre la tierra, anuncié: "¡Soy una hija de Dios! Ratón, por el poder de aquel que habla al viento y a las olas, el mismo que les ordenó a los animales que caminaran de dos en dos hacia el arca, ¡te ordeno que salgas de aquí y que te vayas de mi casa!".

Segundos después, el ratón cruzó el piso de la cocina corriendo directamente hacia la puerta y hacia mí. Grité. El ratón se quedó inmóvil, se dio la vuelta y corrió de nuevo debajo del refrigerador. Después de recuperar el aliento, me serené. Todo lo que tenía que hacer era mantener la calma. Le di, exactamente, la misma orden al ratón. Segundos después, el ratón cruzó el piso de la cocina nuevamente, corriendo directo hacia la puerta, en dirección a mí. Volví a gritarle. El ratón se quedó paralizado, se dio la vuelta y volvió a correr bajo el frigorífico.

Lo intenté de nuevo. Y una vez más, se repitió la escena. Después de tres veces, ya había tenido suficiente. Le di un mandato alterno. "Por la autoridad que tengo en el nombre de Jesús, entra en una pared y muere en algún lugar. ¡No quiero volver a verte nunca más!". Y no lo volví a ver.

Tres días más tarde, bajé al sótano y me recibió un hedor horrible que venía de detrás de una pared, en el lavadero. No tenía idea de qué podría estar causándolo. Llamé a una amiga para que viniera y le pregunté qué pensaba. "Es algo que murió dentro de la pared", dijo con total naturalidad. "Probablemente sea un ratón".

He tenido muchos encuentros con el miedo en mi vida, pero ninguno me ha enseñado las valiosas lecciones por las que ese ratón dio su vida. Aprendí que el miedo y la fe pueden existir en el mismo lugar al mismo tiempo. Mi fe no era el problema. Tenía fe en Dios. Solo que le tenía miedo al ratón.

Apégate a la verdad

En 2 Timoteo 1:7 encontramos lo que probablemente sea uno de los versículos más citados (aunque mal citados) de la Biblia: "Porque no nos ha dado Dios espíritu de cobardía, sino de poder, de amor y de dominio propio". Quiero asegurarte que no me enfrenté a ese ratón con un espíritu de cobardía. En 1 Juan 5:6 dice que el Espíritu de Dios es la verdad. Tener el Espíritu de Dios es tener la verdad. Tener un espíritu de cobardía sería aceptar el miedo como verdad. Te aseguro que ese día no abracé la verdad del miedo. Abracé el poder. Totalmente. No tuve un espíritu de cobardía ese día, pero sí experimenté la emoción del miedo. Hay una diferencia. En otras palabras, tuve una respuesta corporal a una situación amenazante, que en ese caso fue un ratón de diez centímetros de largo que pesaba unos gramos. El miedo es una experiencia exclusivamente humana. Por eso Jesús tuvo que ponerse un cuerpo para saber cómo se sentía. Cuando Él experimentó lo que se sentía con el miedo en su cuerpo, estaba viviendo una experiencia exclusivamente humana, no espiritual.

Lo que el miedo le hace a tu cuerpo

Tenemos un órgano en nuestro cerebro llamado *amígdala*. Una de sus funciones es activar el sistema nervioso simpático cuando hay miedo. Cuando el cuerpo envía información, la amígdala se activa y redirige la energía y la concentración para enfrentar la amenaza percibida. Durante una situación aterradora o estresante, las personas experimentan la respuesta de lucha o huida de la que hemos hablado. Cuando eso sucede, la adrenalina inunda el cuerpo y provoca un aumento de la frecuencia cardíaca, falta de aliento, pupilas dilatadas y cambios digestivos, entre otras cosas.

El árbol de la vida interior

En la parábola del sembrador, las semillas que cayeron en tierra espinosa crecieron, pero esas malas hierbas —finalmente— ahogaron la fruta. En tierra espinosa, la planta crece hasta que la fruta se ve afectada. En el jardín, eso representa el sistema de frutos en la parte superior del árbol. En nuestros cuerpos, eso se refiere a la parte superior del nervio vago. El enfoque del Dr. Stephen Porges sobre el sistema nervioso parasimpático lo considera como un sistema que tiene dos ramas: el sistema vagal dorsal y el sistema vagal ventral. Este último también se denomina sistema de compromiso social (SCS). Yo lo llamo el sistema de frutal. Cuando ese sistema está floreciendo, nos sentimos receptivos y conectados con los demás. Es definitivamente lo opuesto al tipo de miedos que trae la ansiedad.

Cuando ese sistema está floreciendo, nos sentimos receptivos y conectados con los demás.

Nuestro SCS se desarrolla a medida que crecemos. Cuanto más frecuentes y amorosas sean nuestras experiencias relacionales, especialmente en nuestros hogares y con los que nos cuidan, mejor se desarrollará nuestro SCS. El amor seguro e incondicional es excelente para nuestro SCS. El árbol en el centro de nuestro jardín crece fuerte y fructífero. Si no disfrutaste de ese tipo de entorno mientras crecías, es posible que alguna forma de ansiedad esté siempre zumbando en el fondo de tu vida, de modo que cuando se encuentra con una nueva amenaza, tu sistema nervioso simpático puede ahogar tu árbol vagal cada vez. Los niños que crecen en entornos emocionales inseguros pueden, cuando sean adultos, notar que sus cuerpos están en un estado constante de alarma ansiosa. En su libro *Anxiety RX: A New Prescription for Anxiety Relief from the Doctor Who Created It*, el Dr. Russell Kennedy explica las fuentes de esa ansiedad a través de un acrónimo que —en inglés— se llama ALARMS, y que se refiere —por cada una de las siglas en inglés— a conceptos como abandono, pérdida, abuso, rechazo, madurez muy temprana y vergüenza. Cada una de esas experiencias drenan el amor en la vida de niño.

Problemas de salud crónicos

Podemos tratar de dividir nuestras experiencias emocionales y físicas en reinos separados, pero nuestro cuerpo no hace eso. Cuando reprimimos el dolor emocional, el cuerpo grita de otras maneras. El dolor crónico y la enfermedad pueden, a fin de cuentas, expresar nuestro miedo.

A su vez, el miedo puede manifestarse como "dolores de cabeza que se convierten en migrañas, dolencias musculares que se convierten en fibromialgia, afecciones corporales que se convierten en dolor crónico y dificultad para respirar que se convierte en asma". Eso puede alterarnos el ciclo del sueño o vigilia y contribuir a la disfunción del sistema inmunológico y endocrino. Los estudios han vinculado, incluso, la prevalencia de la ansiedad y la depresión con el síndrome del intestino irritable.

Así que pon atención a tu cuerpo. Estos síntomas intentan enviarte un mensaje sobre lo que está experimentando el fondo de tu corazón y pueden ayudarte a saber cómo cuidarlo mejor. Cuando ignoramos nuestros miedos, promovemos los mismos peligros que estamos tratando de evitar. Esto puede generar una gran cantidad de comportamientos, como inseguridades, complacer a los demás, incapacidad para concentrarte debido a un parloteo interno constante, catastrofismo (ver los problemas como algo más grande de lo que son) y, a veces, hasta ataques de pánico.

Paseo por el jardín

El mensaje de 1 Juan 4:18 y el de 2 Timoteo 2:7 nos muestran que el amor es un antídoto contra el miedo. Podemos creer absolutamente que Dios nos ama, pero nuestras experiencias con el amor —en las relaciones humanas— pueden dejar algunas semillas de creencia en conflicto en el suelo de nuestros corazones. Puedes comenzar a cuidar tu propio corazón ahora mismo dirigiéndote al centro de tu jardín, donde te espera el abrazo amoroso del Creador. Paseo al que llamo "jardín encarnado".

Entra en tu cuerpo

Como sabemos que el miedo es la ausencia de amor, comencemos nuestro paseo por nuestro jardín derramando un poco de amor en nuestros cuerpos. A veces, la mejor manera de amarte a ti mismo radica en las formas más sencillas. Entra en tu jardín encarnado involucrando a tus sentidos.

- **Vista:** ¿Qué es algo que puedes mirar que te hace sonreír? Tal vez sea una obra de arte. Una pintura. Buscar un cachorro en Google.
- **Sonido:** ¿Qué sonido te trae paz? Tal vez sea una canción. El sonido de las olas. El aullar de la brisa. El silencio.
- **Olor:** ¿Qué aroma te serena? El de una vela de vainilla. Una determinada loción. Un jabón con aroma a naranja. El aire fresco del exterior.
- **Tacto:** Pídele a alguien un buen abrazo (que dure, al menos, veinte segundos). Si no hay nadie cerca en este momento, utiliza tu sentido del tacto en otras maneras. Pasa tus manos sobre un cojín mullido. Envuélvete en una manta gruesa. Toma un baño de burbujas o una ducha caliente.

- **Gusto:** ¿Qué es algo cuyo sabor te encanta? Tal vez un té caliente o una taza de café, un batido o un delicioso bocado de chocolate. Hazle cosquillas a tus papilas gustativas. Tienes permiso.

Recorre tu mente

La emoción del miedo vive en tu cuerpo, pero también debemos prestar atención al espíritu del miedo. Recuerda que el Espíritu es verdad. El miedo, a veces, te ofrece una verdad que compite con la de Dios. Entra en tu mente y usa tu atención para cambiar las cosas. Filipenses 4:8 (RVR1960) dice: "Por lo demás, hermanos, todo lo que es verdadero, todo lo honesto, todo lo justo, todo lo puro, todo lo amable, todo lo que es de buen nombre; si hay virtud alguna, si algo digno de alabanza, en esto pensad".

Todo lo bueno nos señala el amor de Dios.

Lo primero en esta lista son las cosas que son verdaderas. Haz una lista de evidencia que afirme la verdad del amor de Dios en tu vida. La verdad del amor de Dios por ti. Reflexiona sobre lo que es verdadero y cae en los brazos de su amor. Una vez que tengas tu lista de lo que es verdadero, sigue adelante y haz otra lista de todo lo demás: cosas que son honrosas, justas, puras, amables y admirables. Todo lo bueno nos señala el amor de Dios.

Siéntate en tu corazón

Cuando tenemos miedo, necesitamos sentirnos seguros. La seguridad tiene diferentes significados para diversas personas en distintas situaciones. ¿De qué manera necesitas sentirte seguro? ¿De qué manera necesitas sentirte confiado? Recuerda, el objetivo no es identificar lo que necesitas que *suceda*. La vulnerabilidad está en saber lo que necesitas *sentir*. Nuestra esperanza está en Dios, así que llevemos la necesidad de nuestro corazón ante él. Confiemos en que Dios satisfará nuestras necesidades, aunque el método nos sorprenda.

Descansa en la presencia

A veces decimos que confiamos en Dios aun cuando no estamos seguros de ello. Puede ser difícil sentarse en la presencia cuando no tienes certeza de estar seguro allí. No confiar en Dios es sinónimo de tenerle miedo. Pero es correcto compartir tus miedos con el Creador. Está bien decir que tienes miedo de lo que podría suceder. Que tienes miedo de lo que Dios podría permitir. Está bien ser sincero con Dios en cuanto a tus miedos. Puedes decirle que necesitas sentirte seguro en su presencia. Él es lo suficientemente grande para escuchar eso. Siéntate en su presencia y respira.

Insisto, deja que el Creador reavive tu corazón con el aliento de vida. Permite que Dios te resucite. Imagina que el aliento divino llena tus pulmones, inhala por la nariz, 1-2-3-4, y luego, como si estuvieras inflando un globo, exhala por la boca lentamente, 1-2-3-4-5-6-7-8. Haz esto al menos tres veces, a medida que tu conciencia de la presencia del Creador se vuelve cada vez más palpable. Cuando estés listo, habla con tu Creador sobre lo que necesitas. Si eso es demasiado difícil, no tienes que decir nada, porque nuestro Dios sabe lo que necesitamos antes de que se lo pidamos. Puedes simplemente sentarte allí, en su presencia, con tu necesidad a flor de piel en tu corazón.

Restauración del legado

He mencionado al apóstol Pablo a menudo en nuestro viaje juntos. Su legado ha tenido un tremendo impacto en mí, por lo que quiero traer otra parte de su historia al primer plano. Hemos explorado su vulnerabilidad humana y he compartido mis creencias sobre la batalla que él describe en Romanos 7. Creo que el conflicto de Pablo se basaba en el miedo. Pienso que él luchó contra la ansiedad. En 2 Corintios 12:7 escribió: "Para que la grandeza de las revelaciones no me exaltase desmedidamente, me fue dado un aguijón en la carne". Esa palabra carne es la misma que Pablo mencionó en Romanos 7, y la misma carne a la que Jesús se refirió como débil en el jardín de Getsemaní: es la palabra griega *sarx*. Muchos teólogos han especulado sobre qué podría ser ese aguijón, pero no hay acuerdo. Así que humildemente voy a agregar mi opinión. Puesto que Pablo usó una espina como metáfora de su aflicción desconocida, quiero que te remontes conmigo hasta el capítulo 3 de Génesis. En ese capítulo fuimos testigos de la trágica transformación del Edén. El jardín se disolvió en las tierras salvajes que heredamos. "Y a Adán [Dios] le dijo … maldita será la tierra por tu causa; con dolor comerás de ella todos los días de tu vida; *espinos* y *cardos* te producirá, y comerás hierbas del campo" (vv. 17-18, énfasis añadido). Donde antes crecían árboles frutales, ahora crecen espinas. Nosotros estamos hechos de esa misma tierra, literalmente. Por eso, cuando la humanidad cayó, hubo un cambio en nuestros cuerpos. El miedo estaba presente.

Vemos esas espinas nuevamente en Mateo 13:22, cuando Jesús interpreta la parábola del sembrador. Sabemos que esas espinas son pensamientos ansiosos. Sabemos lo atormentadores que pueden ser los pensamientos ansiosos y cómo se siente la ansiedad en nuestros cuerpos. Estas espinas son una metáfora de la ansiedad, así que cuando Pablo dijo que tenía una espina en su costado, creo que necesitamos escuchar eso. En efecto, la Biblia de Tyndale traduce la palabra que Pablo usó para espina como "inquietud". Todos sabemos que las espinas de la ansiedad son lo opuesto a la quietud en nuestros cuerpos.

Esto significa mucho para mí por dos razones. Primero, la vulnerabilidad de Pablo nos recuerda que la expresión "no se inquieten" no es el undécimo mandamiento. Es Pablo animándonos de la misma manera en que probablemente se animaba a sí mismo, incluso en días en que su estado corporal ahogaba el fruto de su mente y lo tomaba cautivo. La espina de Pablo es un recordatorio de que no hay condenación para los sentimientos.

La revelación de la espina de Pablo también significa mucho para mí porque cuando Jesús dio su vida por la mía, la corona que presionaron sobre su cabeza era de espinas. ¡Una corona de espinas! ¡Jesús llevó la ansiedad a la cruz consigo! Así que, como mujer íntimamente familiarizada con la ansiedad, ver eso en la cruz me cambió. ¿He tenido un día de ansiedad desde entonces? Sí. ¿He caminado del cuerpo a la mente, del corazón al espíritu para volver a entrar en mi propio templo del jardín, para preparar y cuidar mi propio árbol de la vida? Muchas veces. Pero me encuentro afuera con menos frecuencia y regreso mucho más rápido porque siento el amor de Cristo mucho más cerca.

Capítulo 15

CUIDA TU JARDÍN ENCARNADO

Te alabaré, porque formidables, maravillosas son
tus obras … y mi alma lo sabe muy bien.

SALMOS 139:14 RVR1960

Terminé dando a luz en el piso del pasillo. Fue mi culpa. La noche anterior, había orado para que mi bebé naciera *sin una intervención médica innecesaria*. Debí haber sido más específica, ya que Dios —claramente— tiene sentido del humor. Un parto sin medicación era mi esperanza. No la alfombra de mi apartamento.

El parto sin medicación fue una decisión deliberada para mí desde el principio. Poco después de la emoción de descubrir que estaba embarazada de mi primer hijo, la realidad se impuso de manera rápida y dura. *¿Debo realmente dar a luz a este niño? ¿O sea, pujar para que salga de mi cuerpo?* La creencia tan escuchada de que el parto es insoportable se mezcló rápidamente con mi temor. Una serie de pensamientos de impotencia surgieron en mi interior y habrían dado fruto de la inacción si no hubiera llamado a mi madre. Como maestra de la Biblia, mi madre reconoció que el dolor "multiplicado" en el parto estaba entre la lista de consecuencias para determinado hombre y determinada mujer que habían comido determinado fruto prohibido, pero mi relación con Jesús cambió eso.

"El parto no será un paseo por el parque", dijo, "pero olvida eso del dolor multiplicado".

Cuando esas semillas cayeron en la tierra de mi corazón, la esperanza y la inspiración comenzaron a fluir. Comenzaron a crecer nuevos pensamientos. Decidí äctuar y aprender todo lo que pudiera sobre cómo facilitar este proceso para el que mi cuerpo estaba diseñado. Era 1997. No había teléfonos inteligentes ni Google. Me fui a la librería. Fe y obras, querido. Fe y obras.

Encontré algunos libros sobre parto natural y me enamoré de uno. El autor explicaba que una "señal emocional" acompañaba cada fase del parto natural y que podía saber en qué punto del proceso me encontraba si era consciente de mis emociones. Esto no era lo que esperaba oír. Continuaba diciendo que los intensos sentimientos de duda sobre mí misma marcan la fase final del parto, y culminan en un momento de colapso total en el que estás segura de que no puedes seguir adelante y de que incluso podrías morir. Una vez que ocurra ese momento de "estallido", prepárate para pujar. Insistiendo en que las señales emocionales serían mucho más precisas que las medidas observables, el autor no ofreció ninguna instrucción para evitar el dolor emocional. Nunca había escuchado nada parecido, pero siempre he sido una chica que se sale de lo establecido, así que decidí intentarlo.

Con mi primer hijo, las cosas no salieron como lo planifiqué (oh sorpresa). Mi hijo se quedó allí mucho después de la fecha prevista, así que acepté que me indujeran el parto. La habitación del hospital, las vías intravenosas, los monitores que sonaban y las enfermeras que iban y venían hicieron que fuera difícil concentrarme en mis sentimientos. No me pusieron la epidural, pero aun así, no fue la experiencia que realmente quería. Medité y creí que la inducción era innecesaria. De ahí mi brillante oración sobre la intervención médica.

El día que comenzó el parto de mi hija, la doctora nos había pedido que llamáramos cada dos horas para comprobar cómo estaba y poder decirnos cuándo ir al hospital. Cada vez que le decía cómo estaba emocionalmente, ella solo quería saber sobre los signos físicos que consideraba importantes: el tiempo entre las contracciones, la ruptura de la fuente y la expulsión del tapón mucoso (si no sabes lo que es eso, te lo ahorraré). Aparte de las contracciones, ninguna de esas cosas estaba sucediendo. Por quinta vez ese día, la doctora dijo: "Anita, no estás cerca de dar a luz. Llámame de nuevo en dos horas". Sabía que estaba equivocada y, por supuesto, ese momento de "estallido" emocional llegó pronto. Estaba de rodillas en el baño, convencida de que no podía soportarlo y que no lo lograría. Cinco minutos después estaba pujando. Su padre llamó a nuestro médico y gritó mucho, como en una comedia televisiva. "Está pujando. ¿Quieres que te llamemos de nuevo en dos horas?". Luego le colgó y llamó al 911. Nuestra niña cayó en manos de su padre antes de que llegara la ambulancia. Allí, en el piso del pasillo, amamanté a mi hija por primera vez. Nunca me había sentido tan poderosa en mi vida.

Atiende y cuida el jardín

La verdad de que nuestros cuerpos están hechos de una manera maravillosa y asombrosa cobró vida de una manera nueva para mí cuando nació Olivia. Ese día se plantó una semilla en mi corazón, una semilla que renovó mi mente. La conciencia emocional terminó siendo una mejor guía que mi doctora. Las emociones dolorosas no solo fueron parte del proceso, sino que también confirmaron de manera confiable el *progreso*. No tuve una guerra con mis emociones. No tuve una guerra con mi cuerpo.

Todos tenemos las herramientas para disfrutar una vida más poderosa. ¿Cómo cuidamos esta extraordinaria máquina conocida como nuestro cuerpo para que funcione como el sistema de jardín que Dios ideó que fuéramos? Cuidarlo es bueno para nuestro bienestar emocional. Debido a que el cuerpo es para el corazón lo que alguna vez pensamos que era la mente, este es el punto de entrada más rápido al bienestar emocional.

Cuando Dios creó a la humanidad, nos hizo responsables del jardín del Edén en maneras que se representan directamente en el jardín interior. Génesis 2:15 dice que debemos "cultivar y cuidar" el jardín. La palabra que se usa para cultivar es *abad* y significa trabajar o servir en el jardín. Recuerden, Jesús nos enseñó que nuestros corazones son tierra; nuestros cuerpos fueron hechos de esa misma tierra. Debemos cultivar la tierra con la santa reverencia que le daríamos a las labores del ministerio, ya que se trata de la obra del templo. Eso también habla de cómo nos sentimos con respecto al jardín.

Aunque la caída hizo que la tierra se volviera rebelde y el trabajo mucho más difícil, nuestro jardín sigue siendo un lugar valioso. Sigue siendo el lugar donde Dios quiere encontrarse y hablar. No dejes que el trabajo duro cambie la manera en que te sientes con respecto a la tierra. Si lo haces, puedes verte tentado a volver a la guerra en lugar de trabajar desde un lugar de paz. Tu jardín es un hermoso trabajo en progreso. Es un trabajo bueno y digno. Recuerda, cuanto más fértil sea el suelo, más fluirá el aire y el agua, y cuanto más nos nutramos, más preparados estaremos para liberar todo el poder de las semillas que hemos sembrado allí.

Tu vida poderosa está arraigada en un suelo fértil. Cuida el área. Esa es la segunda responsabilidad del jardín que se da en Génesis 2:15: cuidar. Es la palabra *shamar* y significa atender o vigilar de cerca el espacio. Tu bienestar emocional debe ser protegido. Al hacerlo, las semillas que sembraste intencionalmente allí están protegidas. Las relaciones que aprecias, el trabajo de tu propósito y el legado de amor que estás cultivando también están protegidos. Pero protegerte no implica construir muros para aislarte del mundo.

Proverbios 4:23 nos da una explicación más específica: "Sobre toda cosa guardada, guarda tu corazón; porque de él mana la vida". Se nos dice que cuidemos el jardín y también nuestros corazones. Sin embargo, la palabra que se usa allí es *natsar*, que también significa proteger y vigilar, pero en un sentido ligeramente diferente. *Natsar* habla de preservar algo de valor. No se trata de impedir que algo entre; se trata de no permitir que se escape.

> Protegerte no implica construir muros para aislarte del mundo.

Trata de mantener las semillas de la verdad en tu corazón. No dejes que tu fe se escape. No dejes que tu esperanza se escape. No dejes que el amor se escape. Pero si en un día difícil algo se nos escapa, sabemos cómo recuperarlo.

Estos son mandatos espirituales y, sin duda, debemos emprender prácticas espirituales para vivirlos. En primer lugar, pasa tiempo con la Palabra de Dios. Como decía mi padre, hay poder incluso en las partes más triviales. Te animo a que también memorices pasajes de la Biblia. La adoración, la presencia de Dios y la oración también son prácticas espirituales fundamentales. Son poderosas en privado y, a veces, incluso más, en comunidad. Todos sabemos lo importantes que son esas cosas.

Escribí este libro para que los cristianos entendieran porqué esos esfuerzos a veces se vuelven difíciles e incluso pueden parecer inútiles. Lo escribí para ayudarte a entender por qué tu bienestar emocional es fundamental para ese trabajo.

Cómo cuidar tu jardín corporal

Entender que Dios diseñó deliberadamente nuestros cuerpos con la capacidad de ser restaurados es un motivo de esperanza. Ruego que la esperanza te inspire a tomar medidas que te ayuden a cuidar tu jardín corporal.

Cuidados básicos

Al igual que un jardín requiere cantidades diarias de agua, sol y nutrientes, tu jardín corporal requiere algunos insumos básicos para florecer. Necesitas dormir, agua y comida.

Duerme

Tu cuerpo no puede y no prosperará sin dormir. Con el tiempo, la falta de sueño aumenta el riesgo de sufrir problemas de salud crónicos y socava tu bienestar emocional. La falta de sueño conduce a un aumento de las emociones dolorosas y una disminución de las placenteras. La falta de sueño también dificulta mucho la regulación emocional. La calidad y la cantidad del sueño son cruciales para el

Dios diseñó deliberadamente nuestros cuerpos con la capacidad de ser restaurados.

bienestar emocional. Por favor, duerme un poco. Es una de las formas más accesibles y poderosas de cuidar el jardín interior.

Hidrátate

Bebe. Más. Agua. Un estudio de 2021 realizado en un grupo de 188 militares aeronáuticos puso a prueba la relación entre la hidratación y la ansiedad. Los resultados revelaron que quienes estaban deshidratados tenían niveles de ansiedad significativamente más altos en comparación con quienes estaban hidratados. En otro estudio en el que se evaluó a adultos jóvenes, los participantes informaron que se sentían más tranquilos inmediatamente después de consumir agua. Darle al cuerpo suficiente agua favorece el bienestar emocional.

El peso corporal es el principal determinante de la cantidad de agua que necesita el cuerpo cada día. La recomendación general es beber entre media onza y una onza por cada libra. También hay calculadoras de hidratación útiles *en línea* que tienen en cuenta otras fuentes de hidratación y la actividad física.

No olvides comer

¿Alguien más tiene problemas con esto? Cuando me enfoco demasiado en el trabajo, puedo llegar al final del día antes que me dé cuenta de que no he comido. He tenido que proponerme ser intencional a la hora de programar el tiempo para comer. Establecer un horario constante no solo contribuye a una energía más estable, sino que también hará que tu metabolismo funcione a niveles óptimos durante todo el día y también puede ayudarte a controlar los excesos, la hinchazón y la indigestión.

Los hábitos alimenticios también afectan significativamente el bienestar emocional en varias maneras, entre ellas, a través de los niveles de azúcar en sangre, el equilibrio de nutrientes y la conexión entre el intestino y el cerebro. Los niveles inestables de azúcar en sangre por comer muy poco o demasiados alimentos con alto contenido de azúcar pueden causar cambios de humor. La ingesta adecuada de nutrientes ayuda a la producción de neurotransmisores que regulan el estado de ánimo. Y un intestino sano fomentado por dietas ricas en fibra está directamente relacionado con un mejor bienestar emocional. Como consejo, si esta es un área en la que tienes dificultades, te recomiendo encarecidamente que programes una cita con un nutricionista que pueda ayudarte a crear un plan de alimentación personalizado para encaminar el cuidado de tu cuerpo.

Cuida el árbol

En el capítulo 11, aprendimos que el Creador plantó un árbol de la vida en el centro de tu jardín corporal. Ese árbol es tu nervio vago. Al activarlo, se liberan neurotransmisores y hormonas que reducen la ansiedad y promueven la calma. El tono vagal describe cuán activo y receptivo es el nervio vago. Todos queremos que nuestro tono vagal sea alto. Un tono vagal alto significa que este nervio tan importante es fuerte y saludable.

El estrés y el trauma pueden debilitar el tono vagal. El estrés persistente puede suprimir la actividad vagal y reducir su capacidad de respuesta. Las experiencias traumáticas pueden alterar el equilibrio del sistema nervioso autónomo, lo que afecta el funcionamiento del nervio vago y contribuye a una mayor vulnerabilidad a los problemas de salud mental. Pero, así como este árbol puede debilitarse, también puede fortalecerse. Los paseos por el jardín que hicimos juntos en los capítulos 12, 13 y 14 involucraban al nervio vago. La respiración profunda con exhalaciones lentas y prolongadas que concluyen cada paseo activa el nervio vago y apoya el tono vagal. El aliento de vida que el Creador insufló primero en Adán hace mucho más que mantenernos vivos. ¡También nos ayuda a prosperar!

Se puede mejorar el tono vagal de varias maneras, incluidas algunas otras cosas que ya hemos comentado. Además de la respiración profunda, el ejercicio físico, una dieta saludable y un sueño suficiente pueden fortalecer el nervio vago. Pasar tiempo en la creación también es muy bueno para el nervio vago (¡por supuesto!). La naturaleza activa el nervio vago a través del aire fresco, sonidos relajantes como el canto de los pájaros o el romper de las olas del mar y el efecto calmante del color verde. Reducir el estrés a través de ejercicios de relajación o terapia y fomentar conexiones sociales positivas también son vías importantes.

Como chica criada en la iglesia, muchas de las conexiones sociales de nuestra familia giraban en torno a las personas que adoraban con nosotros. Dudo que muchas personas de nuestra congregación supieran mucho sobre el nervio vago en ese entonces, pero eso no significa que no cuidáramos el árbol que tenemos en el centro de nuestros jardines. Al menos una vez por domingo, alguien subía al podio y decía: "¡Abraza a tu vecino!". Se ha demostrado que los abrazos y el contacto físico, especialmente los que son cálidos y que muestran apoyo, estimulan el nervio vago. También cantábamos juntos. Cantar activa el nervio vago a través de la respiración profunda, el compromiso muscular de la garganta y los efectos emocionales y fisiológicos de la expresión vocal. Y en mi iglesia tradicional afroamericana, también bailamos. Mucho. Bailar puede fortalecer el nervio vago a través del movimiento rítmico bilateral. Me encanta profundizar en la biología de todo esto, pero las Escrituras nos han estado indicando desde el principio: "Alaben su nombre con danza; canten alabanzas a él" (Salmos 149:3).

A través de este libro has viajado conmigo por los jardines de la Biblia y me has permitido caminar contigo por el jardín de tu propio corazón. Has aprendido que tu espíritu, tu mente, tu corazón y tu cuerpo son interdependientes entre sí como un sistema corpóreo. Has atravesado las emociones dolorosas centrales de la tristeza, la ira y el miedo, tomando conciencia de su presencia en tu cuerpo sin temerles para poder dejarlas fluir. Te has ensuciado un poco las uñas cuando fuiste a cavar y encontraste malas hierbas que necesitabas arrancar. Has inhalado con valentía la fe de una manera que probablemente nunca antes lo habías hecho, permitiendo que el Dios de la esperanza te impulse hacia su amor perfecto. Estás caminando por el suelo de tu jardín y el Jardinero está muy complacido con lo que ha encontrado. Este es un trabajo lleno de propósito. Este es un trabajo de legado. Este es tu trabajo. Y esta es tu vida poderosa.

DE LA GUERRA A LA PAZ

> Y los bendijo Dios, y les dijo: Fructificad y
> multiplicaos; llenad la tierra, y sojuzgadla, y señoread
> en los peces del mar, en las aves de los cielos, y en
> todas las bestias que se mueven sobre la tierra.
>
> GÉNESIS 1:28

La gente va a terapia por muchas razones.

"He estado teniendo pesadillas los últimos meses y se están intensificando".

"He tenido mucho dolor físico. Mi médico no puede determinar la causa. ¿Podría ser algo que esté en mi cabeza?".

"El maravilloso chico con el que he estado saliendo quiere casarse conmigo, pero no estoy segura de que el matrimonio sea lo adecuado para mí".

Una cosa que no he escuchado es: "Estoy aquí porque todo está genial y me pregunto si hay algo más en el bienestar para no perderme nada". Eso nunca ha sucedido. El cambio suele estar motivado por el dolor. Y no es poco dolor. Una vez que se resuelve el problema doloroso, lo consideramos resuelto. Pero, ¿es el bienestar simplemente ausencia de dolor o hay algo más que buscar? Desde los filósofos hasta los trabajadores de la salud pública, pasando por los psicólogos y más allá, no existe una única definición consensuada de lo que significa que los seres humanos prosperen. Para mí, la dimensión espiritual de mi bienestar comienza con seguir a Jesús. Eso puede ser cierto para ti también, pero ¿qué pasa con las otras partes de nosotros? ¿Cómo encaja todo? Esas preguntas han estado en el centro del motivo de este libro. Encontramos la respuesta en un jardín. Y entre las tradiciones bíblicas sobre la salud, el concepto de *shalom* es la manera perfecta de resumir todo lo que hemos aprendido.

De la inquietud al shalom

La palabra hebrea *shalom* se traduce a menudo como "paz", pero esa definición por sí sola es demasiado superficial. *Shalom* es más contundente que la forma en que usamos la palabra paz en idioma contemporáneo. El significado original de *shalom* es "bienestar", un bienestar expansivo y relacional. Nicholas Wolterstorff, profesor emérito de Teología Filosófica en la Escuela de Teología de Yale, describe *shalom* como la "visión del Creador para la humanidad", y continúa definiéndolo de la siguiente manera:

> Vivir en paz en todas las relaciones: con Dios, contigo mismo, con tus semejantes, con la naturaleza, una paz que no es meramente ausencia de hostilidad … sino una paz que en su máxima expresión es el disfrute [y] disfrutar de estas relaciones, verlas florecer: con Dios, a través de la adoración y el servicio; con nuestros vecinos, a través del deleite en la justicia y la comunidad; con la naturaleza, a través del disfrute de nuestro entorno físico en el trabajo y el juego; y, con nosotros mismos, al reconocer que somos creados a imagen de Dios y para su beneplácito.

Shalom es un concepto vasto y hermoso. Wolterstorff enseñó que "en esencia, shalom significa *florecer*". Me encanta esa palabra. Significa "crecer vigorosamente; prosperar; progresar". Utiliza el lenguaje de las plantas para describir el tipo de vida que todos esperamos vivir. El Edén fue la primera demostración del Creador de *shalom*: cada relación en perfecta armonía.

El relato de la creación en Génesis sienta las bases para la visión completa de la Biblia sobre el propósito y el destino de la humanidad, y revela un Dios amoroso y creativo que construyó un universo maravillosamente ordenado. Si bien el mundo en el que vivimos ahora está roto y estropeado en muchas maneras, sigue siendo fundamentalmente bueno, porque así es como Dios lo creó originalmente. Esa bondad original es shalom. Si shalom describe el florecimiento de un cosmos correctamente ordenado, no sorprende que también sea una excelente manera de identificar el objetivo de la terapia. Este libro trata específicamente en cuanto a terminar la guerra con nuestras emociones para liberar una forma de vida más rica y poderosa. Casi cualquier desafío a nuestra salud emocional o mental comienza como un conflicto interno, un desorden de nuestros pensamientos y sentimientos, una guerra interior; en otras palabras, una alteración del shalom. Mi trabajo como terapeuta implica ayudar a las personas a reconocer el sistema interdependiente que es su espíritu, su corazón, su mente y su cuerpo, para descubrir un equilibrio pacífico más allá del malestar que todos experimentamos.

Cómo hallar las respuestas en su Palabra

Cuando hablamos de salud mental y emocional, y del florecimiento humano en general, no debería sorprendernos que podamos recurrir al shalom de la obra creativa original de Dios para descubrir ideas sobre el shalom interno que estamos cultivando.

Recordarás que esta travesía a nuestro jardín interior comenzó en la mesa de mi cocina en 2007. Fue provocada por un solo versículo de la Biblia: "Porque desde la creación del mundo, las cosas invisibles de Dios, su eterno poder y deidad, se ven con toda claridad, siendo entendidas por medio de las cosas hechas, de modo que no tienen excusa" (Romanos 1:20).

Acababa de comenzar un estudio bíblico enfocado en el libro de Romanos cuando me cautivó ese versículo. Mi estudio se desvió de inmediato hacia Génesis. Releí lentamente los primeros tres capítulos, tratando de absorber cada palabra como si fuera la primera vez que las veía y las escuchaba. Luego, instintivamente, me dirigí a nuestras estanterías para buscar más información.

¿Qué comentario debo buscar?

¿Existe algún libro de teología que trate este tema?

¿A dónde me dirijo desde aquí?

Allí, de pie, en silencio, escuché una respuesta. Llegó. Esa voz serena del Espíritu dijo muy claramente: "Simplemente lee tu Biblia". Las instrucciones no pueden ser más sencillas que eso, así que obedecí la voz del Espíritu. Simplemente leí mi Biblia. Mantuve a mano mi Concordancia Strong para que me ayudara. Esa concordancia es un índice que enumera cada palabra de la Biblia. Puedes buscar "árbol" o "semilla" o cualquier otro vocablo y encontrar una lista de todos los versículos donde se menciona esa palabra. En el camino, también hice uso ocasional de varios diccionarios bíblicos.

Aquí está la brillantez del Creador: no necesito una exégesis profunda ni una evaluación de la cultura y el contexto durante los tiempos bíblicos para saber qué es un árbol. Todos sabemos qué es un árbol.

Hojas, frutos y agua. Todos lo sabemos.

Una semilla y tierra. Todos lo sabemos.

Creo que ese era probablemente el punto del Creador. Todos hablamos el lenguaje de la creación.

La alineación entre las Escrituras, nuestros cuerpos y el reino vegetal me asombró en ese entonces y sigo asombrada hoy, a medida que los avances tecnológicos y las nuevas investigaciones nos permiten ver con claridad cada vez más lo que el Creador hizo. Siempre creí que las respuestas pragmáticas sobre la salud mental, la enfermedad y el bienestar se podían encontrar en este texto sagrado pero, en verdad, desde el momento en que vi esa neurona por primera vez, me sentí abrumada por las respuestas que resultaron ser. No debería sorprenderme que esas respuestas cambiaran el rumbo de nuestras mentes y enfocaran nuestros corazones. No debería sorprenderme, pero lo hice. Sin embargo, estoy muy agradecida. Vivir desde el corazón es mucho mejor.

También entiendo ahora al menos parte de la razón por la que el Espíritu me dijo que simplemente leyera mi Biblia en este viaje específico.

En los últimos años, he leído algunas hermosas reflexiones teológicas sobre la creación, algunas de ellas escritas por aquellos considerados los padres de la iglesia occidental y también por algunos pensadores más nuevos. También he leído algunas afirmaciones que podrían haber puesto fin a este viaje antes de que siquiera comenzara. Afirmaciones sobre lo que la Biblia no puede hacer y no puede responder. Afirmaciones que insisten en que no hay ningún conocimiento o perspectiva novedosos que obtener, y que cada cosa solo puede significar una cosa, como si el Creador no fuera capaz de hacer muchas cosas a la vez. Yo, por mi parte, creo que el Creador no está limitado como nosotros.

A lo largo de la historia, los teólogos han enfatizado la importancia de reconocer que la creación es en sí misma un texto sagrado para ser leído, insistiendo en que "Dios nos ha presentado 'dos libros': la Escritura y el mundo natural". San Agustín (395-430 d. C.), un filósofo norafricano considerado el pensador cristiano más importante después del apóstol Pablo, dijo lo siguiente:

Otros, para encontrar a Dios, leerán un libro. Bueno, de hecho, hay un gran libro, el libro de la naturaleza creada. Míralo con atención de arriba a abajo, obsérvalo, léelo. Dios no hizo letras de tinta para que lo reconozcas en ellas; puso ante tus ojos todas estas cosas que ha hecho. ¿Por qué buscar una voz más fuerte?

Leer el libro de la creación puede haber sido algo nuevo para ti. Si es así, espero que lo hayas disfrutado. Leer la creación en diálogo con las Escrituras ilumina ambas y nos ayuda a evitar una mala lectura de cualquiera de ellas. La clave es mantenernos enfocados en lo que podemos aprender acerca del Creador. Cuando exploramos las Escrituras solo para ganar una discusión o para demostrarle a alguien que tenemos razón y que él está equivocado, ya no tiene que ver con Dios; se trata de nosotros. Sigamos buscando lo que el Creador escribió sobre él mismo en las cosas que hizo, incluidos nuestros cuerpos. Los grandes pintores, a lo largo de la historia, tienen elementos característicos en sus obras. Una pincelada particular. Una paleta de colores identificable. Un destacado uso de la sombra. Los mismos temas que pintan. Estas firmas son a menudo tan especiales que los estudiantes de arte pueden ver una obra e identificar inmediatamente al pintor sin ningún conocimiento previo de esa pieza. Bueno, cuando te veo a ti estoy mirando la extraordinaria obra de arte del Creador y veo su firma, claramente.

A su imagen: El poder de las palabras

A través de los siglos, muchos teólogos y eruditos han luchado para explicar cómo fue hecho el hombre a imagen de Dios. Algunos sostienen que llevamos esa imagen porque somos capaces de pensar racionalmente de una manera que los animales no pueden. Otros enfatizan el poder, argumentando que llevamos la imagen de Dios porque él nos dio dominio. Algunos incluso sugieren que tiene que ver con nuestra capacidad para crear. Nuestro viaje a través de los jardines de las Escrituras y el jardín interior sugiere algo más: las palabras.

Desde el jardín del Edén, pasando por las parábolas afines, hasta el jardín de Getsemaní, la tumba del Jardín, la ciudad jardín y nuestro jardín interior, las palabras del Creador están representadas por una semilla imperecedera. Aunque las semillas literales pueden perdurar cientos de años y el impacto de las palabras humanas puede perdurar por generaciones, la Palabra del Señor dura para siempre. La Palabra de Dios nunca pasa de moda y no puede dejar de cumplir lo que fue enviada a hacer. El Hijo del Creador es en sí mismo la Palabra que se convirtió en una semilla que se encarnó para redimir al mundo. El poder de la Palabra de Dios es, en verdad, eterno. No puede pasar de moda.

En muchos sentidos, la humanidad no es única entre las creaciones que ocupan los cielos y la tierra. Aparte de los amplios paralelismos entre la vida vegetal y la vida humana, las relaciones entre nosotros son innegables. Las plantas y los humanos dependen unos de otros para respirar; respiramos juntos. Pero la humanidad también tiene cosas en común con los animales. Sabemos que estos se comunican entre sí y que un loro puede incluso imitar el sonido de las palabras humanas, pero ninguna otra creación posee el poder del lenguaje que tenemos nosotros. ¿Por qué? Porque el Creador quería tener una relación con nosotros. Quería caminar por el jardín, al aire fresco del día, para hablar con nosotros. Ser sus hijos. Estábamos destinados a ser parte de la familia. Vemos evidencia de esto también en las Escrituras. En el sexto día de la creación, después de que se crearon los animales, las Escrituras cuentan: "Entonces dijo Dios: Hagamos al hombre a nuestra imagen, conforme a nuestra semejanza" (Génesis 1:26). La presencia de toda la Deidad fue significativa para que fuéramos creados a la imagen de Dios.

Solo hay otra ocasión en la Escritura en la que Dios dice "hagamos". También en ese caso hay palabras involucradas. Fue el caso de la torre de Babel.

Y toda la tierra tenía una sola lengua y un solo lenguaje. Y aconteció que cuando partieron del oriente, hallaron una llanura en la tierra de Sinar, y se establecieron allí. Y se dijeron unos a otros: Vamos, *hagamos* ladrillos y cozámoslos bien. Y les sirvió el ladrillo en lugar de piedra, y el cemento en lugar de mezcla. Y dijeron: Vamos, edifiquémonos una ciudad y una torre cuya cúspide llegue al cielo; y *hagámonos* un nombre, por si fuéramos esparcidos sobre la faz de toda la tierra. Y descendió Jehová para ver la ciudad y la torre que edificaban los hijos de los hombres. Y dijo Jehová: He aquí el pueblo es uno, y todos ellos tienen una sola lengua; y esto han comenzado a hacer, y ahora nada les hará desistir de lo que han pensado hacer. Ahora, pues, *descendamos* y confundamos allí su lengua, para que ninguno entienda el habla de su compañero. Así los esparció Jehová desde allí sobre la faz de toda la tierra, y dejaron de edificar la ciudad (Génesis 11:1'8, énfasis añadido).

El propio Señor reconoció el poder que el pueblo obtenía de tener un solo idioma compartido —la capacidad de hablar y plantar mediante el intercambio de palabras— y un solo corazón compartido. Podían ejercer el poder de ser hechos a imagen de Dios aunque no lo estuvieran haciendo de una manera que agradara a Dios. Así que la Deidad vino y rompió la unidad de su idioma, pero incluso entonces, y hasta ahora, conservamos la imagen de Dios dentro de nosotros. Nuestras palabras siguen siendo poderosas. Nuestras semillas de palabras pueden crear y destruir. Por eso debemos hablar con cuidado. Nuestro poder no es el mismo que el de Dios, pero es un reflejo de su poder. Las palabras son espiritualmente poderosas. Mi Biblia me lo dice.

En mi decimonoveno cumpleaños, mi padre me regaló una Biblia de estudio Scofield encuadernada en cuero. La misma que le había regalado el padre de mi madre. En la primera página en blanco, mi padre escribió estas palabras:

Querida Anita:
    No hay ninguna pregunta para la que este libro no tenga la respuesta.
    Con cariño,
    Papito

Papá tenía razón.
    Cultiva la tierra de tu corazón y planta semillas de palabras poderosas. Hazlo con una intención clara. Cultiva y cuida tu jardín interior. Para eso fuiste creado.

AGRADECIMIENTOS

La dependencia empieza cuando nacemos y sigue con nosotros hasta que morimos... A menudo caemos en el error de creer que las personas exitosas son las que ayudan y no necesitan nada, y que los individuos quebrantados solo necesitan y no pueden ayudar... Pero lo cierto es que ninguna cantidad de dinero, influencia, poder, recursos o determinación puede alterar nuestra dependencia física, emocional y espiritual de los demás.

BRENÉ BROWN, *RISING STRONG*

En los tres años anteriores al lanzamiento de *Mi jardín interior*, fue cuando estuve más consciente que nunca de mi dependencia de los demás. Eso se debe a que compartir esta obra con el mundo es una de las cosas más atemorizantes que he hecho. Y, como suele ocurrir en la vida, este proyecto se gestó y nació en medio de una larga temporada de turbulencias. En muchos días y muchas noches, el suelo de mi propio corazón fue regado por mis lágrimas, pero estoy agradecida de no haber atravesado este camino sola. Dependí de muchas personas. Quiero reconocerlo.

Reconozco mi dependencia de mi familia.

A papá: gracias por ser un ejemplo de constancia. Presencia constante. Constancia apoyándome. Constancia en el liderazgo. Constancia en mi crecimiento. ¡Grande es tu fidelidad! Así es como reflejas el carácter de Dios.

A mamá: gracias por ser un ejemplo inspirador de fortaleza y autoconocimiento. Crecer viéndote me inmunizó contra los límites. Gracias a ti, la percepción de mi capacidad como mujer nunca se ha desdibujado, por lo que mi voz nunca ha sido sacrificada.

A Mike: gracias por el espacio que me diste para seguir mi llamado.

A Michael y Olivia: gracias por el privilegio de ser su mamá. Aprendo mucho sobre la vida al verla a través de los ojos de ustedes. Los amo profunda e incondicionalmente.

A mamá y papá J, más conocidos como el obispo T. D. y Lady Serita Jakes, gracias por ser mis padres espirituales. Gracias por verme, confiar en mí y siempre impulsarme hacia adelante.

Reconozco mi dependencia de mis amigas.

Nunca sabré por qué he sido bendecida con el honor de llamar amigas a mujeres tan extraordinarias.

A Tangela, Celeste y Sarah: gracias por ser mi círculo íntimo; no hay palabras para describir lo que significan para mí. Siempre están conmigo en las lágrimas y los miedos. En las risas y en las buenas comidas, siempre me acompañan. En medio de toda la alegría y del dolor, siempre me aseguran que estoy conectada, que soy valorada y que estoy segura. Gracias.

A Mitra, Kendrea y Danae: aunque nuestras vidas cotidianas están separadas por muchos kilómetros, nuestros corazones no. Gracias por responder siempre al llamado.

A Donna, Holly y Lisa: gracias por su sabiduría, sus oraciones y las perspectivas espirituales que iluminaron los segmentos oscuros de la travesía.

Reconozco mi dependencia de mi equipo.

A Esther Fedorkevich, mi agente literaria, personificas el "ir más allá". Gracias por creer firmemente en la importancia de este trabajo y asegurarte de que yo también lo siguiera creyendo. Estaré eternamente agradecida contigo y con todos ustedes de Fedd Agency.

A Daniel Marrs, Brigitta Nortker, John Andrade, Lisa Beech, Andrew Stoddard y todo el equipo de Thomas Nelson: gracias por aguantar esta aventura, a menudo accidentada, pero nunca aburrida. Han puesto toda su pasión en difundir el mensaje de este libro. Daniel, gracias por ser mi editor. Tu gentil brillantez y profunda experiencia fueron invaluables para mí.

A Woman Evolve, Chandy Group y MAC Creative Agency: gracias por acogerme. Respeto profundamente la forma en que sirven. La integridad es un superpoder.

A Kara Schneider, Nate Pointer, Yana Jenay Connor, Kenneth Hagler II, Billy Stevenson III, Tim Paulson, Jenny Baumgartner, Janet Talbert y Margot Starbuck: en carácter oficial o no oficial y por distintos períodos de tiempo, cada uno de ustedes fueron parte de mi equipo. Gracias por las buenas semillas que plantaron y por las formas en que regaron esta obra.

Reconozco mi dependencia de mi Creador.

Y a aquel que es poderoso para guardarme sin caída y presentarme sin mancha delante de su gloria con gran alegría, al único Dios, nuestro Salvador por medio de Jesucristo nuestro Señor, sea la gloria y la majestad, el dominio y la autoridad, desde ahora y para siempre. Amén (Judas 1:24-25 NVI).

NOTAS

Capítulo 1: El brote

1. Cleveland Clinic, "You Are Your Brain," Healthy Brains, consultado en diciembre 20, 2022, https://healthybrains.org.
2. *The Matrix*, escrito y dirigido por Lana Wachowski y Lilly Wachowski, producido por Joel Silver (Warner Bros., 1999), DVD.
3. Los editores de la Enciclopedia Británica, "Rutherford Model," *Encyclopaedia Britannica*, actualizado mayo 17, 2023, www.britannica.com.
4. Ali Elhakeem et al., "Aboveground Mechanical Stimuli Affect Belowground Plant-Plant Communication," *PLoS ONE* 13, no. 5 (mayo 2018): e0195646, https://doi.org.
5. Ramakrishna Akula y Soumya Mukherjee, "New Insights on Neurotransmitters Signaling Mechanisms in Plants," *Plant Signaling & Behavior* 15, no. 6 (mayo 2020): e1737450, https://doi.org.
6. Ver Génesis 2–3; Mateo 13:1–32; 26:36–46; Marcos 4:26–29; Lucas 22:40–46; Juan 19:38–42; Apocalipsis 21:22–22:7.

Capítulo 2: Revisa el flujo

1. He modificado los nombres, los escenarios y los pormenores que relato en las páginas de este libro para proteger la privacidad de los involucrados. Aparte de que algunas de las historias reflejan los patrones comunes y repetidos de dolor emocional, quebrantamiento y sanación que veo frecuentemente en mi trabajo; no me baso en las experiencias de una sola persona. Sin embargo, las luchas y los aprendizajes reflejan las maneras sanadoras que he tenido el privilegio de guiar. Las historias que describo en este libro han sido publicadas con la autorización de los involucrados.
2. Elizabeth Belfiore, "Dancing with the Gods: The Myth of the Chariot in Plato's 'Phaedrus,'" *American Journal of Philology* 127, no. 2 (Summer 2006): 185–217, www.jstor.org.
3. Simo Knuuttila, "Medieval Theories of the Emotions," Stanford Encyclopedia of Philosophy, última actualización junio 25, 2022, https://plato.stanford.edu.
4. Leonard Mlodinow, *Emotional: How Feelings Shape Our Thinking* (Pantheon Books, 2022).

5. Patrick R. Steffen, Dawson Hedges, y Rebekka Matheson, "El cerebro es adaptable, no triuno: Cómo responde el cerebro a las amenazas, los retos y los cambios". *Frontiers in Psychiatry* 13 (Abril 2022): 802606, https://doi.org.

6. Knuuttila, "Medieval Theories of the Emotions."

7. Fuerzas de cambio, "¿Qué es el suelo?", Smithsonian Environmental Research Center, consultado en abril 19, 2023, https://forces.si.edu.

8. Elizabeth A. Livingstone y Frank Leslie Cross, eds., *The Oxford Dictionary of the Christian Church* (Oxford University Press), s.v. "heart."

9. Spiros Zhodhiates, *Hebrew-Greek Key Word Study Bible: KJV Edition*, 2nd rev. ed. (AMG Publishers, 2008), s.v. "heart."

10. Francis Brown, S. R. Driver, y Charles A. Briggs, *A Hebrew y English Lexicon of the Old Testament: With an Appendix Containing the Biblical Aramaic* (Clarendon Press, 1966), citado en New Testament Greek Lexicon: KJV, s.v. "leb," Bible Study Tools, consultado en mayo 23, 2023, www.biblestudytools.com.

11. APA Dictionary of Psychology, s.v. "belief," American Psychological Association, consultado en diciembre 21, 2022, https://dictionary.apa.org.

12. *Strong's Concordance*, s.v. "5397. neshamah," Bible Hub, consultado en diciembre 21, 2022, https://biblehub.com.

13. Christoph Zenzmaier et al., "Response of Salivary Biomarkers to an Empathy Triggering Film Sequence—A Pilot Study," *Scientific Reports* 11 (2021), https://doi.org.

14. See Maital Neta y Ingrid J. Haas, Movere Neta y Haas, eds., *Emotion in the Mind y Body*, vol. 66 of Nebraska Symposium on Motivation in Shaping Human Behavior, ed. Lisa Crockett (Springer Nature, 2019), 1–9, https://doi.org.

Capítulo 3: Un terreno fértil para una vida más poderosa

1. Paul J. Zinke, *Mediterranean Analogs of California Soil Vegetation Types* (University of California, 1965), https://apps.dtic.mil.

2. Zinke, *Mediterranean Analogs*, 12.

3. Eugene Peterson, *The Pastor: A Memoir* (HarperOne, 2011), 137.

4. Chelsey Luger y Thosh Collins, *The Seven Circles: Indigenous Teachings for Living Well* (HarperOne, 2022), 97–126.

5. Vanessa Bauza, "Hallar el árbol más antiguo enfrenta competencia: tres historias que quizás te perdiste." Conservation International, junio 6, 2022, www.conservation.org.

6. Aunque hizo este comentario en un entorno informal hablado, publicó un mensaje similar en Instagram. Yana Jenay Conner (@yanajenay), "¿Quién dijo que tenías que estar casado y con tu segundo hijo a los 32 años?" Instagram photo, febrero 9, 2021, www.instagram.com.

7. Robert J. Sternberg, "Teoría dúplex del amor: Teoría triangular del amor y teoría del amor como una historia", Robert J. Sternberg (website), consultado en diciembre 21, 2022, www.robertjsternberg.com.

Capítulo 4: La zona cero, el epicentro del desastre

1. APA Dictionary of Psychology, s.v. "sadness."
2. APA Dictionary of Psychology, s.v. "anger."
3. Antje Schmitt, Michael M. Gielnik, y Sebastian Seibel, "¿Cuándo y en qué forma se relaciona la ira en la búsqueda de metas con el logro de estas? Los roles de la persistencia y la planificación de acciones." *Motivation y Emotion* 43, no. 2 (2019): 205–17, https://doi.org.
4. "18 maneras de tratar con la frustración," Mental Health America, enero 29, 2023, https://mhanational.org.
5. Robin Sweetser, "Lo que las malas hierbas te informan sobre tu suelo," *Old Farmer's Almanac*, actualizado diciembre 3, 2022, www.almanac.com.
6. APA Dictionary of Psychology, s.v. "fear."
7. New Testament Greek Lexicon: King James Version, s.v. "elpis," Bible Study Tools, consultado en abril 26, 2023, www.biblestudytools.com.
8. "Fertilizer 101: The Big 3—Nitrogen, Phosphorus y Potassium," The Fertilizer Institute, mayo 7, 2014, www.tfi.org.
9. *Strong's Concordance*, s.v. "apopnigó," Bible Hub, consultado en abril 28, 2023, https://biblehub.com.
10. Mark R. McMinn, *Why Sin Matters: The Surprising Relationship Between Our Sin y God's Grace* (Tyndale House Publishers, 2004), 107.
11. Aun cuando los investigadores han identificado múltiples subcategorías entre lss principales clases de suelo, se aceptan ampliamente cuatro categorías relevantes. Ver, por ejemplo, "Clases de suelo", BYJU's Learning, consultado en enero 4, 2023, https://byjus.com.
12. *Merriam-Webster Dictionary*, s.v. "loam," consultado en diciembre 21, 2022, www.merriam-webster.com/dictionary/loam.
13. Manjula V. Nathan, "Soils, Plant Nutrition y Nutrient Management," Extension, University of Missouri, enero 29, 2023, https://extension.missouri.edu.
14. Luke Gatiboni, "Soils y Plant Nutrients," in *North Carolina Extension Gardener Handbook*, ed. K. A. Moore y L. K. Bradley (State Extension Publications, 2022), https://content.ces.ncsu.edu.

Capítulo 5: ¿Cómo crece tu jardín?

1. *Tab Time*, season 1, episode 1, "How Things Grow," produced by Tabitha Brown, published diciembre 1, 2021, YouTube video, 22:34, https://youtu.be.
2. Erika Krull, "El duelo en cifras: hechos y estadísticas," The Recovery Village Drug y Alcohol Rehab, mayo 26, 2022, www.therecoveryvillage.com.
3. "WHO COVID-19 Dashboard," World Health Organization, consultado en abril 19, 2023, https://covid19.who.int.
4. Damian F. Santomauro et al., "Incidencia global y carga de los trastornos depresivos y de ansiedad en 204 países y territorios en 2020 a raíz de la pandemia de

COVID-19," *The Lancet* 398, no. 10312 (noviembre 2021): 1700–12, https://doi.org.

5. Helen Huiskes, "Se requiere un campus: la pandemia amplía los recursos de salud mental en las universidades cristianas," *Christianity Today*, diciembre 17, 2021, www.christianitytoday.com.

6. "38% de los pastores han considerado dejar el ministerio a tiempo completo en el último año," Barna, noviembre 16, 2021, www.barna.com.

7. Peter Scazzero, *Emotionally Healthy Spirituality: It's Impossible to Be Spiritually Mature, While Remaining Emotionally Immature* (Zondervan).

8. Scazzero, *Emotionally Healthy Spirituality*, 44.

9. Cynthia J. Price y Carole Hooven, "Destrezas de conciencia interoceptiva para la regulación emocional: teoría y enfoque de la conciencia plena en la terapia orientada al cuerpo (MABT)," *Frontiers in Psychology* 9 (mayo 2018): 798, https://doi.org.

10. "Cómo y por qué practicar el autocuidado", Mental Health First Aid, marzo 14, 2022, www.mentalhealthfirstaid.org.

Capítulo 6: Agua, agua por todas partes

1. Jack Gilbert, "Salud del suelo y salud humana: la diversidad microbiana beneficia a ambos", disertación, Conferencia Nobel: Suelos vivos, un universo bajo nuestros pies, transmitido en vivo por Gustavus Adolphus College en octubre 3, 2018, YouTube video, 58:28, https://youtu.be/YWcFapREHnc.

2. APA Dictionary of Psychology, s.v. "belief."

3. APA Dictionary of Psychology, s.v. "thought."

4. Ziyan Yang et al., "El significado ayuda a sobrellevar el COVID-19: un estudio longitudinal," *Personality y Individual Differences* 174 (mayo 2021): 110670, www.ncbi.nlm.nih.gov.

5. Judith E. Appel et al., "Significado de las violaciones, luchas religiosas y ,espirituales, el sentido de la vida frente a situaciones estresantes," *International Journal for the Psychology of Religion* 30, no. 1 (mayo 2019): 1–17, PDF, https://spiritualitymeaningandhealth.uconn.edu.

6. APA Dictionary of Psychology, s.v. "behavior."

7. APA Dictionary of Psychology, s.v. "private event."

8. New Testament Greek Lexicon: King James Version, s.v. "karpos," Bible Study Tools, consultado en abril 20, 2023, www.biblestudytools.com.

9. "¿De dónde proviene la masa de una planta?," Arizona State University, consultado en enero 7, 2023, https://askabiologist.asu.edu.

10. Jun Zhan, Shuang Jiang, y Jing Luo, "¿Qué promueve más la creatividad: la ira o la felicidad? El impacto de la inducción de ira y alegría en la resolución creativa de problemas y el pensamiento divergente," *PsyCh Journal* 9, no. 6: 864–76, https://doi.org.

11. Matthijs Baas, Carsten K. De Dreu, y Bernard A. Nijstad, "Cuando la prevención promueve la creatividad: la función del estado de ánimo, el enfoque

regulador y el cierre regulatorio," *Journal of Personality y Social Psychology* 100, no. 5 (mayo 2011): 794–809, doi: 10.1037/a0022981.

12. Rajagopal Raghunathan y Michel Tuan Pham, "No todos los estados de ánimo negativos son iguales: influencias motivacionales de la ansiedad y la tristeza en la toma de decisiones," *Organizational Behavior y Human Decision Processes* 79, no. 1, https://doi.org.

13. Hou, Xuemin et al., "Transporte de agua en frutas carnosas: avances en la investigación, metodologías y direcciones futuras," *Physiologia Plantarum* 172, no. 4 (agosto 2021): 2203–16, https://doi.org.

14. Mlodinow, *Emotional*, xi.

15. Mlodinow, 19.

16. Mlodinow, 23.

17. Mlodinow, 73.

Capítulo 7: Polvo de la tierra

1. "¿Qué es la disautonomía?," National Institute of Neurological Disorders y Stroke, consultado en abril 20, 2023, www.ninds.nih.gov.

2. "Nervous System—Touch," BBC Science, septiembre 24, 2014, www.bbc.co.uk.

3. Leopold Eberhart et al., "Ansiedad preoperatoria en adultos: un estudio transversal sobre miedos específicos y factores de riesgo," *BMC Psychiatry* 20, no. 1 (marzo 2020): 140, https://doi.org.

4. C. Nathan DeWall et al., "El acetaminofén reduce el dolor social: evidencia conductual y neural," *Psychological Science* 21, no. 7 (2010): 931–37, https://doi.org.

5. DeWall, "El acetaminofén reduce el dolor social."

6. New Testament Greek Lexicon: King James Version, s.v. "ademoneo," Bible Study Tools, consultado en abril 20, 2023, www.biblestudytools.com.

7. New Testament Greek Lexicon: King James Version, s.v. "perilupos," Bible Study Tools, consultado en abril 20, 2023, www.biblestudytools.com.

8. New Testament Greek Lexicon: King James Version, s.v. "ekthambeo," Bible Study Tools, consultado en abril 20, 2023, www.biblestudytools.com.

9. New Testament Greek Lexicon: King James Version, s.v. "eulabeia," Bible Study Tools, consultado en abril 20, 2023, www.biblestudytools.com.

10. Raksha M. Patel y Stuti Mahajan, "Hematohidrosis: una entidad clínica rara," *Indian Dermatology Online Journal* 1, no. 1: 30–2, https://doi.org.

11. 1 Reyes 9:3; 2 Reyes 20:5; 2 Crónicas. 7:12; Salmos 6:9; 66:19; Isaías 38:5; Lucas 1:13; Hechos 10:31.

12. New Testament Greek Lexicon: King James Version, s.v. "soma," Bible Study Tools, consultado en junio 22, 2023, www.biblestudytools.com.

13. Esta definición fue desarrollada por el Dr. Raja Selvam, un psicólogo especializado en la corporalidad de las emociones. Más información se puede encontrar en su libro *The Practice of Embodying Emotions: A Guide for Improving Cognitive, Emotional, y Behavioral Outcomes* (North Atlantic Books, 2022).

14. National Institute on Drug Abuse, ed. "Genética y epigenética de la adicción: hechos sobre las drogas," National Institutes of Health, junio 2, 2023, https://nida.nih.gov.

15. Antje Gentsch y Esther Kuehn, "Manifestaciones clínicas de las memorias corporales: el impacto de las experiencias corporales pasadas en la salud mental," *Brain Sciences* 12, no. 5 (mayo 2022): 594, www.ncbi.nlm.nih.gov.

16. Rob Kurzban, "¿Por qué no puedes aguantar la respiración hasta morir?," *Evolutionary Psychology Blog*, febrero 7, 2011, archived at https://web.sas.upenn.edu.

17. Deb Dana, *Polyvagal Exercises for Safety y Connection: 50 Client-Centered Practices* (New York: W. W. Norton & Company, 2020), 2.

18. Sarah Sperber, "Respuesta de lucha o huida: definición, síntomas y ejemplos," Berkeley Well-Being Institute, consultado en abril 20, 2023, https://www.berkeleywellbeing.com.

Capítulo 8: Terreno inestable

1. "Trauma y violencia," Substance Abuse y Mental Health Services Administration, actualizado en septiembre 27, 2022, www.samhsa.gov.

2. "Cómo tratar con el trauma," The National Council for Behavioral Health, agosto 2022, PDF, www.thenationalcouncil.org.

3. C. Benjet et al., "La epidemiología de la exposición a eventos traumáticos a nivel mundial: resultados del World Mental Health Survey Consortium," *Psychological Medicine* 46, no. 2 (2016): 327–43, https://doi.org.

4. Angela Sweeney et al., "Un cambio de paradigma: las relaciones en los servicios de salud mental informados por el trauma," BJPsych Advances 24, no. 5 (septiembre 2018): 319–33, https://doi.org.

5. SAMHSA, "Chapter 2: Trauma Awareness," in *Trauma-Informed Care in Behavioral Health Services*, Treatment Improvement Protocol 57 (Substance Abuse y Mental Health Services Administration, 2014), subheading "Mass Trauma," www.ncbi.nlm.nih.gov.

6. SAMHSA, subheading "Mass Trauma."

7. SAMHSA, subheading "Trauma Affecting Communities y Cultures."

8. SAMHSA, subheading "Historical Trauma."

9. Robert W. Levenson, "El sistema nervioso autónomo y la emoción," *Emotion Review* 6, no. 2 (2014): 100–12, https://doi.org.

10. Phillip Low, "Visión general del sistema nervioso autónomo," *Merck Manual*, septiembre 2022, www.merckmanuals.com.

11. APA Dictionary of Psychology, s.v. "emotional regulation."

12. Kobe Campbell, *Why Am I Like This?: How to Break Cycles, Heal from Trauma, y Restore Your Faith* (Nashville: Thomas Nelson, 2023), 119.

13. Peter A. Levine, "Somatic Experiencing (SE)," Ergos Institute of Somatic Education, consultado en diciembre 26, 2022, www.somaticexperiencing.com.

14. "What Is EMDR?," EMDR Institute, consultado en mayo 23, 2023, www.emdr.com.

Capítulo 9: Desierto

1. Bernice A. Pescosolido et al., "Tendencias del estigma público de la enfermedad mental en EE. UU., 1996–2018," *JAMA Network Open* 4, https://doi.org.
2. "Mental Health," World Health Organization, junio 17, 2022, www.who.int.
3. "¿Qué es la enfermedad mental?," American Psychiatric Association, consultado en abril 20, 2023, www.psychiatry.org.
4. Mark S. Salzer, Eugene Brusilovskiy, y Greg Townley, "Estimaciones nacionales de recuperación-remisión de enfermedades mentales graves," *Psychiatric Services* 69, no. 5 (2018): 523–28, https://doi.org.
5. American Psychiatric Association, *Diagnostic y Statistical Manual of Mental Disorders*, 5th ed., text revision (American Psychiatric Publishers, 2022).
6. "¿Qué es el trastorno de estrés postraumático? (PTSD)," American Psychiatric Association, consultado en abril 26, 2023, www.psychiatry.org.
7. "¿Qué es el trastorno de estrés postraumático? (PTSD)," American Psychiatric Association.
8. NIMH, "¿Qué es el trastorno de estrés postraumático o PTSD?," National Institute of Mental Health, consultado en junio 21, 2023, www.nimh.nih.go.
9. Levenson, "Sistema autónomo nervioso."

Capítulo 10: La sabiduría de los árboles

1. Tina Fossella, "La naturaleza humana, la naturaleza budista: sobre el uso de la espiritualidad, las relaciones y el Dharma; una entrevista con John Welwood," John Welwood (website), consultado en abril 20, 2023, PDF, www.johnwelwood.com.
2. Mateo 7:16–20.

Capítulo 11: Un árbol en el templo

1. 1 Crónicas 1:18.
2. Ali M. Alshami, "El dolor: ¿esta todo en el cerebro o en el corazón?," *Current Pain y Headache Reports* 23, no. 12 (noviembre 2019): 88, https://pubmed.ncbi.nlm.nih.gov.
3. Dana, *Polyvagal Exercises*, 7.
4. Dana, 10.
5. Low, "Visión general del sistema nervioso autónomo."
6. Cynthia J. Price y Carole Hooven, "Destrezas de conciencia interoceptiva para la regulación emocional: teoría y enfoque de la conciencia plena en la terapia orientada al cuerpo (MABT)," *Frontiers in Psychology* 9, no. 798 (mayo 2018), https://doi.org.
7. Victoria Weinblatt, "Cómo afecta el suelo a las raíces de los árboles," Week&, actualizado en agosto 12, 2022, www.weekand.com.
8. Jonathon Engels, "La importancia de los árboles en el jardín," Permaculture News, marzo 3, 2017, www.permaculturenews.org.

Capítulo 12: Cómo sanar un corazón herido

1. Adam Grant, "Hay un nombre para lo que sientes: languidecer," *New York Times*, abril 19, 2021, www.nytimes.com.
2. CDC, "Enfermedades del corazón y trastornos de salud mental," Centers for Disease Control y Prevention, consultado en diciembre 22, 2022, www.cdc.gov.
3. APA Dictionary of Psychology, s.v. "loneliness."
4. Dana, *Polyvagal Exercises*, 98.
5. Michelle Kroll, "El aislamiento social prolongado y la soledad son equivalentes a fumar 15 cigarrillos al día" University of New Hampshire (blog), mayo 2, 2022, https://extension.unh.edu.
6. Dacher Keltner, "Investigación práctica: La ciencia del tacto," *Greater Good*, septiembre 29, 2010, https://greatergood.berkeley.edu.
7. Keltner, "Investigación práctica: La ciencia del tacto."
8. Susanna Newsonen, "La sorprendente verdad sobre los abrazos," *Psychology Today*, marzo 3, 2022, www.psychologytoday.com.
9. APA Dictionary of Psychology, s.v. "grief."
10. Stephanie Hairston, "Cómo se manifiesta el duelo en tu cuerpo," WebMD, julio 11, 2019, www.webmd.com.
11. APA Dictionary of Psychology, s.v. "grief."
12. Associated Press, "Un esposo desconsolado muere después de que su esposa fuera asesinada en el tiroteo escolar de Texas," mayo 26, 2022, www.npr.org.
13. "Takotsubo Cardiomyopathy," British Heart Foundation, última revisión en octubre de 2019, www.bhf.org.uk.
14. APA Dictionary of Psychology, s.v. "anticipatory grief."
15. APA Dictionary of Psychology, s.v. "disenfranchised grief."
16. Nedra Glover Tawwab, "Amor, pérdida y aprender a hacer el duelo," Nedra Nuggets, marzo 1, 2023, https://nedratawwab.substack.com.
17. Susan Cain, *Bittersweet: How Sorrow y Longing Make Us Whole* (Penguin Books, 2022), 10–11.

Capítulo 13: Libres de un corazón enojado

1. "Serotonin," Cleveland Clinic, consultado en abril 26, 2023, https://my.clevelandclinic.org.
2. Luca Passamonti et al., "Efectos de la depleción aguda de triptófano sobre la conectividad prefrontal-amigdala al observar señales faciales de agresión," *Biological Psychiatry* 71, no. 1 (2012): 36–43 https://doi.org.
3. Michael O. Schroeder, "El costo físico y mental de siempre estar enojado ," *U.S. News & World Report*, octubre 26, https://health.usnews.com.
4. Schroeder, "ibidem."
5. Malek Mneimne, Amanda Kutz, y K. Lira Yoon, "Diferencias individuales en la dirección motivacional de la ira," *Personality y Individual Differences* 119 (diciembre 2017): 56–59, www.sciencedirect.com.

Capítulo 14: Calma el corazón temeroso

1. APA Dictionary of Psychology, s.v. "fear."
2. Harvard Medical School, "Entienda la respuesta al estrés," Harvard Health Publishing, julio 6, 2020, www.health.harvard.edu.
3. Dr. Russell Kennedy, *Anxiety RX: A New Prescription for Anxiety Relief from the Doctor Who Created It* (Awaken Village Press, 2020), 167.
4. Jaime Rosenberg, "Los efectos del miedo crónico en la salud de una persona," *American Journal of Managed Care* (blog), noviembre 11, 2017, www.ajmc.com.
5. Arko Banerjee et al., "Ansiedad y depresión en el síndrome del intestino irritable," *Indian Journal of Psychological Medicine* 39, no. 6 (noviembre–diciembre 2017): 741–45, https://doi.org.

Capítulo 15: Cuida tu jardín encarnado

1. Génesis 3:16; Romanos 8:2.
2. Catherine A. Palmer, y Candice A. Alfano, "Sleep y Emotion Regulation: An Organizing, Integrative Review," Sleep Medicine Reviews 31 (2017): 6-16, https://doi.org.
3. Andrea Carretero-Krug, et al. "Estado de hidratación, composición corporal y estado de ansiedad en el personal militar aeronáutico de España: un estudio transversal," *Military Medical Research* 8, no. 1 (2021): 35., https://doi.org.
4. Raza Ahmad, "¿Cuánta agua necesitas cada día??," *Health y Wellness* (blog), Penn Medicine, mayo 20, 2015, www.pennmedicine.org.
5. "Comer a horas programadas: por qué es beneficioso y cómo comenzar," Center for Healthy Eating y Activity, marzo 27, 2020, https://chear.ucsd.edu.

De la guerra a la paz

1. Citado en Patricia Harris, "Escuchar las voces de aquellos que educan para el Shalom: lo que dicen sobre la visión institucional, los objetivos misioneros y los modelos educativos" (EdD diss., George Fox University, 2013), https://digitalcommons.georgefox.edu.
2. Harris, ibidem.
3. Daniel L. Brunner, Jennifer L. Butler, y A. J. Swoboda, *Introducing Evangelical Ecotheology: Foundations in Scripture, Theology, History, y Praxis* (Baker Publishing, 2014).
4. James O'Donnell, "St. Augustine," *Encyclopedia Britannica*, última actualización en mayo 17, 2023, www.britannica.com.
5. Augustine, "Sermon 68" in *Sermons*, vol. 3, *Sermons 51–94*, trans. Edmund Hill, ed. John E. Rotelle (New City Press, 1991), 225.

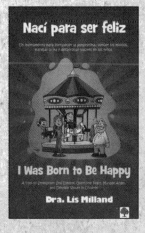

Te invitamos a que visites nuestra página web, donde podrás apreciar la pasión por la publicación de libros y Biblias:

www.casacreacion.com

Para vivir la Palabra